자이언트
임팩트

일러두기

1. 이 책은 국립국어원 표준국어대사전의 표기법을 따랐으나, 일부 용어의 경우 통상의 발음을 따른
   경우가 있다.
2. 이 책에서 언급한 최신 경제 관련 수치는 2022년 10월 기준까지 반영되어 있다. 가장 최신의 수치는
   저자가 참고한 웹페이지를 참고하기 바란다.
3. 이 책에서 언급한 원/달러 환율은 1,400원으로 적용했다.

인플레이션, 금리, 전쟁, 에너지
4개의 축이 뒤흔드는 지금부터의 세계

ENERGY　WAR　INTEREST RATE　INFLATION

자이언트 임팩트

박종훈 지음

웅진 지식하우스

평화롭던 세계의 패권 구도는
왜 흔들리는가

달은 어떻게 탄생했을까요? 자이언트 임팩트$^{Giant Impact}$는 현재 과학계가 이를 설명하는 가장 유력한 가설입니다. 45억 년 전 화성만한 크기의 행성이 지구와 충돌하면서 두 행성에서 떨어져 나간 수많은 파편이 지구 궤도 위를 돌다가 다시 뭉쳐 달이 되었다는 거죠. 이 같은 거대한 충돌이 빚은 달의 탄생으로 인류의 역사는 지대한 영향을 받게 되었습니다.

뜬금없이 제가 달의 탄생을 떠올린 까닭은, 지금 세계경제가 처한 상황이 마치 자이언트 임팩트처럼 이제껏 겪어보지 못했던 거대한 충격에 직면해 있다는 생각 때문입니다. 평화롭던 팍스 아메리카나 Pax Americana의 시대가 저물고 러시아·우크라이나 전쟁이 발발, 도처에서 군사적 충돌 위험이 감지되고 있습니다. 미국과 중국의 패권 전쟁은 이제 진영 간의 거대한 경제 전쟁으로 확전되면서 세계경제에 대한 불안감이 극대화되고 있습니다.

게다가 40년 만에 찾아온 심각한 인플레이션Inflation이 세계경제를 위협하고 있습니다. 미국 연방준비제도이사회Fed(이하 연준)가 이례적으로 3연속 자이언트 스텝Giant Step(기준금리 0.75%p 인상)으로 금리를 끌어올린 탓에 세계경제가 혼란의 도가니에 빠져들었습니다. 여기에 10배 더 강해진 몬순monsoon과 극심한 폭염, 가뭄 등 기후 위기가 전 지구를 강타하기 시작했지만, 불안한 세계정세 탓에 에너지 전환에도 수많은 걸림돌이 등장하고 있습니다.

그야말로 과거 수십 년 동안 경험하지 못했던 대변동의 시대가 시작됐다고 해도 과언이 아닙니다. 이제 과거에 우리가 믿었던 것들, 의존했던 것들은 모두 사라지고 새로운 질서가 만들어질 수밖에 없습니다. 이런 상황에서는 무엇보다 세계정세의 흐름을 정확히 파악하고, 그 흐름이 앞으로 세계경제와 금융시장을 어떻게 바꾸어나갈 것인지 헤아려 대응해 나가는 것이 중요합니다. 이것이 다급한 마음으로 이 책을 여러분께 선보이는 이유입니다.

이미 세계 질서를 뒤흔드는 자이언트 임팩트, 즉 거대한 충격이 시작된 상황에서 가장 위험한 것은 주요 경제 변수가 예전과 같은 패턴으로 움직일 것이라고 안이하게 판단하는 것입니다. 그렇다면 이미 시작된 자이언트 임팩트의 실체는 무엇이고, 이로 인해 세계경제는 어떻게 변화하게 될까요? 역사를 먼저 짚어보는 것이 순서일 것 같습니다.

미국주도
고효율 세계의 탄생

1991년은 미국의 패권을 좌우한 중요한 해였습니다. 미국과 군사적·정치적 패권을 두고 오랜 기간 냉전 상태에 있던 소련이 해체된 것입니다. 그뿐만이 아니라 경제적 라이벌이었던 일본이 1989년의 증시 버블 붕괴에 이어 부동산 버블까지 붕괴되면서 장기 불황의 늪에 깊숙이 빠져든 해였기 때문입니다. 미국에 대적할 적수가 사라진 1991년은 미국이 절대적인 패권 국가로 자리매김한 첫해라고 할 수 있습니다.

1990년대 이후 미국은 이제 경쟁자를 찾아볼 수 없는 세계 최강국의 지위에 오릅니다. 당시 미국의 힘이 워낙 막강했던 탓에 로마제국에 비유하는 경우가 많았습니다. 로마제국이 유럽과 아시아 일부에서 영향력을 행사했던 것에 비하면, 미국이야말로 인류 역사상 가장 강력한 영향력을 가진 패권 국가가 된 것이라 볼 수 있습니다.

그러자 미국은 19세기에 내세웠던 고립주의에서 완전히 벗어나 과거 대영제국이 추진했던 것과 유사한 '세계화Globalization'를 새로운 국제 질서의 기준으로 내세웠습니다. 구소련의 붕괴 이후 군사, 외교, 경제, 기술 측면에서 모든 것을 장악한 미국이 이제 국가 간의 장벽을 허물고 전 세계를 단일 경제 공동체로 묶어, 미국의 자본과 기업이 전 세계로 뻗어나가게 하겠다는 야심 찬 계획의 시작이었습니다.

미국이 적극적으로 세계화를 추진하면서 세계경제에는 거대한 지각변동이 시작되었습니다. 그리고 이를 영리하게 활용한 나라는 자국의 경제성장을 가속화시킬 수 있었습니다. 그 결과 지난 30년의 세계화 시대에는 물가, 임금, 금리, 자원 등 여러 측면에서 세계경제에 유례없이 특별한 상황이 펼쳐졌습니다. 지난 30년간 세계화 시대에 나타났던 독특한 현상을 정리하면 다음과 같습니다.

1) 물가 안정: 대부분의 선진국에서 인플레이션 걱정이 사라졌습니다. 심지어 일본 등 일부 국가에서는 디플레이션을 우려할 정도가 됐습니다.

2) 임금 안정: 중국 등 이머징 마켓에서 유휴노동력이 지속적으로 공급된 까닭에 장기 호황에도 실질임금은 정체되거나 하락했습니다.

3) 저금리 유지: 자본의 국경이 사라지고 어디서든 싼값에 자금을 조달할 수 있게 되면서 전 세계적으로 금리가 낮게 유지됐습니다.

4) 군비 지출 감소: 미국의 독주가 시작된 이후로 패권 경쟁이 사라지면서 과도한 군비경쟁에 투입되었던 비효율적인 비용이 줄어들었습니다.

5) 자원 가격 안정: 세계경제에 새로 편입된 제3세계 국가들에서 새로운 자원 탐사와 개발이 크게 확대된 덕분에 자원 가격이 지속적으로 안정될 수 있었습니다.

따라서 세계는 더 싼 에너지를 활용해 더 낮은 노동비용으로 값싸게 물건을 생산할 수 있게 됐습니다. 게다가 금리가 낮게 유지됐기 때문에, 지난 30여 년간 전 세계 주가와 부동산 가격이 지속적으로 상승하는 현상이 나타났습니다. 그리고 그 부작용으로 선진국에서는 많은 자산을 보유한 부유층과 중산층 사이에 격차가 확대되기 시작했습니다. 이러한 상황이 펼쳐진 가장 큰 이유는 미국이라는 단 하나의 패권 국가가 전 세계 질서를 완전히 장악하고 세계화를 추진했기 때문입니다.

탈세계화와 패권 전쟁이라는
거대한 지각변동

그런데 2008년 글로벌 금융 위기 이후 중국이 일대일로一帶一路(육·해상 신실크로드 경제권을 형성하려는 전략)와 위안화 국제화 등을 통해 미국에 도전하기 시작하면서 이 같은 세계화 시스템에 균열이 나타나기 시작합니다. '미국 우선주의America First'를 내세운 트럼프Donald Trump 전 대통령이 무역 전쟁으로 중국에 본격적인 반격을 시작하면서 지난 30여 년간 유지되어 왔던 경제 환경이 송두리째 바뀌기 시작했습니다.

특히 2022년 러시아의 우크라이나 침공을 계기로 이 같은 패권 전쟁이 본격화되기 시작했습니다. 미국을 중심으로 한 서방 진영과

중국·러시아 진영의 치열한 패권 전쟁의 서막이 열린 셈입니다. 이
같은 갈등은 앞으로 세계경제 패러다임에 거대한 변화를 몰고 올 가
능성이 큽니다.

　게다가 미국과 유럽 등 주요 선진국 안에서는 세계화로 가장 큰
피해를 본 중산층이 세계화에 강력하게 반발하면서 선진국 내 정치
지형도 크게 바뀌었습니다. 미국에서는 자국 중심주의를 강조하는
트럼프 전 대통령의 인기가 여전히 계속되고 있고, 유럽에서는 세계

시작하며_평화롭던 세계의 패권 구도는 왜 흔들리는가

화에 반대하는 극우 진영이 계속 세를 확대해 나가고 있습니다.

이에 따라 세계경제는 '탈세계화Deglobalization'의 돌풍에 휩싸였는데, 한번 시작된 탈세계화는 좀처럼 방향을 되돌리기가 쉽지 않습니다. 역사적으로 봐도 일단 패권 전쟁이 시작된 이후에는 승자를 가리기 전에 끝난 적이 한 번도 없는 데다 세계화의 가장 큰 피해자가 된 선진국 중산층이 다시 세계화를 추진하겠다는 정치 세력을 지지할 가능성이 희박하기 때문입니다.

탈세계화와 패권 전쟁의 거대한 패러다임 변화는 앞으로 세계경제의 체질을 크게 바꾸어놓을 것입니다. 세계화 이전의 과거로 돌아가게 되면 그 충격은 상상할 수 없을 만큼 크게 다가올 텐데, 이런 격변의 시대에 변화하는 시대를 읽지 못하고 과거 세계화 시대와 같은 경제 환경이 영원히 계속될 것이라고 착각하고 대응했다가는 자칫 큰 위험에 빠질 수 있습니다.

이 때문에 패권 전쟁과 탈세계화가 왜 시작됐는지, 그리고 어떻게 진행될 것인지를 정확히 파악하는 게 중요합니다. 이 같은 변화는 앞으로 기업의 경영 환경과 개인의 경쟁력은 물론, 부의 판도까지 완전히 바꿀 것입니다. 그래서 이 책에서는 그 거대한 패러다임의 변화를 인플레이션, 금리, 전쟁, 에너지라는 네 개의 축으로 나누어 짚어봤습니다.

패권 전쟁의 향방을 가늠할
네 가지 축

첫째는 우리가 이미 그 변화를 체감하고 있는 **인플레이션**입니다. 지난 30년 동안 지속된 저물가에 중독된 탓에, 인플레이션의 위협을 과소평가하는 우愚를 범하고 말았죠. 더구나 미국 연준과 각국 중앙은행의 늑장 대응으로 물가가 통제할 수 없는 수준으로 치솟아 올랐습니다.

인플레이션은 앞으로 세계경제의 패러다임을 완전히 뒤바꿀 게임체인저Game Changer가 될 가능성이 큽니다. 이 책에서는 왜 30여 년 만에 인플레이션이 돌아왔는지, 그리고 언제까지 지속될 것인지, 이로 인해 세계경제는 어디로 가게 될 것인지를 조망해 봤습니다. 이를 통해 인플레이션이 뒤바꿔 놓을 세계에서 생존을 넘어 역전의 계기로 삼을 방법을 모색해 봤습니다.

둘째는 **금리**입니다. 저금리 현상이 지속되면서 2021년만 해도 전 세계 선진국 금리가 모두 마이너스로 갈 것이라는 전망까지 나올 정도였는데, 이 같은 전문가들의 예상을 뒤엎고 2022년 이후 전 세계적으로 금리가 치솟고 있습니다. 이렇게 빨리 금리가 뛰어오른 것은 역사상 드문 일이기에, 그 충격을 가늠하기조차 어렵습니다.

앞으로 연준이 금리를 어디까지 올릴지, 그리고 얼마나 오랫동안 고금리 정책을 유지할지에 대한 관심이 큰데, 사실 이것보다 더 중요한 것은 세계 금융시장에서 금리를 끌어내려 왔던 과잉 저축^{Saving Glut}이 끝나가고 있다는 점입니다. 이 책에서는 초저금리 시대가 저물어가고 있는 세계 금융시장의 동향을 점검하고 그 대응 방안을 찾아봤습니다.

셋째는 **전쟁**입니다. 미국이 세계 유일의 패권 국가였던 시대가 저물어가면서 지정학적 위험이 훨씬 커졌습니다. 당장 러시아·우크라이나 전쟁으로 이 같은 긴장감이 표출됐는데, 앞으로는 세계 패권뿐만 아니라 중동과 서남아시아, 동아시아에서도 지역 패권을 차지하기 위한 경쟁이 더욱 격화될 가능성이 큽니다.

이 때문에 이제 지정학적인 위험과 기회를 정확하게 간파하지 못한다면 돈의 흐름을 이해하기 어려운 시대가 왔습니다. 따라서 러시아·우크라이나 전쟁 이후 원심력이 작동하기 시작한 유럽, 이란 핵협상을 둘러싼 갈등이 격화되고 있는 중동, 패권 전쟁의 무게 추를 바꿀 서남아시아 등 지정학적인 핵심 이슈를 짚어보고 여기서 찾을 수 있는 부의 기회를 소개했습니다.

넷째는 **에너지**입니다. 사실 에너지는 산업혁명 이후 인류 문명을 지탱하는 중요한 요소 중에 하나입니다. 다만 지금까지는 세계화 덕분에 언제든 값싼 에너지를 구할 수 있었기 때문에, 그 중요성을 제대로 인식하지 못했죠. 하지만 이제 패권 전쟁으로 에너지가 무기화되면서 에너지가 미래 패권을 바꾸는 핵심 요소가 되고 있습니다.

게다가 전 세계가 극심한 가뭄과 폭염은 물론 태풍과 폭우를 반복적으로 겪으면서 이제 이상기후가 정말 현실로 다가왔음을 실감하고 있는데, 신재생 에너지로의 전환을 가속화하지 않는다면 인류의 미래가 위협받을 수밖에 없습니다. 그러나 패권 전쟁으로 그 미래가 한없이 불투명해졌습니다. 이 책에서는 에너지 전환 과정에서 나타날 새로운 위협과 기회를 짚어봤습니다.

지금 세계경제는 그 어느 때보다도 빠르고 다면적으로 변화하고 있습니다. 이 변화, '자이언트 임팩트'라고 할 만한 패러다임 전환의 맥락을 정확하게 이해하려면 인플레이션, 금리, 전쟁, 에너지로 이루어진 네 개의 축을 정확히 파악하는 것이 중요합니다. 이 네 개의 축은 새로운 글로벌 패권의 향방을 좌우하게 될 텐데, 이와 같은 거대한 변화 속에서 기회를 모색하는 사람들은 늘 있었습니다.

사실 추격과 역전은 항상 변화의 시기에 가장 활발하게 일어납니다. 이 때문에 추격과 역전을 꿈꾸는 기업이나 개인이라면 이 패러다임의 변화를 정확히 파악하고 활용할 방법을 찾아내야 합니다. 이 책이 시대의 거대한 변화를 가늠하고 대응할 수 있는 이정표가 될 수 있기를 바라봅니다.

차례

1부. 인플레이션   18

폭발적인 자산 상승기를 뒤흔드는 물가의 공습

INFLATION

INTEREST RATE

2부. 금리

초저금리라는 든든한 버팀목의 붕괴

ENERGY

WAR

4부. 에너지

탈세계화와 기후 위기 속 떠오르는 패권의 무기

ENERGY

WAR

INTEREST RATE

INFLATION

인플레이션

폭발적인 자산 상승기를
뒤흔드는 물가의 공습

1. 폭발적인 자산 상승,
비밀은 저물가에 있었다

세계의 어느 나라든 금융 당국이 목표로 삼는 중요 원칙은 고용과 물가의 안정입니다. 이 둘은 두 마리 토끼를 동시에 잡기 힘든 것처럼 반대의 흐름을 갖기 일쑤입니다. 그래서 이 둘 사이의 균형을 잡아가는 것이 중앙은행과 같은 금융 당국의 존재 이유이기도 하죠.

그런데 최근 뉴스마다 전 세계의 인플레이션^{Inflation}을 우려하는 목소리가 커지고 있습니다. 아시겠지만, 통화량의 증가로 돈의 가치가 하락하고 물가가 전반적으로 꾸준히 오르는 현상을 인플레이션이라고 합니다.

인플레이션은 실로 오랜만에 세계경제의 이슈가 되었습니다. 앞서 프롤로그에서 설명한 것처럼, 세계화^{Globalization}의 산물로 우리는 역사적으로 희귀한 물가 안정의 시대를 약 30여 년간 누리고 있었기 때문이죠. 세계화가 본격적으로 시작되기 전인 1980년대 이전만 하더라도 경기가 과열되면 물가가 오르는 것은 당연한 현상이었습니다. 그래서 과거 각국의 정부나 중앙은행과 같은 금융 당국은 경기가 과열되는 것을 두려워했죠. 금융 당국은 만일 경기 과열을 방치하면 나중에 인플레이션으로 혹독한 대가를 치러야 한다는 것을 알고 있었기 때문입니다.

인플레이션은 경기 과열 시에만 문제를 일으키는 것이 아니었습니다. 경기 불황이 올 때 경기를 살리기 위해 중앙은행이 과도하게 돈을 풀어도 인플레이션이 오는 경우가 많았습니다. 그래서 금융 당국은 돈을 화끈하게 풀어서 일단 경기부터 살려야 할지, 아니면 인플레이션을 자극하지 않도록 신중한 금융정책을 쓰며 경기 불황을 감수해야 할지 딜레마에 빠지는 경우가 많았습니다.

돈을 풀어도
물가가 오르지 않는 시대

그런데 지난 30여 년 동안은 경기가 과열되거나 미국 연준^{Fed}이 아무리 돈을 풀어도 좀처럼 인플레이션이 찾아오지 않는 특이한 현상이 일어났습니다. 장기간 경기 호황이 지속되어도 인플레이션이 일어날 조짐이 보이지 않았기에, 연준이 굳이 미리 나서서 경기 과열을 막기 위한 선제적 긴축정책을 펴는 악역을 맡을 이유가 사라졌습니다.

그 대표적인 시기가 바로 2000년대 호황입니다. 당시 이례적인 호황을 겪었는데도 물가가 오르지 않았습니다. 당시 연준 의장이자 세계의 경제 대통령으로 불리던 앨런 그린스펀^{Allen Greenspan}은 경기 과열을 막기 위해 금리를 올려야 한다는 연준 안팎의 경고에도 불구하고 낮은 물가 상승률을 핑계 삼아 장기간 저금리를 유지했습니다. 그러다가 부동산 가격이 폭등하자 어쩔 수 없이 뒤늦게나마 금리를 소폭 인상했는데, 이 같은 늑장 대응이 2008년 글로벌 금융 위기를 초래한 하나의 원인이 되기도 했습니다.

글로벌 금융 위기가 발생하자 더욱 특이한 일이 일어났습니다. 금리만 잘못 낮춰도 인플레이션이 일어났던 과거와 달리 제로 금리에 양적 완화^{Quantitative Easing: QE}(중앙은행이 국채를 매입하는 방법 등으로 통화의 유동성을 높이는 정책)라는 신무기까지 동원해 천문학적인 돈을 풀었지만, 인플레이션이 일어나기는커녕 오히려 디플레이션^{Deflation}(물가가 지속적으로 하락하는 현상)을 걱정해야 하는 상황이 발생한 것입니다. 글로벌 금융 위기 직후 연준은 돈을 푸는 데 망설였지만, 아무리 돈을 풀어도 인플레이션이 일어나지 않자 점점 더 과감하게 돈을 뿌리기 시작했습니다.

그 결과 '그린스펀 풋^{Greenspan Put}', '버냉키 풋^{Bernanke Put}' 같은 용어가 생겨났습니다. 풋^{Put}이란 미래의 특정 시점에 정해진 가격으로 주식을 팔 수 있는 권리, 즉 풋옵션^{Put Option}을 뜻합니다. 아무리 경제 위기가 찾아와도 그린스펀과 버냉키$^{Ben Bernanke}$ 전 의장이 시장에 돈만 풀면 주가가 오르다 보니, 증시 폭락에서 위험을 상쇄시키는 게 마치 풋옵션과 비슷하다는 뜻으로 붙여진 별명이죠. 그만큼 언제 어디서 위기가 시작되어도 연준이 아무런 걱정 없이 시장에 돈을 풀 수 있었다는 얘기입니다. 그리고 이 모든 기적이 가능했던 이유는 지난 30여 년간 물가가 오르지 않았기 때문입니다.

그 결과, 과감해진 연준은 코로나19 위기를 거치면서 더욱 거침 없이 천문학적인 규모의 돈을 시중에 뿌리기 시작했습니다. 연준의 정책 변화는 미국 증시와 부동산 같은 미국의 자산시장뿐만 아니라 전 세계 시장에 큰 영향을 미쳤습니다. 아무리 위험한 투자를 하더라도 연준이 언제든 구원투수로 나서서 자산 가격을 지켜줄 것이라는 믿음이 생기자, 투자자들은 더욱 과감한 투자에 나서기 시작했습니다. 그 결과 자산 가격의 상승 기간과 상승 폭은 비약적으로 확대된 반면 하락 기간과 하락 폭은 크게 축소됐습니다.

〈그림 1-1〉은 1957년 이후 각각의 대세 상승장이나 하락장이 시작된 시점부터 S&P500 지수의 누적 상승률과 하락률을 나타낸 그래프입니다.[1] 세계화가 본격적으로 시작된 1990년대 이후에는 주가 상승기에 상승 폭이 극적으로 확대되고 상승 기간도 크게 확대된 것을 확인할 수 있습니다.

이에 반해 1990년대 이후에 조정장이 찾아오는 빈도는 1980년대 이전보다 훨씬 줄어들었습니다. 이마저도 연준이 위기가 올 때마다

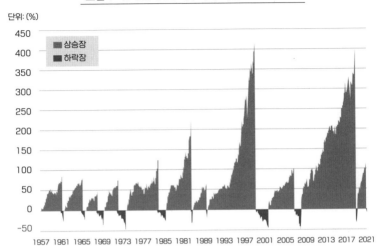

점선 위: (%)

〈그림 1-1〉 S&P500 지수의 누적 상승률과 하락률

상승장
하락장

450
400
350
300
250
200
150
100
50
0
-50

1957 1961 1965 1969 1973 1977 1985 1981 1989 1993 1997 2001 2005 2009 2013 2017 2021

자료: Morningstar, Adviser Investments.

점점 더 과감하게 돈을 푼 덕분에, 닷컴 버블과 글로벌 금융 위기, 코로나 위기를 거치면서 주가 조정 기간이 점점 더 짧아진 것을 확인할 수 있습니다.

30년, 세계 경제사에서
짧고도 이례적인

지난 30년간 전례 없이 강렬한 상승장과 V 자 반등이 반복되면서 주식 투자자들은 더욱 과감하게 투자하기 시작했습니다. 특히 최근에 국내 증시 전문가들 중에 '30년 보유'를 외치는 사람들이 갑자기 늘

25

1부. 인플레이션_폭발적인 자산 상승기를 뒤흔드는 물가의 공습

어난 것은, 지난 30년간 미국 증시가 유례없이 강한 상승세를 보인 것과 무관하지 않습니다. 최근 30년만 보면 무조건 장기 보유하는 것이 더 유리하다는 데이터를 얼마든지 끄집어낼 수 있기 때문이죠.

더욱 극적인 변화를 보인 시장은 부동산 시장입니다. 지난 20년 간 미국의 부동산 가격 폭등은 미국 역사상 유례를 찾아볼 수 없을 정도라고 할 수 있습니다. 이를 확인하기 위해 〈그림 1-2〉를 살펴보 겠습니다.[2] 이것은 2000년의 주택 가격 지수를 100으로 해서 미국 의 실질 주택 가격을 나타낸 케이스-실러 전미 주택 가격 지수Case-Shiller U.S. National Home Price Index입니다.

노벨 경제학상 수상자인 로버트 실러Robert Shiller 예일대 교수는 지 난 130년간의 주택 가격 변동을 추적했습니다. 그의 연구에 따르면, 케이스-실러 전미 주택 가격 지수는 1890년부터 1990년까지 무려 100년 동안 안정적인 수준을 유지해 왔습니다. 이는 미국의 주택 가 격이 이 100년이라는 긴 세월 동안 대체로 물가만큼 오르고 내렸다 는 뜻이 됩니다.

그런데 세계화가 본격화된 1990년대 이후에는 이 지수가 전례 없 이 치솟아 오르기 시작했습니다. 1990년 76이었던 케이스-실러 전 미 주택 가격 지수는 2022년 5월에는 305를 넘어섰습니다. 1990년 이후 30여 년 동안 미국의 집값이 물가보다 무려 3배 이상 더 빨리 치솟아 올랐다는 뜻입니다.

세계화 이후 부동산 가격 폭등은 미국뿐만 아니라 대부분의 선진

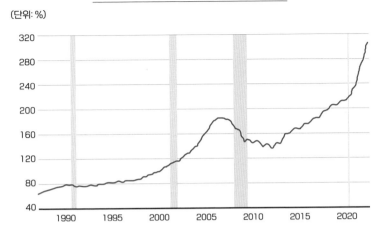

〈그림 1-2〉 케이스-실러 전미 주택 가격 지수

(단위: %)

참고: 2000년 주택 가격 지수를 100이라 할 때 가격 변화율.
자료: FRED.

국과 주요 이머징 마켓Emerging Market에서 공통적으로 나타났던 현상입니다. 특히 세계화를 주도했던 미국과 영국은 물론 세계화로 가장 큰 혜택을 누렸던 독일과 중국의 주택 가격도 이례적인 상승률을 보이며 치솟아 올랐습니다. 세계화로 혜택을 본 우리나라 역시 정책 실패까지 겹치면서 집값이 크게 뛰어올랐습니다.

이처럼 미국뿐만 아니라 전 세계적으로 주가와 집값이 치솟아 오른 이유는 바로 전 세계적인 저물가 현상 때문이라고 할 수 있습니다. 문제는 이 같은 현상이 지난 30여 년간 지속되면서 이것이 영원히 계속될 거라고 착각하는 사람이 늘어났다는 겁니다. 우리가 보통 경제 활동이나 사회 활동을 하는 기간이 30~40년 정도 되기 때문에, 어떤 현상이든 30년 이상 지속되면 영원히 지속되는 현상이라는 착각에 빠지기 쉽습니다.

그러나 세계 자본시장의 역사에서는 30년도 찰나에 불과합니다. 더구나 과거 닷컴 버블 붕괴 직전에 '신경제New Economy'[3]가 시작됐다는 착각처럼, 특정한 경제 현상이 영원히 지속될 것이라는 환상은 언제나 큰 손실을 불러왔다는 점에 주의해야 합니다. 특히 지금과 같은 패러다임 전환기에는 자본시장의 메커니즘에 대한 정확한 이해 없이 지난 30년 동안의 짧은 현상만으로 미래를 속단하는 것은 지극히 위험한 일이 될 수 있습니다.

2. 인플레이션이
오지 않을 것이라는 착각

제가 쓴 책 《부의 골든타임》(2020)이나 《부의 시그널》(2021)뿐만 아니라 유튜브 채널인 〈박종훈의 경제한방〉에서도 저는 2021년부터 꾸준히 인플레이션에 대한 우려를 언급하고, 이에 대응하는 전략들을 다룬 바 있습니다. 당시만 해도 유튜브나 방송에서 널리 알려진 증시 전문가들 중에 다수는 인플레이션을 쓸데없는 걱정으로 치부했습니다. 하지만 안타깝게도 저의 우려는 2022년 현실이 되고 말았습니다.

사실 연준이 2020년 코로나 이후 5조 달러(약 7,000조 원)가 넘는 천문학적인 금액을 양적 완화로 푼 데다 트럼프Donald Trump와 바이든 Joe Biden 대통령이 6조 달러(약 8,400조 원)가 넘는 전대미문의 재정지출을 시행했기 때문에, 이론적 분석으로는 분명히 인플레이션이 올 수밖에 없는 상황이었습니다. 그런데도 이런 상황을 무시하고 인플레이션을 걱정할 필요가 없다고 자신했던 전문가들은 어떤 근거로 그리 생각했던 걸까요?

인플레이션은
일시적이다?

당시 인플레이션이 오지 않을 것이라고 장담했던 사람들이 내세웠던 주요 근거는 크게 두 가지였습니다. 첫째, 다른 사람도 아닌 세계 경제 대통령이라고 불리는 제롬 파월^{Jerome Powell} 연준 의장이 인플레이션은 일시적이라고 거듭 강조한다는 것이었습니다. 둘째, 지난 30여 년 동안 경제 위기가 올 때마다 연준이 돈을 풀면 인플레이션이 일어날 것이라고 우려했던 사람들이 많았지만 한 번도 인플레이션이 찾아오지 않았다는 것이었습니다.

하지만 결국 40년 만에 가장 강력한 인플레이션이 찾아오면서 이들의 전망은 완전히 틀린 것으로 나타났습니다. 사실 제롬 파월이 아무리 대단한 지위에 있다고 해도 단지 한 사람의 말만 믿고 인플레이션이 오지 않을 것이라고 속단했다면 정말 큰 오산일 수밖에 없죠. 제아무리 고위직에 있다고 해도 인간인 이상 경제를 정확하게 내다보거나 완벽하게 통제하는 것은 불가능하기 때문입니다.

특히 파월 의장은 임기가 2022년 2월까지였기 때문에 더욱 문제였습니다. 파월 입장에서는 2021년 말까지만 경기 호황을 유지하면 연임될 확률이 훨씬 높아지기 때문에, 굳이 인플레이션을 예방하기 위해 긴축을 서두를 이유가 없었던 거죠. 이처럼 임기제 공무원들이 흔히 빠지기 쉬운 유혹이 바로, 내 임기만 아니면 된다는 '님티NIMTE: Not In My Term'의 함정입니다.

실제로 파월 의장은 2021년 11월 바이든 대통령과의 면담에서 연임이 결정된 직후, 기자회견을 열고 인플레이션이 일시적일 것이라는 전망을 뒤집고 인플레이션이 지속될 것이라며 '인플레이션과 싸우는 투사Inflation Fighter'가 될 것이라고 자처했습니다. 이처럼 갑작스러운 태도 변화 때문에 파월 의장이 전형적인 님티의 함정에 빠졌던 것 아니냐는 의혹이 더욱 커졌습니다.

지난 30년,
인플레이션은 사라졌다?

인플레이션을 걱정할 필요가 없다는 주장의 두 번째 근거는 지난 30여 년 동안 인플레이션이 사라졌다는 것인데, 이 같은 현상이 결코 우연이 아니라 세계경제가 디플레이션의 늪에 빠져드는 새로운 패러다임의 변화를 맞이했기 때문이라는 주장입니다. 그리고 이 같은 패러다임의 변화를 이끈 요인으로, 주요 선진국의 고령화와 기술 혁신, 공장자동화 등을 내세웠습니다.

그렇다면 이 같은 주장은 정말 설득력이 있는 걸까요? 먼저 고령화가 디플레이션을 가져온다는 주장은 사실 명확한 이론적 근거가 뒷받침된 주장이라기보다는 단지 고령화와 동시에 디플레이션을 겪었던 일본의 사례 때문에 굳어진 생각입니다. 하지만 최근 국제통화기금International Monetary Fund: IMF 과 경제학자들의 연구를 보면, 일본의 경우는 우연이 겹쳐서 나타난 사례일 뿐, 오히려 고령화가 인플레이션을 야기한다는 주장이 설득력을 얻고 있습니다. 이에 대해서는 1부 5장에서 자세히 설명할 겁니다.

그렇다면 기술혁신이 지속적인 디플레이션을 불러왔다는 주장은 설득력이 있을까요? 최근 30년 동안 가속화된 기술혁신으로 생산성이 크게 향상된 덕분에 생산 비용이 낮아져서 이제 더 이상 인플레이션을 걱정할 필요가 없다고 주장하는 이들이 많습니다. 만일 이 주장이 사실이라면 최근 기술혁신으로 생산성 향상이 가속화됐어야 할 겁니다.

그러나 실제로는 미국 등 주요 선진국의 생산성 향상 속도가 점점 더뎌지고 있습니다. 미국 경제학계를 충격에 빠뜨렸던 로버트 고든Robert Gordon 노스웨스턴대 교수의 연구를 보면, 1940년대 미국의 총요소생산성Total Factor Productivity: TFP (생산과정 전반의 효율성을 나타내는 지표) 증가율은 3.3%가 넘었지만, 1970년대 이후 지속적으로 하락하면서 2000년대 이후에는 0.6%대까지 낮아진 것으로 나타났습니다.[4]

전기차나 메타버스Metaverse 등 최근에 등장하고 있는 온갖 혁명적

기술을 보면 2000년대 이후 생산성 향상 속도가 추락했다는 게 납득이 가지 않을 수도 있습니다. 하지만 로버트 고든 교수는 전보電報와 전화 등이 만들어낸 생산성 향상 폭의 차이를 통해 직관적으로 이해하기 쉽게 설명하고 있습니다.

인류가 전보라는 신기술을 발명하기 전에 대서양을 건너 소식을 전하려면 증기선으로 편지를 전달해야 했기 때문에, 한 달이 넘는 시간이 걸렸습니다. 그런데 전보가 발명된 이후에는 30분도 걸리지 않게 되었습니다. 물론 그 뒤에 전화나 팩시밀리 같은 더욱 뛰어난 혁신 기술이 나왔지만, 처음 전보가 이룩한 생산성 향상과는 비교가 되지 않는 겁니다.

TV, 라디오, 세탁기, 전화기 등 우리의 삶을 편리하게 만든 혁신 기술이 처음 발명되고 각 가정에 보급된 시기는 1920대부터 1960년대 사이에 집중되어 있습니다. 물론 TV가 처음 발명된 1927년 이후 지난 95년 동안 화면도 커지고 화질도 더욱 선명해졌지만, TV가 처음 보급되었던 1920년대와는 생산성 향상 측면에서 차이가 날 수밖에 없습니다.

그야말로 뛰어난 기술혁신이 계속 누적되어 왔기 때문에 웬만한 혁신으로는 생산성을 획기적으로 끌어올리기가 어려운 상황인 겁니다. 이처럼 생산성 향상 속도가 급격히 둔화되고 있는 상황에서 최근에 이루어진 기술혁신이 지난 30여 년 동안 지속적인 물가 하락을 이끌었다고 단정하기는 어려운 측면이 많습니다.

또 다른 주장은 로보틱스^{Robotics}(로봇공학) 도입으로 인한 공장 무인화로 인건비가 크게 줄어들면서 주요 선진국에 디플레이션을 가져왔다는 겁니다. 물론 앞으로 인공지능^{Artificial Intelligence:AI}과 로봇공학의 발달로 언젠가는 그런 시대가 올 수 있을지 몰라도, 적어도 과거 30년 동안의 로봇공학 기술이 선진국의 지속적인 디플레이션을 이끌었다고 보기는 어렵습니다.

왜냐하면 미국 등 선진국 고용시장에서 제조업이 차지하는 비중이 극히 미미한 수준으로 추락했기 때문입니다. 미국의 경우 서비스업 종사자가 전체 고용의 84.2%를 차지하고 있는 반면 제조업 종사자 비중은 7.9%에 불과합니다. 따라서 공장 무인화가 일부 이루어졌다고 해도 이것이 선진국 노동시장 전체의 임금 하락을 이끌었다고 보기는 어렵습니다. 이에 대해서는 5장에서 좀 더 자세히 설명하겠습니다.

물론 앞서 설명한 각각의 원인이 조금씩 물가 안정에 영향을 미쳤을 수는 있을 겁니다. 그러나 아무리 돈을 풀어도 물가가 오르지 않았던, 이 전례 없이 독특한 현상의 근본적인 원인으로 보기에는 불충분합니다. 이 때문에 지난 30여 년간 인플레이션 우려가 사라졌던 근본적인 원인은 1990년대부터 시작된 '세계화'로 보는 시각이 많습니다.

저물가의 배경,
미국 중심의 세계화

지난 30여 년 동안 진행된 세계화는 그 이전 시대와 완전히 차별화될 만큼 세계 경제 체계에 거대한 변화를 몰고 왔습니다. 그중에서도 가장 핵심은 자본의 자유로운 이동과 함께 전 세계를 아우르는 글로벌 공급망을 완성한 것이라고 할 수 있습니다. 이를 통해 전 세계의 자원과 노동을 가장 효율적인 방식으로 활용할 수 있게 된 것입니다.

세계화 시대 이전에는 다른 나라에 생산설비를 지을 때, 단순히 경제적 효율성만이 아니라 온갖 정치적·사회적 리스크를 고려해야 했습니다. 자칫 냉전이 격화되면 정치적 이해관계에 따라 애써 투자한 공급망이 마비될 수도 있었기 때문입니다. 특히 인건비가 싼 것만 보고 제3세계에 투자했다가 정권이 바뀌어 반대 진영으로 넘어가면 애써 만든 생산설비를 모두 빼앗기는 경우도 많았습니다.

그러나 1990년대 이후 유일한 패권국으로 떠오른 미국이 세계화를 추진하면서 상황이 완전히 바뀌었습니다. 미국이라는 단 한 나라가 세계 질서를 유지했기 때문에, 해외투자의 정치적·지정학적 위험성은 크게 줄어들었습니다. 물론 베네수엘라처럼 미국과 서방의 생산설비를 국유화하는 등 미국의 패권에 저항하는 소수의 국가들이 있었지만, 그 대가로 미국의 강력한 제재를 받아 최악의 경제난을 겪어야 했습니다.

  미국이 강력한 세계 경찰국가를 자처하면서 세계화를 추진하자, 글로벌 기업들은 정치적 리스크에 대한 걱정 없이 경제적 측면만 고려해 해외투자를 단행할 수 있게 되었습니다. 게다가 이머징 국가들도 적극적으로 투자를 유치하기 위해 글로벌 기업들의 입맛에 맞게 노동환경을 개선하기 시작했습니다. 덕분에 글로벌 자본은 오직 효율성만 따져서 인건비가 가장 싼 나라에 공장을 짓고 생산 비용을 크게 절감할 수 있었습니다.

  세계화 시대에 또 다른 중요한 변화는 자본의 국적이 사라진 것입니다. 정확히 말하면 자본의 국적이 사라졌다고 믿게 만든 것이라고 할 수 있습니다. 그 결과 해외 자본을 외채라고 경계하던 이머징 국가들이 어떤 나라의 자본인지 따지지 않고 돈값이 싼 나라, 즉 금리가 낮은 나라의 자본을 적극적으로 유치하기 시작하면서 자본비용이 크게 절감되었습니다.

세계화는 원자재 시장에도 큰 변화를 일으켰습니다. 세계화 시대 이전에는 지구상의 주요 자원은 인구밀도가 낮고 국토가 넓은 공산권 국가나 제3세계 국가에 집중된 경우가 많은 반면 자원 탐사와 채굴 기술은 서구 국가들이 독점하고 있었기 때문에, 효율적인 자원 개발이 이루어지기 어려운 구조였습니다.

게다가 미국 등 서구 자본이 막대한 자금을 투입해 자원 개발에 성공해도 냉전이 격화될 경우 언제든 채굴 설비를 빼앗길 위험이 컸습니다. 또 공산권이나 제3세계 국가가 소련의 눈치를 보지 않고 자유롭게 서구 자본이나 기술을 받아들여 자원을 개발한다는 것은 쉬운 일이 아니었습니다. 이 때문에 이들 국가에서는 막대한 자원이 사실상 방치된 경우가 많았습니다.

하지만 미국이 유일무이한 패권 국가로 떠오른 이후에는 지정학적 위험이 크게 낮아지면서 서구 자본이 과거 공산권 국가나 제3세계로 불렸던 국가에서 적극적으로 자원을 개발하기 시작했습니다. 2000년대 초반 액손모빌이나 셰브런 같은 미국의 석유 회사가 구소련 국가였던 카자흐스탄에서 대규모 유전 개발에 나선 것이 그 대표적인 사례라고 할 수 있습니다.

이처럼 세계화 덕분에 글로벌 공급망을 갖춘 기업들은 돈값이 가장 싼 나라의 자본과 인건비가 가장 저렴한 나라의 노동력과 가장 싼 원자재를 활용해 생산을 할 수 있게 됐습니다. 이를 통해 더 많은 제품을 더 싼 값에 생산해 글로벌 공급망을 통해 전 세계에 팔았습니다. 이처럼 세계화로 탄생한 글로벌 공급망은 지난 30여 년간 전 세계 물가를 끌어내린 주요한 원인이 되었습니다.

그러나 2020년대 들어서면서 이 같은 글로벌 공급망에 균열이 가기 시작했습니다. 미·중 패권 전쟁이 격화되고 탈세계화^{Deglobalization} 바람이 불기 시작한 지금은 더 이상 효율성만 보고 투자하기는 어렵게 됐기 때문입니다. 그렇다면 지금 왜 세계화에 제동이 걸린 것인지, 그리고 앞으로 탈세계화가 진행되면 글로벌 공급망에는 어떤 변화가 생기는지에 대해 다음 장부터 자세히 알아보도록 하겠습니다.

3. 미국 주도의 세계화가
흔들리는 까닭

오랜 패권 전쟁 끝에 승리를 쟁취한 미국은 왜 굳이 세계화를 추진했던 걸까요? 사실 세계화는 과거에도 역대 패권국들이 자신들의 이익을 극대화하기 위해 썼던 전략입니다. 세계 질서를 주도하게 된 패권국들이 세계 각국의 경제적·정치적 장벽을 철폐하고 자국에 유리한 룰에 따라 세계 질서를 재편해 더 큰 이득을 누렸던 방법입니다.

지난 30여 년간 미국이 추진했던 세계화와 가장 유사한 형태는 18~19세기 영국이 주도했던 세계화라고 할 수 있습니다. 당시 영국에 기반을 둔 다국적 기업들은 자국의 식민지들을 연결한 글로벌 공급망을 구축하고 값싸게 생산한 물건들을 다시 전 세계 식민지에 비싸게 팔아넘기는 방식으로 엄청난 부를 축적했습니다.

미국 주도 세계화의 롤모델, 대영제국

당시 영국은 자국 식민지의 공업화를 극도로 경계했습니다. 그래서 식민지 국가에는 가급적 제조업 설비를 두지 않고 농업 국가로 남도록 유도했습니다. 노예노동을 통한 플랜테이션^{Plantation} 농장과 삼각무역三角貿易(양자 간 무역에 제3자를 개입시켜 불균형을 상쇄하는 무역 방법)이 영국의 대표적인 세계화 전략이었다고 할 수 있습니다. 덕분에 영국은 200년에 가까운 기간 동안 대영제국의 영향력을 유지할 수 있었습니다.

그러나 영국이 주도했던 세계화는 1914년 일어난 제1차 세계대전과 함께 흔들리기 시작했습니다. 영국이 승리한 전쟁임에도 불구하고 제1차 세계대전으로 촉발된 세계 질서의 변화 때문에 식민지에 대한 통제력을 상당 부분 잃어버리고, 영국이 통제해 왔던 글로벌 공급망에도 심각한 균열이 시작됐기 때문입니다.

가장 큰 문제는 제1차 세계대전의 영향으로 영국이 그토록 꺼렸던 식민지의 공업화가 본격화된 겁니다. 전쟁이 점점 치열해지면서 연합국과 동맹국은 자국의 모든 역량을 동원하기 시작했는데, 당장 눈앞의 전쟁에서 승리하려면 식민지에 제조 설비를 건설할 수밖에 없었던 겁니다. 그 결과 전쟁이 끝난 뒤에는 글로벌 공급망에서 식민지의 위상이 크게 달라졌습니다.

게다가 영국은 제1차 세계대전이 격화되자 식민지 병사와 노동력까지 동원했죠. 당장은 전쟁에 도움이 됐을지 모르지만, 식민지 사람들이 근대 자본주의를 직접 목격하고 영국인들의 실체를 깨닫게 되면서 독립에 대한 열망을 키워준 셈이 됐습니다. 그 결과 제1차 세계대전이 끝나고 고국으로 돌아간 병사와 근로자가 새로운 저항의 불씨가 됐습니다.

그 뒤 1929년 대공황까지 일어나자, 영국이 주도하던 세계화가 더욱 흔들리기 시작했습니다. 당시 탈세계화를 주도했던 것은 아이러니하게도 미국이었습니다. 대공황 직후 미국은 자국 경제만이라도 지켜보겠다며 관세를 대폭 올리고 수입규제를 강화했는데, 주변 국가가 망하더라도 자국만 잘살면 된다는 식의 근린 궁핍화 정책, 즉 '이웃 나라 가난하게 만들기 정책Beggar thy neighbour policy'의 전형이었다고 할 수 있습니다.

미국의 이 같은 정책 기조는 다른 나라로 빠르게 퍼져나갔는데, 유럽 국가들도 미국을 따라 보복관세를 끊임없이 주고받았습니다. 이는 미국에서 시작된 대공황을 전 세계로 퍼뜨리는 기폭제가 됐을 뿐만 아니라, 제1차 세계대전 이후 흔들리기 시작하던 영국식 세계화 체제를 근본적으로 뒤흔드는 계기가 됐습니다.

제2차 세계대전이 끝난 직후에는 미국이 주도하는 자본주의 진영과 소련이 주도하는 공산주의 진영으로 세계가 양분되면서 극심한 대립이 일어났습니다. 다만 자본주의 진영 내에서는 자유무역과 자본의 교류가 진전되기 시작했습니다. 그러나 이 같은 경제 교류는 어디까지나 자유 진영 내에서 이루어졌기 때문에, 세계화라기보다는 블록화 경제에 가까웠다고 할 수 있습니다.

미국, 영국보다 느슨한 세계화를 추구하다

그러다가 1990년대 들어서면서 마침내 세계 유일의 패권 국가로 자리 잡은 미국은 경제 번영을 위한 방법으로 세계화를 택했습니다. 당시 미국은 국가 간 경제적 장벽을 철폐하고 자신들의 경제 질서를 전 세계로 확산시키면 더 큰 이익을 얻을 것이라고 확신했습니다. 대공황 때 고립주의와 자국 중심주의를 택했던 미국이 정반대의 정책을 펴기 시작한 겁니다.

그러나 미국이 추구한 세계화는 19세기 영국식 세계화와는 본질적으로 다른 점이 많았습니다. 영국은 다른 나라에 제조업 생산 기지를 세우는 것을 극도로 꺼리고 자신들이 구축한 글로벌 생산망은 철저하게 자국 소유로만 유지했습니다. 하지만 미국은 오히려 중국 등 이머징 국가로 자국의 제조업 설비를 대거 이전하고 중국의 자본이 생산설비를 구축할 기회도 제공했습니다.

왜 미국이 영국과 달리 훨씬 더 느슨하고 관대한 세계화 정책을 썼는지 그 이유는 불분명합니다. 미국은 영국과 달리 광활한 영토와 풍부한 자원을 갖고 있었기 때문에 영국보다 더 큰 자신감을 갖고 있었거나, 중국의 가난했던 당시 모습만 보고 중국이 갖고 있던 저력을 과소평가했을 가능성도 있습니다.

어쨌든 중요한 것은 세계화 정책이 가져온 결과죠. 미국이 주요 생산설비의 중국 이전은 물론 국내 자본을 축적할 기회까지 허용한 덕분에, 중국은 자국 기업들과 미국 기업들의 기술 격차를 좁혀나가면서 전 세계에서 유례없이 빠른 성장을 보였습니다. 이 때문에 세계화로 가장 큰 혜택을 본 나라를 꼽으면 중국을 떠올릴 정도가 됐습니다.

그렇다면 정작 세계화를 추진했던 미국은 과연 어떤 이득을 누렸을까요? 이를 확인해 보기 위해 세계화 이전 미국 경제 상황부터 따져보겠습니다. 미국 경제가 가장 빠르게 성장했던 최고의 전성기는 제2차 세계대전부터 1960년대까지라고 볼 수 있습니다. 이 시절 미국은 놀라운 번영 속에서 부유층만이 아니라 중산층이나 저소득층까지 엄청난 소득 증가를 경험할 수 있었습니다.

그러나 이런 장기 호황 끝에 찾아온 스태그플레이션^{Stagflation} 으로 1970년대 이후에는 큰 어려움을 겪었습니다. 뒤이어 찾아온 1980년대에는 냉전과 군비경쟁으로 재정 적자와 무역 적자를 동시에 겪는 쌍둥이 적자^{Twin Deficits}에 시달렸습니다. 이처럼 연이은 악재가 터지면서 미국 경제는 1960년대의 풍요로웠던 시절로 돌아가지 못하고 있었습니다.

그러다가 1990년대 이후에는 미국 경제가 점차 회복되면서 안정기에 접어들었습니다. 비록 1960년대 수준으로는 돌아가지 못했지만, 그 이전 시대보다는 확연히 나아진 모습을 보였습니다. 이처럼 스태그플레이션 이후 장기 불황에 빠지는 듯했던 미국 경제가 회복세로 돌아선 데는 이 당시 추진된 세계화가 큰 역할을 했을 것으로 보입니다.

그러나 1990년대 이후 세계화로 시작된 미국 경제의 회복세는 1960년대 호황과 크게 달라진 점이 있었습니다. 1960년대에는 계층에 관계없이 모든 미국인이 함께 경기 호황의 과실을 나눌 수 있었지만, 세계화와 함께 시작된 미국 경제 회복은 최상위 부유층과 월가의 금융자본에게만 그 혜택이 돌아갔고 중산층 이하 서민들은 철저히 소외됐습니다.

세계화의 과실이
최상위층에게 쏠리다

도대체 왜 세계화는 미국의 특정 계층에게만 그 혜택이 돌아갔던 것일까요? 그 이유는 〈그림 1-3〉과 같은 코끼리 그래프Elephant Graph에서 찾을 수 있습니다. 이 그래프는 세계은행 이코노미스트 크리스토프 래크너Christoph Lakner와 브랑코 밀라노비치Branko Milanovic 뉴욕시립대 교수가 세계화 이후 계층별 소득의 변화를 나타낸 것입니다.[5]

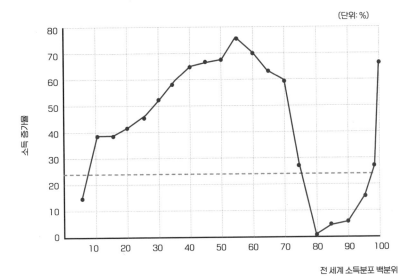

〈그림 1-3〉세계화 이후 계층별 소득의 변화(1988~2008년)

(단위: %)

소득 증가율

전 세계 소득분포 백분위

자료: Lakner and Milanovic(2016).

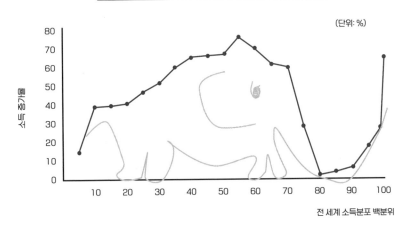

〈그림 1-4〉캐럴라인 프로인드가 그린 코끼리 그래프

(단위: %)

소득 증가율

전 세계 소득분포 백분위

이 그래프 모양이 마치 코끼리를 연상시키죠. 피터슨 국제 경제 연구소Peterson Institute for International Economics의 수석연구원 캐럴라인 프로인드Caroline Freund가 이 그래프를 따라 〈그림 1-4〉처럼 장난스럽게 그린 코끼리 그래프가 화제가 되면서 코끼리 그래프라고 불리게 됐습니다. 하지만 이 귀여워 보이는 코끼리 그래프에는 세계화의 승자와 패자를 가르는 냉혹한 현실이 여실히 드러나 있습니다.

이 그래프의 가로축은 전 세계 가구를 소득 순위에 따라 나누고 가장 낮은 소득수준부터 배열한 것입니다. 가로축의 1은 전 세계 가구 중 소득수준이 하위 1%인 가구를 뜻합니다. 그리고 가로축 숫자가 높아질수록 더 부유한 가구를 나타내죠. 50은 가구 소득이 하위 49~50%에 해당하는 가구를 나타내고, 100은 상위 1%를 뜻합니다.

그리고 세로축은 세계화가 시작된 1988년부터 2008년까지 20년 동안 실질소득이 얼마나 변화했는지를 나타내고 있습니다. 즉, 세로축에서 50은 지난 20년 동안 실질소득이 50% 증가했다는 뜻이 됩니다. 이처럼 코끼리 그래프는 세계화가 시작된 이후 전 세계인의 각 계층별 소득이 어떻게 변화했는지를 한눈에 보여주고 있습니다.

전 세계인의 평균 실질소득은 이 기간 동안 23.3% 늘어났습니다. 이 20년 동안 세계경제가 계속 성장해 왔으니 평균 소득이 늘어난 것은 당연한 일입니다. 그런데 모든 계층의 소득이 일률적으로 늘어난 것이 아니었습니다. 그래프를 보면 계층에 따라 완전히 희비가 엇갈린 것을 확인할 수 있습니다.

가장 높은 소득 증가율을 보인 것은 전 세계 소득 순위에서 중간쯤 되는 55(소득이 낮은 순서로 하위 54~55%에 해당하는 가구)에 해당하는 가구였습니다. 이들은 1988년 한 해 소득이 3,000달러(약 420만 원) 정도에 불과했지만, 이후 20년 동안 소득 증가율이 75%를 넘어 다른 계층보다 월등한 소득 증가율을 보였습니다.

이처럼 1988년 당시 소득이 전 세계에서 중간 정도에 위치해 있던 사람들은 이머징 국가의 중산층이라고 볼 수 있는데, 중국의 중산층이 주로 여기에 해당합니다. 결국 소득 계층별로 나누어볼 때 이머징 국가의 중산층이 세계화로 가장 큰 혜택을 본 것을 확인할 수 있습니다.

그런데 특이한 것은 가로축이 70을 넘어가는 경우, 소득 증가율이 급격히 감소한다는 점입니다. 특히 가로축이 80에 해당하는 세계 소득 상위 20%에 해당하는 가구의 소득은 지난 20년 동안 거의 한 푼도 늘지 않았습니다. 이들은 1988년 당시 한 해 소득이 3만 달러(4,200만 원) 안팎인 가구인데, 주로 선진국 중산층이 여기에 해당한다고 할 수 있습니다. 결국 선진국 중산층이 세계화로 가장 큰 피해를 본 계층이라는 게 드러난 셈입니다.

그러다가 가로축 수치가 97을 넘어가면서 다시 소득 증가율이 치솟아 오르기 시작합니다. 특히 100에 해당하는 가구는 세계 소득 상위 1%로 1988년 당시 평균 소득이 16만 달러(약 2억 2,400만 원)가 넘는 가구인데, 미국 등 선진국의 최상위 계층이라고 할 수 있습니다.

이들의 20년간 소득 증가율은 65%로, 이머징 국가의 중산층 못지않은 소득 증가율을 기록했습니다.

분노한 중산층,
거대한 균열의 시작

이처럼 세계화 이후 중국 중산층과 선진국 고소득층의 소득이 동반 상승할 때 유독 선진국 중산층만 피해를 본 셈이 됐죠. 그 이유는 선진국 자본이 인건비가 싼 이머징 국가, 특히 중국으로 생산설비를 대거 이전한 탓에 선진국에서 심각한 산업 공동화空洞化, Hollowing-Out(속이 텅 비는 것) 현상이 나타났기 때문입니다. 이로 인해 생산설비가 사라진 선진국에서는 제조업 일자리가 줄어든 대신 저임금 서비스업 일자리만 늘어났습니다.

이처럼 세계화로 큰 피해를 보게 된 미국의 중산층은 세계화에 대해 극도의 반감을 갖게 됐습니다. 원래 미국 민주당의 지지 기반이었던 러스트벨트Rust Belt(미국 중서부와 북동부의 쇠락한 공업지대)의 노동자들이 반세계화와 자국 중심주의를 내세웠던 공화당의 트럼프 전 미국 대통령을 열렬히 지지하게 된 것도 바로 이런 배경 때문입니다.

물론 2020년 대선에서는 코로나19에 따른 정치적·경제적 혼란으로 민주당의 바이든 대통령이 승리하긴 했지만, 중산층 노동자들의 대거 이탈로 민주당에 훨씬 불리한 정치 지형이 만들어진 셈이죠. 앞으로 대선에서 어떤 정당이 승리하더라도 중산층 노동자들에게 분노의 대상이 된 세계화를 다시 추진할 가능성은 거의 없다고 할 수 있습니다.

이 같은 현상은 유럽도 마찬가지입니다. 지난 30년 동안 이어진 세계화 추세 속에서 독일을 위시해서 수많은 유럽 기업들도 중국으로 공장을 옮겼습니다. 이 과정에서 유럽의 중산층도 미국의 중산층 못지않게 큰 타격을 받았습니다. 이들의 분노를 타고 유럽연합Euro-pean Union:EU 탈퇴와 탈세계화를 주장하는 극우 정치 세력이 점점 세력을 확대해 나갈 가능성이 큽니다.

세계화 과정에서 미국의 가장 큰 패착은 중국이 미국을 추격할 기회를 준 것이라고 할 수 있습니다. 예를 들어 중국은 자국의 거대한 내수 시장을 무기로 미국과 서방 기업에 불리한 조건을 내거는 경우가 많았는데, 일부 첨단산업의 경우에는 반드시 중국 측 파트너와 합작을 해야만 중국에 생산설비를 지을 수 있도록 강제하기도 했습니다. 심지어 합작 법인을 승인받으려면 중국 측 지분이 반드시 50%+1주가 되도록 강요하는 경우도 많았습니다.

그런데도 미국과 유럽의 기업들은 중국 시장을 선점해야겠다는 생각에만 사로잡혀 앞다투어 불리한 계약을 체결했습니다. 우리나라나 대만도 상대적으로 불리한 계약에 서명을 할 수밖에 없었습니다. 덕분에 중국은 서방의 기술을 빠르게 흡수하면서 동시에 중국 고유의 자본을 키워나갈 수 있었습니다.

자국의 이익을 지키는 관점에서 볼 때, 미국의 세계화는 영국의 세계화에 비해 치밀하지 못했다고 할 수 있습니다. 영국은 세계화를 내세우면서도 다른 나라에 첨단 제조업 설비가 건설되는 것을 극도로 꺼렸고, 그 나라 고유의 자본이 형성되는 것을 철저하게 견제했습니다. 그와 달리 미국은 지금 당장 이익이 된다는 판단 하에 중국의 기술 추격과 자본형성을 모두 허용해 준 것이나 다름없었습니다.

이제 미국의 패권에 바싹 다가선 중국이 공공연히 미국의 패권에 도전하기 시작했죠. 기술 패권을 필두로 해서 달러화의 기축통화 基軸通貨(국제간 결제나 금융거래의 기본이 되는 화폐) 지위까지 전방위적으로 압박하기 시작했습니다. 이제 미국 내부에서도 미국이 추구한 세계화가 오히려 중국에게 더 큰 기회와 가능성을 제공해 줬다는 것을 깨닫게 됐죠. 그 결과 지난 30여 년간 세계 질서를 상징해 왔던 세계화에 커다란 균열이 생겼다고 할 수 있습니다.

4. 탈세계화는
어떻게 인플레이션을 부르는가

세계화는 국적에 관계없이 가장 싼 자본과 노동력, 원자재를 활용해 더 많은 물건을 더 싸게 만들 수 있는 길을 열어줬습니다. 이 덕분에 경기 과열에 대한 우려 없이 오랜 기간 호황을 지속할 수 있었고, 혹시나 경기 침체나 경제 위기가 찾아와도 연준과 각국 중앙은행은 물가를 자극할 것이라는 걱정 없이 얼마든지 돈을 풀어 경기를 회복시킬 수 있었습니다.

그러나 앞으로 탈세계화 현상이 가속화되면 상황이 크게 달라질 수밖에 없습니다. 이제 걸핏하면 인플레이션을 걱정해야 했던 과거의 통상적인 모습으로 돌아갈 가능성이 큽니다. 앞으로는 경기가 과열되면 물가는 당연히 오르고, 연준이 돈을 풀면 경기 회복에 대한 기대보다 물가 상승에 대한 우려가 더 커질 수도 있습니다.

투자 장벽이
다시 높아진다

이처럼 탈세계화가 시작된 이후에는 연준이 돈줄을 죄면 잠깐은 물가가 하락하겠지만, 돈만 풀면 물가가 튀어 오르는 현상이 주기적으로 반복될 수 있습니다. 그 첫 번째 이유는 탈세계화가 되면서 자본의 이동을 막는 국경 장벽이 다시 강화될 가능성이 커졌기 때문입니다. 그 결과 앞으로는 돈값이 싸다는 이유만으로 아무런 정치적 고려 없이 손쉽게 자본을 조달했던 시대는 저물어갈 가능성이 큽니다.

또 글로벌 기업들도 오직 경제적 효율성만 보고 해외투자를 하기는 어려워질 수밖에 없습니다. 자칫 패권 전쟁이나 경제 블록화로 특정 국가에 대한 수출규제나 수입규제가 시작되면 중간재나 부품을 제때 조달하지 못할 수도 있습니다. 게다가 해외에 설립한 공장에서애써 만든 물건을 자국으로 가져와 내다 팔지 못하는 경우가 생길 수도 있습니다.

이 같은 탈세계화 현상은 해외직접투자에 큰 영향을 미치고 있습니다. 〈그림 1-5〉는 해외직접투자 규모를 나타낸 유엔무역개발회의United Nations Conference on Trade And Development: UNCTAD 자료입니다.[6] 세계화가 시작된 이후 계속 급증하던 전 세계 해외직접투자 규모는 패권 전쟁과 탈세계화가 가속화된 이후 눈에 띄게 줄어들면서 2015년 2조 달러였던 해외직접투자가 2019년에는 1.5조 달러로 감소했습니다.

<그림 1-5> 전 세계 해외직접투자 규모

(단위: 10억 달러)

자료: UNCTAD.

이에 따라 글로벌 공급망에도 큰 변화가 생겼습니다. 미국의 민간 경제 연구소인 콘퍼런스 보드Conference Board가 아시아개발은행Asian Development Bank:ADB 자료를 토대로 전 세계 제조업 제품 생산에서 해외 중간재가 차지한 비중을 조사한 결과, 1995년 17.3%에서 2011년 26.5%로 급증했던 외국산 비중이 2020년에는 23.5%로 감소한 것으로 나타났습니다.[7]

세계화가 가속화되던 지난 30여 년 동안에는 오직 경제적인 요인만 고려해서 미국처럼 자본이 풍부한 나라의 돈으로 중국처럼 인건비가 싼 곳에 노동 집약적인 생산설비를 건설하고 원자재가 가장 싼 카자흐스탄 같은 나라에서 원자재를 도입해 값싸게 대량 생산할 수 있었습니다. 하지만 이제 다시 국제정치적 요소가 개입하면서 그런

세계화의 기적은 사라진 셈입니다.

'바이 아메리칸',
보호무역이 물가를 높인다

앞으로 심각한 물가 불안을 불러올 두 번째 이유는 미국과 중국의 패권 전쟁으로 시작되어 전 세계로 확산되고 있는 자국 중심주의와 보호무역 정책 때문입니다. 특히 미국이 내세우고 있는 '바이 아메리칸^{Buy American}(미국 상품 우선 구매)' 정책이 당장 물가에 큰 영향을 미치고 있습니다.

미국의 우파 성향 연구소인 미국행동포럼^{American Action Forum}은 트럼프 전 대통령이 중국 철강과 알루미늄에 25% 관세를 부과한 조치가 미국 소비자들에게 어떤 영향을 미쳤는지를 조사했습니다. 그런데 2021년 한 해 동안에만 미국 소비자들은 물가 상승으로 인해 510억 달러(약 70조 원)의 추가 지출을 해야 했던 것으로 나타났습니다.[8]

게다가 바이든 정부는 연방 기관들의 미국 내 생산 제품 우선 조달을 의무화하고 반도체, 의약품, 희토류와 같은 주요 상품들의 공급망을 미국 내로 되돌리려고 하고 있습니다. 2022년 피터슨 국제 경제 연구소는 이 같은 정책이 미국 물가를 1.3%p 올리는 효과가 있다고 분석했습니다.[9]

이처럼 미국이 보호무역주의나 바이 아메리칸 정책을 강화해 자

국 물건을 사도록 강제하는 바람에 가뜩이나 불안한 미국의 물가를 더욱 끌어올리는 역할을 하고 있습니다. 그런데 문제는 중국을 겨냥한다는 명분으로 미국이 유럽과 한국, 대만 등 전통적 우방까지 배제하는 극단적 보호무역주의를 내세우고 있다는 점입니다.

　이 같은 조치로 잠깐 동안은 미국의 산업을 보호할 수 있을지 몰라도 향후 물가 상승 압력은 더욱 커질 수밖에 없습니다. 또한 미국에 대한 보복 조치로 미국의 동맹국들도 보호무역주의를 강화할 수밖에 없는데, 이는 미국뿐만 아니라 미국의 우방들 사이에서 국제적인 물가 상승 압력을 높게 될 겁니다.

사실 미국이 중국과의 패권 전쟁에서 좀 더 쉽게 승리하려면 우방과 함께 보조를 맞춰야 더 유리합니다. 2022년까지의 모습처럼 앞으로도 보호무역주의를 우방 국가들에게까지 적용한다면 글로벌 공급망이 흔들리면서 물가 상승 압력이 지속될 가능성이 커질 겁니다. 결국 앞으로 물가의 향방은 미국의 정책에 달려 있습니다. 그런데 미국 국내 여론에 밀려 향후에도 우방에게조차 보호무역주의를 강화할 가능성이 더 큰 상황입니다.

공급망 마비로
적기 생산이 어려워진다

물가 불안을 야기할 세 번째 이유는 탈세계화와 지정학적 위기로 그동안 생산 비용 절감에 큰 역할을 해온 '적기 생산 시스템Just In Time: JIT'마저 흔들리기 때문입니다. 적기 생산 시스템은 일본의 도요타가 GM을 역전할 때 처음 도입한 방식입니다. 재고를 쌓아두지 않고 필요한 때, 즉 적기에 제품을 공급하는 생산 방식으로 낭비 요소를 제거해 생산 비용을 크게 줄인 요인이 되어왔습니다.

특히 적기 생산 시스템은 지난 30여 년간 지속된 세계화와 결합하면서 더욱 강력한 영향력을 발휘해 왔죠. 세계화 시대에는 돈만 내면 어떤 나라에서 생산되는 원자재나 중간재라도 원하는 때에 언제든 공급받을 수 있었기 때문에, 적기 생산 시스템이 기업의 원가를 절감하는 데 큰 역할을 했습니다.

하지만 미·중 무역 전쟁에 이어 코로나19 팬데믹과 러시아·우크라이나 전쟁까지 일어나자, 글로벌 공급망이 마비되는 일이 거듭됐죠. 이로 인해 가장 효율적으로 적기 생산 시스템을 운영하던 기업일수록 더 큰 고통을 겪어야 했습니다. 코로나19와 러시아·우크라이나 전쟁으로 물류망과 공급망이 마비되자, 아무리 돈을 내도 부품을 제때 공급받지 못하는 경우가 많았기 때문입니다.

사실 정확히 필요한 수량만큼만 부품을 조달해서 즉시 생산하고 전 세계로 파는 적기 생산 시스템은 별다른 지정학적 리스크가 없을 때는 아주 효율적인 방식입니다. 하지만 이 시스템에 의존하면 재고를 거의 쌓아두지 않기 때문에, 글로벌 공급망을 구성하고 있는 수십 개의 나라 중에서 단 하나의 나라에만 문제가 생겨도 전체 생산이 마비되는 위험한 구조였던 게 드러난 겁니다.

이처럼 글로벌 공급망 자체가 흔들리자, 기업들은 이제 생산 비용 절감보다 지정학적 위험을 피하는 것이 가장 중요한 과제가 되었습니다. 이 때문에 가격 경쟁력을 높이기 위해 세계 각국에 생산 기지를 배치하던 세계화 시대는 사실상 끝나가고 있습니다. 이제 비용이 좀 더 들더라도 확실한 우방 국가에 공장을 짓는 '프렌드쇼어링Friend-shoring'이나 아예 자국으로 공장을 옮기는 '리쇼어링Reshoring'을 택하는 기업들이 늘고 있습니다.

이 같은 현상은 앞으로 생산 비용을 지속적으로 압박하는 원인이 될 것입니다. 《뉴욕타임스The New York Times》는 2022년 5월 〈싸고 풍요로운 시대는 끝날지 모른다The Era of Cheap and Plenty May Be Ending〉라는 제목의 기사에서 "탈세계화와 리쇼어링이 인플레이션의 속도를 높일 것"이라고 보도했습니다.[10] 이 같은 현상은 단기에 그치지 않고 장기적으로 물가를 불안하게 만드는 요인이 될 가능성이 큽니다.

5. 고령화는
왜 물가를 끌어올리는가

2021년 초까지만 해도 앞으로는 인플레이션의 시대가 오지 않을 것이라고 단언하는 증시 전문가들이 정말 많았는데, 그 근거로 일본의 디플레이션 사례를 들었습니다. 고령화와 함께 디플레이션을 겪었던 일본의 사례처럼 앞으로 전 세계가 고령화되면 인플레이션은 보기 힘들 것이라는 주장이었습니다. 하지만 그런 주장을 했던 사람들조차 고령화가 왜 디플레이션의 원인인지 명쾌하게 설명하지 못하는 경우가 많았습니다.

그런데 사실 증시 전문가들의 주장과 달리 학계에서는 고령화가 디플레가 아닌 인플레의 원인이 될 수 있다는 연구가 속속 쏟아져나오고 있었습니다. 그 대표적인 학자가 런던정경대학 석좌교수였던, 영국의 경제학자 찰스 굿하트Charles Goodhart입니다. 그가 모건 스탠

1부. 인플레이션_폭발적인 자산 상승기를 뒤흔드는 물가의 공습

리에서 근무할 때 만난 마노지 프라단^{Manoj Pradhan}과 함께 쓴 책《인구 대역전: 인플레이션이 온다^{The great demographic reversal: Ageing societies, waning inequality, and an inflation revival}》에서는 고령화가 물가를 끌어올릴 수밖에 없는 이유를 자세히 설명하고 있습니다.[11]

게다가 이 같은 주장은 처음이 아닙니다. 이미 2015년 국제결제은행^{Bank for International Settlements: BIS} 수석연구원인 엘로드 타카츠^{Elöd Takáts}와 미카엘 유셀리우스^{Mikael Juselius}가 함께 쓴 〈인구가 인플레이션과 통화정책에 영향을 미칠 수 있을까?^{Can Demography Affect Inflation and Monetary Policy?}〉라는 제목의 논문에서 1955년부터 2010년까지 22개 나라의 사례를 면밀히 조사한 결과, 고령화는 인플레이션의 원인으로 작용했다고 밝힌 바 있습니다.[12]

소비는 늘고,
공급은 줄고

그렇다면 왜 이들은 일본의 사례에도 불구하고 고령화가 인플레이션의 원인이라고 주장한 것일까요? 가장 큰 이유는 고령화가 진행되면 피부양 인구(15세 미만 유소년과 65세 이상 노인을 합친 인구)가 전체 인구에서 차지하는 비율이 급격히 늘어나 소비만 하는 인구 비중이 높아지면서 물가를 끌어올리는 원인이 된다는 겁니다.

이를 알기 쉽게 설명하기 위해 국민의 수가 4명인 가상의 나라가

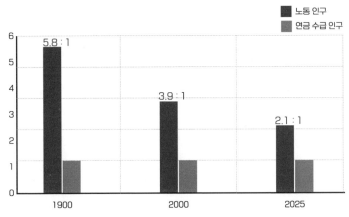

<그림 1-6> 일본의 연금 수급 인구 대비 노동 인구 비율 변화

■ 노동 인구
■ 연금 수급 인구

5.8 : 1

3.9 : 1

2.1 : 1

1900   2000   2025

자료: The Economic Transcript.

있다고 가정해 보겠습니다. 고령화가 시작되기 전에는 3명의 부양
인구(15~64세 인구)와 1명의 피부양 인구가 살고 있었습니다. 부양
인구는 모두 일을 한다고 가정해 보겠습니다. 그런데 고령화로 부양
인구는 2명으로 줄고 피부양 인구가 2명으로 바뀌었다고 합시다. 그
러면 이 나라의 경제 상황은 어떻게 달라질까요?

고령화 이전에는 3명이 생산한 것을 4명이 소비하는 구조였지만,
고령화가 시작된 이후에는 2명이 생산한 것을 4명이 소비하게 됩니
다. 소비 인구는 그대로인데 생산 인구만 줄어들면 경제 전체의 생산
능력에 비해 소비 수요가 더 커집니다. 이로 인해 고령화가 되면 인
플레이션 압력이 더 높아지는 거죠. 이런 변화가 실제로 일본에서 벌
어졌던 것입니다. 〈그림 1-6〉에서 보이듯이 말입니다.[13]

또한 고령화로 노동 인구가 줄어들면 노동의 수요에 비해 노동 공

1부. 인플레이션_폭발적인 자산 상승기를 뒤흔드는 물가의 공습

급이 줄어드는 현상이 나타나게 됩니다. 게다가 희소해진 노동의 협상력이 커집니다. 따라서 고령화가 진행되면 임금이 오를 가능성이 높습니다. 그 결과 생산 비용이 늘어나면서 인플레이션을 일으키는 원인이 될 가능성이 큽니다.

물론 이에 대해 많은 반론들이 떠오를 겁니다. 자동화와 기술혁신으로 공장에 사람이 필요 없어지면 고령화가 되어 생산 인구가 줄어도 상관없는 것 아닌가? 나이가 들수록 소비가 줄어든다는데, 고령화로 인한 소비 증가를 걱정해야 하나? 고령화가 원래 인플레이션을 일으키는 원인이라면 일본은 왜 디플레이션이 왔나? 이런 의문이 생길 겁니다.

고령화가 디플레이션을
만든다는 오해

먼저 자동화와 기술혁신에 따른 효과부터 살펴보겠습니다. 언뜻 생각하면 사람이 한 명도 필요 없을 정도로 공장자동화가 가속화되면서 임금을 끌어내렸을 것이라고 지레 짐작할 수 있습니다. 그런데 실상을 살펴보면 주요 선진국에서 공장자동화가 임금을 끌어내리는 효과는 그렇게 크지 않았습니다.

그 이유는 미국 등 선진국에서는 제조업 비중이 너무나 낮아져서 제조업에서 아무리 공장자동화가 이루어져도 노동시장 전체에 미치는 영향이 워낙 미미했기 때문입니다. 앞에서 언급했듯이, 2019년을 기준으로 미국의 서비스업 고용 비중은 84.2%나 됐던 반면, 제조업 비중은 7.9%밖에 되지 않았습니다.[14]

이런 상황에서는 아무리 제조업 분야에서 공장자동화가 이뤄져도 서비스업 비중이 높은 미국 전체의 임금을 끌어내리기는 역부족입니다. 물론 언젠가는 서비스업도 인공지능이 대체할 수 있겠지만, 기술이 발달한다고 해도 사람들이 여전히 따뜻한 인간의 온기를 느낄 수 있는 대면 서비스를 선호하는 경향이 있기 때문에 언제 사람을 대체하게 될지는 아직 미지수입니다.

반면 고령화된 인구가 늘어날수록 돌봄이나 건강관리 등 다양한 서비스업 분야에서 노동 수요가 급증하는 경향이 있습니다. 특히 찰스 굿하트는 늘어난 수명으로 치매 발병이 급증하고 있어서 대규모 간병 인력이 필요하게 될 것이라고 내다봤습니다.

다음으로 나이가 들수록 소비가 줄어들기 때문에 고령화가 인플레이션보다는 디플레이션의 요인이 아니냐는 주장을 살펴봅시다. 노년층이 청년층보다 소비를 덜하고 있다는 지적은 맞습니다. 우리나라의 경우 은퇴 직후 소비지출이 8.9%가 줄어들고 그 뒤에는 소비가 해마다 평균 1.5%씩 감소한다는 연구 결과도 있습니다.[15]

그러나 노년층의 소비지출이 조금 더 적다고 해도 고령 인구가 폭증하는 상황에서는 고령층 소비의 총합은 빠르게 늘어날 수밖에 없습니다. 게다가 과거 은퇴 세대와 달리 지금 은퇴를 하고 있는 미국의 베이비붐세대(1946~1964년생)나 X세대(1965~1980년생)는 그 이전 세대는 물론 지금의 청년들인 Y세대(1981~1996년생)보다 훨씬 부유한 세대입니다. 실제로 미국의 60세 이상 고령층이 미국 가계 총자산의 80% 이상을 소유하고 있을 정도로 고령층에 부가 집중되어 있습니다.

미국에서 베이비붐세대가 부유한 이유는 현역 시절 지금의 청년층보다 상대적으로 더 높은 임금을 받았고, 집값과 주가가 동반 급등했던 시대를 살아왔으므로 자산을 축적할 기회가 더 많았기 때문이죠. 그래서 미국 등 주요 선진국에서는 부유한 고령층이 만성적인 저임금에 시달리는 청년층보다 오히려 더 큰 소비 여력을 갖고 있는 셈입니다. 이런 이유들 때문에 고령화가 경제 전체의 소비를 줄이는 요소가 되기는 쉽지 않습니다.

왜 '고령 사회' 일본에는
디플레가 왔을까

그렇다면 일본은 왜 고령화와 함께 디플레이션을 겪었을까요? 가장 큰 이유는 세계화에서 찾을 수 있습니다. 일본에서 고령화가 시작된 시기는 1990년대였습니다. 때마침 세계화가 본격적으로 추진되고 곧이어 중국까지 세계무역기구World Trade Organization: WTO에 가입하면서 일본 물가를 끌어내리는 역할을 한 겁니다.

특히 세계화가 시작된 이후 일본 기업들은 더 이상 일본에 투자하지 않고 인건비가 싼 중국 같은 나라로 대거 공장을 옮기기 시작했습니다. 그리고 일본 기업들이 중국에서 값싸게 생산한 소비재와 중간재를 대량으로 수입하면서 일본의 물가가 장기 하향 안정세를 보였다는 게 찰스 굿하트의 주장입니다.

실제로 일본 기업들은 1996년 이후 해외 계열사를 설립하고 해외로 생산 기지를 이전하기 위해 해외직접투자를 크게 늘렸습니다. 그 결과 1996년 200억 달러였던 해외직접투자 규모는 2008년 1,300억 달러를 돌파하기도 했습니다. 그 뒤 글로벌 금융 위기 사태가 일어났을 때 다소 줄었다가 다시 2016년에는 1,700억 달러 수준으로 급격히 늘어났습니다.[16]

이 같은 천문학적인 해외투자로 일본 기업들이 생산 기지를 대부분 해외로 이전하자, 일본은 산업 공동화 현상을 겪기 시작했습니다. 실제로 이 기간 동안 일본에 지은 공장이 거의 없을 정도였습니다. 그 결과 일본에서는 인건비 상승에 따른 물가 상승이 일어나기는커녕 오히려 임금이 크게 낮아지면서 고령화에 따른 인플레 압력이 사라진 겁니다.

일본에서 디플레이션이 일어났던 또 다른 원인은 자산 가격 붕괴에서도 찾을 수 있습니다. 1989년에 니케이Nikkei 지수가 급락하기 시작하면서 5분의 1 수준으로 하락했고, 도쿄도 23구의 부동산 가격도 4분의 1로 추락했습니다. 게다가 그 어떤 부양책으로도 자산 가격이 좀처럼 회복되지 않아 오랜 기간 큰 고통을 겪었습니다.

이처럼 자산이 급격하게 줄어든 일본인들은 소비를 극한까지 줄이고 내핍 생활을 하는 것밖에 방법이 없었습니다. 기업은 이런 일본인들에게 물건을 팔기 위해 조금이라도 더 싸게 만드는 길을 택했습니다. 결국 이 같은 현상이 생산설비의 해외 이전을 더욱 가속화시키고 일본 내에서는 임금 상승을 더욱 억제하는 원인이 되었습니다.

물론 아직까지 학계에서도 고령화가 물가에 어떤 영향을 미치는지는 논란의 대상입니다. 그러나 전 세계 선진국이 고령화 현상을 겪고 있기 때문에, 향후 전 세계 물가를 뒤흔들 매우 중요한 요인인 것만은 분명합니다. 또한 일부 전문가들의 주장처럼 고령화가 반드시 디플레이션을 불러올 것이라고 단언하기 어려운 것도 분명합니다.

만일 고령화가 인플레이션을 일으킬 것이라는 최근의 연구들이 맞는다면, 인플레이션은 코로나19나 러시아·우크라이나 전쟁에 의한 일시적인 현상이 아니라 앞으로 고령화 시대에 끈질기게 세계경제를 괴롭히는 고질적인 문제가 될 수 있습니다. 이제 과거 세계화 시대처럼 경제 위기가 올 때마다 무조건 돈을 풀어 쉽게 경기를 회복시켰던 시대는 한동안 돌아오지 않을지도 모릅니다.

6. 30년 디플레 일본,
앞으로 문제는 인플레다

그럼 일본 경제 이야기를 조금 더 해보겠습니다. 2012년 집권한 아베 신조^{安倍晉三} 총리에게는 '윤전기 아베'라는 별명이 붙었는데, 취임 직전 자신이 집권하면 "일본은행의 윤전기를 돌려서라도 무제한으로 돈을 찍어내게 하겠다"라고 공언했기 때문입니다. 실제로 아베 총리는 취임 이후 물가 상승률을 2%까지 끌어올리겠다며 천문학적인 돈을 풀기 시작했습니다.

그러나 아무리 돈을 찍어도 물가 목표치였던 2%는 좀처럼 달성하기 어려웠습니다. 앞서 언급했듯이 이미 심각한 산업 공동화를 겪고 있던 일본에서는 아무리 많은 돈을 찍어내도 인플레가 일어나지 않았기 때문입니다. 이 때문에 일본은 인위적으로라도 인플레를 일으켜야 한다는 핑계로 점점 더 많은 돈을 찍어냈습니다.

여기서 일본이 간과한 점이 있는데, 우리가 인플레이션을 예측하기 어려운 이유는 정책의 시차가 있기 때문입니다. 돈을 푼 만큼 서서히 인플레가 시작되는 게 아니라, 풀린 돈이 계속 쌓이다가 특정 시점이나 상황을 계기로 갑자기 분출되는 경우가 많습니다. 1920년대 독일의 하이퍼인플레이션^{Hyperinflation}이나 1970년대 미국의 스태그플레이션을 막지 못했던 것도 바로 이런 이유 때문입니다.

일본,
풀린 돈의 역습이 시작된다

일본은 1990년대 이후 오랫동안 디플레이션을 겪었습니다. 이 때문에 일본에서는 앞으로 물가가 더 떨어질 것이라는 디플레이션 기대 심리가 워낙 커진 상황이어서 아무리 돈을 풀어도 인플레이션이 나타나지 않았던 겁니다. 그러나 한편에서는 아베 총리 집권 이후 풀린 천문학적인 돈이 차곡차곡 쌓이고 있었습니다.

그러다가 2022년 러시아·우크라이나 전쟁으로 원자재 가격이 폭등하자, 일본의 물가 부담이 유례없이 커졌습니다. 여기에 엔화 가치마저 급락하면서 수입물가가 급등하기 시작했습니다. 이로 인해 2022년 8월에는 일본의 소비자물가 상승률이 전년 대비 2.8%를 기록했는데, 이는 31년 만의 최대 폭 상승이었습니다.

미국의 소비자물가 상승률이 8~9%이고 유럽이 10%에 육박하는 것과 비교하면 별것 아닌 것처럼 보일 수도 있는데, 일본처럼 디플레이션을 겪던 나라에서는 2.8%도 큰 충격이 될 수 있습니다. 가장 위험한 것은 디플레이션 기대 심리가 인플레이션 기대 심리로 바뀌는 것인데, 이 경우 인플레이션 압력이 걷잡을 수 없이 커질 수밖에 없습니다.

더 큰 문제는 2022년 8월 일본의 기업물가지수 상승률이 9%나 됐다는 점입니다. 기업물가지수란 기업 간 거래하는 상품의 가격 동향을 나타내는 지수입니다. 기업물가가 9%나 폭등했는데도 소비자물가가 2.8%밖에 오르지 않은 것은, 결국 기업들이 비용 상승을 모두 감내하면서 소비자가격을 올리지 않고 있기 때문입니다.

일본 기업들은 오랜 기간 디플레이션에 익숙해져 있는 소비자들의 눈치를 보느라 마음 놓고 소비자가격을 올리지 못하고 있는 겁니다. 게다가 일본은 사회적 부담을 나누는 것을 미덕으로 생각하기 때문에, 일본에서 가격을 올리는 것은 일종의 금기 사항처럼 되어 있습니다. 그러나 적자가 계속 누적되면 기업들은 생존을 위해 한꺼번에 소비자가격을 올릴 수밖에 없습니다.

실제로 일본 기업들이 생산 비용 상승에 따른 부담을 견디지 못하고 가격을 급격하게 올리는 경우가 늘어나고 있습니다. 2022년 일본 제과 회사 야오킨은 1979년 처음 판매를 시작한 이후 43년 동안 10엔(96원)이라는 저렴한 가격을 유지해 왔던 일본의 국민 과자 우마이봉의 가격을 무려 20%나 한꺼번에 올렸습니다.

물론 금액으로는 2엔(19원) 인상에 불과하지만, 영원히 10엔에서 오르지 않을 것 같았던 우마이봉의 가격 인상 소식은 큰 충격이었습니다. 그 뒤를 따라 아사히의 맥주, 코코이치방야의 카레, 아지노모토의 마요네즈 가격이 모두 인상됐는데, 비용 상승을 견디지 못하는 기업들이 많아지면서 가격 인상에 동참하는 기업들이 점점 더 늘어나고 있습니다.

30년 장기 불황 끝, 악성 인플레이션 우려

물론 그동안 일본 정부가 천문학적인 돈을 뿌린 이유는 이 같은 물가 상승을 유도하기 위해서였죠. 그런데 정작 물가가 오르자 더 큰 위험이 시작되고 있습니다. 일본에서 30년 만에 처음으로 인플레이션 기대 심리가 커지고 있는 건데, 이는 자칫 인플레이션의 악순환이라는 걷잡을 수 없는 상황에 빠질 위험이 있습니다.

그동안 일본인들은 30년 장기 불황 속에서 끊임없이 소득이 쪼그라들었는데, 그나마 디플레로 물가가 하락한 덕분에 생활수준을 유지하고 있었습니다. 지금처럼 소득은 늘어나지 않고 물가만 치솟아 오르는 악성 인플레이션은 일본인들의 삶의 모습을 송두리째 바꿀 수 있는 심각한 위협이 될 수 있습니다.

절약에 익숙해진 일본인들에게 일단 인플레이션 기대 심리가 자

리 잡게 되면 물가가 더 오르기 전에 하나라도 더 사두려는 심리가 커질 수밖에 없습니다. 게다가 물가가 더 오를 것이라는 기대가 커지면 근로자들의 임금 인상 요구가 더욱 거세질 가능성이 큽니다. 이는 시장 수요와 노동 공급 측면에서 물가를 더욱 끌어올리는 악순환을 만들 수 있습니다.

일단 인플레이션의 악순환이 시작되면 이를 막을 방법은 금리를 끌어올리거나 양적 긴축Quantitative Tightening: QT을 하는 방법밖에 없습니다. 그런데 일본은 천문학적인 국가부채와 비정상적인 양적 완화 정책 때문에 금리를 올리거나 양적 긴축을 하는 것이 거의 불가능한 상황입니다. 이 때문에 인플레이션이 쉽게 끝나지 않을 경우, 선진국

1부. 인플레이션_폭발적인 자산 상승기를 뒤흔드는 물가의 공습

중에서는 일본이 가장 취약한 국가라고 할 수 있습니다.

일본의 국가부채는 2022년 6월 기준 1,255조 엔을 넘어섰는데, 우리 돈으로 1경 2,000조 원이라는 천문학적인 금액입니다. 이 때문에 일본은 국가 예산의 4분의 1을 국채 상환과 이자 지불에 쓰고 있습니다. 그나마 일본의 기준금리가 연리 −0.1%이기 때문에 이 정도인 겁니다. 만일 금리가 조금만 올라도 일본 정부의 국가재정은 흔들릴 수밖에 없습니다.

이런 상황에서 미국이 계속 기준금리를 올리면 돈이 일본에서 빠져나가면서 엔화 약세가 가속화될 수밖에 없는데, 이 경우 수입물가가 치솟아 오르면서 인플레이션 압력은 더욱 커질 수밖에 없습니다. 그러나 아무리 엔화 가치가 떨어지고 물가가 올라도 일본의 국가재정 때문에 미국만큼 금리를 올리는 것은 거의 불가능합니다.

무리한 양적 완화와
시장 개입의 결말

또 다른 문제는 일본은행이 시중에 풀었던 돈을 거둬들이는 양적 긴축을 단행하기도 매우 어렵다는 점입니다. 미국 연준은 아무리 위기 상황이라도 비교적 엄격하게 양적 완화를 적용해 왔습니다. 양적 완화로 돈을 풀더라도 미국 국채와 주택저당증권Mortgage-Backed Security: MBS(모기지, 즉 주택담보대출을 기초자산으로 발행되는 증권)에 국한해 사들여 왔기 때문에, 이 돈을 회수하는 양적 긴축을 하더라도 그 여파가 제한되어 있습니다.

그러나 일본은행은 국채와 MBS만이 아니라 온갖 등급의 회사채, 그리고 상장지수펀드Exchange Traded Fund:ETF를 통해 주식까지 사들였습니다. 아베 전 총리의 취임 이후 일본은행은 마구잡이로 돈을 찍어 주식을 사들이기 시작했습니다. 유통되는 ETF의 씨가 마를 정도로 사들이는 바람에 주가를 떠받쳤지만, 일본 주식시장에서는 일본은행이 빠지는 순간 주식시장이 무너질 만큼 심각한 왜곡이 일어났습니다.

특히 2022년에는 미국의 금리 인상으로 일본 주가가 급락하자, 일본은행이 시장을 떠받치기 위해 또다시 구원투수로 나섰습니다. 《파이낸셜 타임스Financial Times》 등 주요 외신들은 2022년 9월 현재 일본은행이 보유하고 있는 ETF는 2,890억 달러(약 400조 원)를 넘어 일본 전체 ETF의 63%나 된다고 보도했는데, 이는 전년도 ETF 비중이었던 58%보다 크게 늘어난 수치입니다.[17]

이 때문에 이 책을 쓰고 있는 2022년 9월 현재 미국의 S&P500과 나스닥NASDAQ 지수 등 주요 지수가 지속적인 하락세를 보이고 있음에도 일본의 니케이 지수만은 최고점 부근에서 크게 떨어지지 않고 있습니다. 하지만 지금의 니케이 지수는 일본은행이 억지로 떠받친 주가인 만큼, 일본은행이 주식을 파는 순간 일본의 주가도 속절없이 추락할 수밖에 없습니다.

이런 상황에서 일본은행이 일본 국채나 회사채, 또는 ETF를 대량으로 판다면 일본 금융시장은 그야말로 혼란의 도가니에 빠져들 수밖에 없습니다. 이 때문에 일본은행이 보유한 자산을 시중에 팔고 그동안 찍어냈던 엔화를 회수하는 것은 쉬운 일이 아닙니다. 결국 아베노믹스Abenomics 이후 마이너스 금리와 천문학적인 양적 완화로 시장 왜곡을 일으킨 탓에, 일본 금융시장은 그야말로 외통수에 걸린 셈이 됐습니다.

문제는 미국의 금리 인상이 계속되어 엔화 가치가 급락하고, 세계적인 인플레이션이 계속될 경우입니다. 이 경우 일본이 대응할 수 있는 수단이 거의 없기 때문에 심각한 상황에 처할 수 있습니다. 일본으로서는 인플레이션 상황이 하루빨리 끝나 미국이 금리 인하를 시작하기를 기도하는 길밖에 없는 겁니다. 결국 아베노믹스의 후유증으로 일본 경제는 그 어느 때보다도 글로벌 금융 환경에 취약한 상황이 됐습니다.

이 같은 일본 경제의 상황은 우리에게도 시사하는 바가 큰데, 우리나라에서도 아베노믹스를 부러워하며 이를 따라 해야 한다고 주장하는 목소리들이 적지 않은 것이 사실입니다. 그러나 아베노믹스의 실체는 바로 지금 현재를 위해 미래를 위험에 빠뜨리는 것이라고 할 수 있습니다. 만일 우리 정부가 당장 눈앞의 위기만을 해결하기 위해 시장을 왜곡할 경우, 우리도 언제든 일본과 같은 진퇴양난의 상황에 빠질 수 있다는 점을 주의해야 합니다.

7. 중국,
인플레의 진원지가 되다

앞서 살펴본 것처럼 미국 주도의 세계화 속에서 지금까지 전 세계 물가 상승을 억제해 왔던 가장 핵심적인 요인은 바로 중국이었다고 할 수 있습니다. 선진국 기업들이 낮은 인건비를 좇아 생산설비를 대거 중국으로 옮기고, 중국이 세계의 공장 역할을 하며 전 세계 제조업 제품 생산의 30%에 이르는 엄청난 물량을 이전보다 저렴하게 생산한 것이 전 세계적인 저물가 현상을 불러왔기 때문입니다.

그런데 여기서 의문점이 하나 생깁니다. 전 세계 기업이 모두 중국으로 몰려들어 공장을 짓고 생산량을 비약적으로 확대했다면, 경기 과열로 노동력 부족 현상이 일어나 인건비가 치솟아 오르고 심각한 인플레이션이 발생했어야 했죠. 그런데 왜 중국에서는 개혁 개방 이후 30여 년 동안 전 세계 공장을 빨아들이고도 경기 과열이나 물

1부. 인플레이션_폭발적인 자산 상승기를 뒤흔드는 물가의 공습

가 폭등이 일어나지 않았던 걸까요?

중국의 경기 과열은
왜 물가 인상으로 흐르지 않았을까

물론 중국에서도 개혁 개방 초기에는 물가가 치솟아 오르던 시기가 있었습니다. 그러나 당시에 중국 물가나 인건비가 선진국에 비해 너무나 쌌기 때문에 세계 물가에는 영향을 미치지 않았습니다. 그 뒤 1990년대 말 이후에도 중국은 경기 과열을 걱정해야 할 정도로 고성장을 한 적이 많았지만, 물가는 놀라울 정도로 안정되어 있었습니다.

이렇게 물가가 안정되어 있었던 가장 큰 비밀은 중국 농촌에 넘쳐나던 인구에 있었습니다. 1978년 개혁 개방을 시작했을 때 중국에서 도시에 살던 인구는 고작 18%에 불과했습니다. 주요 선진국의 도시화율이 70~80%가 넘는 것을 생각해 보면 농촌인구가 얼마나 많았는지 짐작할 수 있습니다. 당시 중국 농촌에서는 혼자서도 할 수 있는 일을 4~5명이 나눠서 하는 상황이었기 때문에, 농촌에는 말 그대로 유휴 인력이 넘쳐났습니다.

그런데 개혁 개방이 시작되면서 4대 경제특구가 지정되고 베이징·상하이·선전 등 주요 도시를 중심으로 빠른 성장이 시작되자, 경제특구를 중심으로 노동 수요가 크게 늘어났습니다. 그러자 농촌에서 대규모 인력이 도시로 이동하기 시작했습니다. 농촌에는 유휴 인력이 넘쳐났기 때문에, 중국 정부에서 호구戶口 제도[18]로 통제했음에도 끝없는 노동 공급이 이어졌습니다.

중국은 워낙 빠른 속도로 성장해 왔기 때문에 노동 수요도 급격히 늘어났습니다. 하지만 아무리 빨리 성장해도 농촌에서 엄청난 규모의 인구가 끊임없이 유입되었기 때문에 경제성장을 제약할 정도의 임금 상승은 일어나지 않았던 겁니다. 실제로 1978년 개혁 개방 이후 지난 40여 년간 도시로 유입된 노동자는 3억 명이 넘습니다. 이는 미국, 멕시코, 캐나다 등 북미 대륙 전체 취업 인구와 맞먹는 규모였습니다.

결국 중국의 풍부한 노동력이 세계화를 타고 전 세계 물가 상승을 억누르는 역할을 해왔던 거죠. 중국의 풍부한 노동력과 세계화 둘 중에 하나만 없었어도 이처럼 놀라운 현상이 나타나기는 어려웠을 겁니다. 그런데 앞서 살펴본 것처럼, 이미 탈세계화 현상이 가속화되면서 세계화 효과를 기대하기 어려워진 데다 한때 무한한 것처럼 보였던 중국의 값싼 노동력 공급도 이제 끝나가고 있습니다.

싸고 풍부한
노동의 시대가 끝나간다

〈그림 1-7〉에서 확인할 수 있는 것처럼 1980년대 이후 급속도로 진

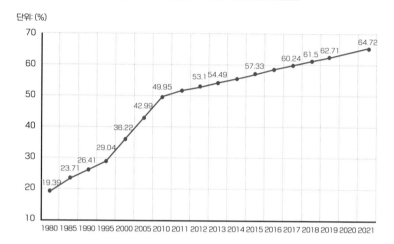

〈그림 1-7〉1980년대 이후 중국의 도시화 비율

단위: (%)

자료: 중국 국가통계국.

행되던 중국의 도시화가 2010년부터 조금씩 둔화되기 시작했습니다.[19] 특히 2021년에는 도시화율이 65%에 육박하면서 이미 중위권 국가의 도시화율을 훌쩍 넘어 선진국 수준에 점점 다가서고 있습니다. 이 때문에 앞으로는 농촌에서 공급될 유휴 인력의 수가 크게 줄어들 수밖에 없습니다.

또 다른 문제는 인구 대국 중국에서 인구가 줄어들 상황에 처했다는 점입니다. 인구가 가장 강력한 무기였던 중국에서 2025년부터 인구가 감소하기 시작할 가능성이 큽니다. 특히 젊은 인구가 급격히 감소한 탓에, 15~64세 인구를 뜻하는 생산연령인구 Working Age Population 는 1975년 56%에서 2010년 73%로 급증했다가 이미 2012년부터

줄어들기 시작했습니다.[20]

이에 따라 중국이 지금까지 누려왔던 인구 보너스^{Demographic} Bonus(전체 인구에서 생산연령인구의 비중이 높아져 경제성장이 촉진되는 현상)를 반납하고 인구 오너스^{Demographic Onus}(생산연령인구가 줄어들고 피부양인구가 늘어나면서 경제성장이 지체되는 현상)의 함정에 빠질 것이라는 전망이 나오고 있습니다.

생산연령인구 비중이 늘어나는 것은 경제성장 초기에 중요한 역할을 합니다. 경제성장 초기에 일자리가 급격히 늘어날 때 구인난에 빠지기 쉬운데, 전체 인구에서 일할 수 있는 사람의 비중이 늘어나면 인건비 부담 없이 경제성장을 가속화할 수 있기 때문입니다. 그러나 반대로 경제성장이 가속화됐을 때 생산연령인구 비중이 줄어들면 노동력 부족 현상이 일어나 인플레이션을 불러오는 경우가 적지 않습니다.

이처럼 인구가 최고의 무기였던 중국에서 도시화 속도의 둔화와 생산연령인구 비중의 감소가 동시에 일어나는 2020년대에는 중국의 경제 체질이 크게 바뀔 수밖에 없습니다. 중국이 아무리 4차 산업에서 두각을 나타내고 있다고 하더라도 노동력에 의존해 왔던 전반적인 산업구조가 하루아침에 변화할 수는 없습니다. 그렇기 때문에 앞으로 성장률을 끌어올리기 위해 무리한 부양책을 쓰면 곧바로 임금과 물가 상승의 악순환에 빠질 수 있습니다.

이 때문에 중국이 전 세계 물가를 끌어내리는 역할을 해왔던 과거 30여 년과는 모든 것이 달라질 수밖에 없습니다. 도시화 속도가 지금보다도 더 둔화되고 생산연령인구 비중이 급격히 줄어드는 2020년대 중반 이후가 되면, 중국이 전 세계 물가를 끌어올리는 인플레이션의 진원지가 될 수도 있습니다.

억누른 상승 요인이
시한폭탄이 될 때

한국은행이 2022년 4월에 내놓은 〈인구구조 변화가 중국 경제에 미치는 영향〉이라는 제목의 보고서를 보면 이 문제를 상세하게 다루고 있습니다.[21] 이에 따르면, 중국의 인구구조 변화는 중국 경제뿐만 아니라 글로벌 인플레이션 추가 압력 등 글로벌 경제의 변화를 유발하는 핵심 요인이 될 가능성도 염두에 두어야 한다고 분석했습니다.

다만 중국 당국이 물가를 철저히 통제해 왔기 때문에 당장은 중국의 인플레이션 위험성이 겉으로 드러나지 않고 있습니다. 〈그림 1-8〉은 중국의 생산자물가와 대미 수출물가를 보여주는 그래프입니다.[22] 중국의 생산자물가는 2021년 4월 이후 급등했지만, 중국이 미국에 수출하는 제품의 가격은 크게 오르지 않았습니다.

생산자물가란 제조 회사가 도·소매업체에 판매한 가격의 변동을 반영하는데, 우리가 일상적으로 물건을 살 때의 가격인 소비자물가와는 조금 다릅니다. 물론 대체로 생산자물가가 오르면 당연히 소비

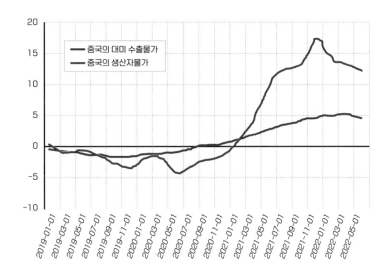

〈그림 1-8〉 중국의 생산자물가와 대미 수출물가

중국의 대미 수출물가
중국의 생산자물가

자물가도 오르고, 수출물가도 오르는 게 정상적이죠. 그런데 중국에
서는 생산자물가가 폭등해도 소비자물가나 수출물가가 잘 오르지
않는 경향이 있습니다.

여기에는 여러 가지 이유가 있을 수 있는데, 물가 상승을 원하지
않는 중국 정부가 최종 소비자 단계나 수출 단계의 물가를 통제할
가능성이 있습니다. 일반적인 민주주의 국가에서는 불가능한 일이
지만 중국과 같은 권위주의 국가에서는 통제가 가능한데, 통상 비제
도적 통제 방식을 사용하기 때문에 실제 얼마나 통제하고 있는지를
외부에서 알기는 어렵습니다.

특히 2022년에는 중국이 제로 코로나 정책을 고집한 탓에 민심이

크게 악화됐습니다. 그 결과 중국에서 좀처럼 보기 드문 과격 시위가 잦아지고 있습니다. 이런 상황에서 만일 소비자물가까지 올라간다면 심각한 상황이 초래될 수 있기 때문에, 이를 막기 위해 중국 정부가 물가 안정에 더욱 강력하게 개입하고 있을 가능성이 있습니다.

또 다른 가능성으로, 중국 정부나 지방정부가 최종 소비자물가나 수출물가를 낮추기 위해 온갖 보조금을 제공하고 영업 손실을 메워주기 위해 대출을 확대했을 가능성이 있습니다. 이 같은 방법은 당장의 물가를 낮추는 데는 도움이 될지 몰라도 결국 기업이나 지방정부의 부실을 더욱 키울 위험이 있습니다.

물론 중국 정부가 소비자물가를 통제하는 사이 원자잿값 폭등이나 물류 대란 등 세계 물가를 불안하게 만들었던 요인들이 해소된다면 괜찮겠죠. 하지만 만일 전 세계적인 물가 폭등 요인이 제거되지 않은 상황에서 물가를 억누르는 데 실패한다면, 그동안 통제했던 물가가 한꺼번에 솟구쳐 오를 수도 있습니다.

게다가 물가 상승을 억누르는 과정에서 제품 가격을 제때 올리지 못한 기업이 부실화될 수도 있는데, 이 경우 부실이 지방정부 소유 은행으로 옮겨붙을 수도 있습니다. 특히 중국에서는 지방정부가 채무보증을 선 경우도 많기 때문에, 지방정부의 부채 문제를 더욱 가중시킬 수도 있습니다.

이 때문에 중국이 지금과 같은 물가 억제 정책을 고수할 경우 인플레는 막을 수 있을지 몰라도, 그 대신 극심한 경기 불황과 함께 자산 가격 디플레를 겪을 가능성은 더욱 커질 수밖에 없습니다. 특히 물가를 잡으려다 자칫 부동산 버블을 터뜨릴 경우 중국 경제는 최근 40년간 보지 못했던 심각한 위험에 노출될 수 있습니다.

중국 정부가 물가를 억누른 탓에 당장은 수출물가나 소비자물가가 비교적 잘 통제되고 있는 것처럼 보이지만, 실제로는 언제 터질지 모르는 시한폭탄을 안고 뛰는 셈이라고 할 수 있습니다. 전 세계 제조업 생산의 30%를 차지하고 있는 중국에서 인플레이션이 시작되거나 반대로 경기 불황이 찾아올 경우 세계경제에 큰 파장을 일으킬 수밖에 없기 때문에, 앞으로 중국의 물가통제가 가져올 파장을 면밀히 살펴볼 필요가 있습니다.

1부. 인플레이션_폭발적인 자산 상승기를 뒤흔드는 물가의 공습

8. 향후 인플레이션의
네 가지 시나리오

앞서 살펴본 대로 지난 30여 년 동안은 세계화와 중국의 유휴노동력 활용 등 온갖 특별한 상황이 복합적으로 작용하면서 아무리 돈을 풀어도 인플레이션을 걱정할 필요 없었던 아주 특별한 시기였다고 할수 있습니다. 하지만 이 같은 요소들이 사라진 만큼 앞으로는 연준이 과도하게 돈을 풀면 인플레이션이 일어나는 '정상적인 환경'으로 돌아갈 수밖에 없습니다.

그러나 이런 환경의 변화만으로는 인플레이션을 완벽하게 예측하기 어렵습니다. 이제 연준이 과도하게 돈을 풀면 물가가 오르는 정상적인 경제 환경이 다시 시작된 상황에서, 향후 인플레이션은 연준의 정책 방향에 따라 큰 영향을 받을 수밖에 없습니다. 또한 파월의 연준이 물가 폭등을 불러온 주범으로 지목된 만큼, 인플레이션을 전망할 때에는 '연준의 무능'에 따른 물가통제력 약화 가능성도 같이 고려해야 하는 상황입니다.

그럼 여러 가능성을 살펴보도록 하죠. 일단 연준과 각국 중앙은행의 대응 방식에 따라 인플레이션 전망은 크게 네 가지로 나눠볼 수 있는데, 실현 가능성이 높은 순서대로 시나리오를 정리해 봤습니다.

시나리오 1: 인플레이션을 잡은 줄 알았으나 끈질기게 되살아나는 인플레이션

시나리오 2: 경기 침체를 겪지만 인플레이션 위협에서는 벗어나는 경우

시나리오 3: 물가와 경기 침체를 모두 잡으려다 자산 가격 붕괴와 디플레이션을 불러오는 경우

시나리오 4: 약간의 경기 둔화와 통제 가능한 수준의 인플레이션

시나리오 1:
끝날 듯 끝나지 않는 인플레이션

그럼 하나씩 살펴봅시다. 현재로서는 시나리오 1이 일어날 가능성이 매우 큽니다. 일단 연준이 금리를 급격하게 올린 만큼 당장은 물가 상승이 둔화될 가능성이 크죠. 이렇게 물가 지표가 잠시 소강상태를 보이면 연준의 금리 인상으로 인플레이션이 잡힌 줄 알고 인플레이션이 정점을 찍고 내려올 것이라는 인플레이션 피크론에 대한 기대

가 커질 것입니다.

그러나 급격한 금리 인상은 경기 침체를 부를 가능성이 커집니다. 이때 연준은 가장 어려운 시험대에 오를 겁니다. 최근 30여 년 동안 저물가 현상이 계속되면서 연준이 돈만 풀면 경기가 회복되는 것을 목격해 왔기 때문에, 연준은 눈앞의 경기 침체에서 벗어나기 위해 곧바로 돈을 풀고 싶은 유혹에 시달릴 가능성이 큽니다.

그러나 한번 등장한 인플레이션이라는 괴물은 끝난 듯하다가도 아주 조금만 틈이 생기면 되살아나는 특성이 있습니다. 그 이유는 바로 기대 인플레이션 때문인데, 일단 한번 인플레이션을 경험하면 사람들은 필요한 물건을 미리 확보해 두려는 성향을 갖게 됩니다. 이는 끝없이 초과수요를 만들어서 물가를 끌어올리는 원인이 됩니다.

특히 기대 인플레이션율이 높아지면 근로자들은 임금 인상을 요구하게 됩니다. 통상 근로계약은 짧으면 수개월, 길면 1년 단위로 하는 경우가 많아서 시차가 발생합니다. 예를 들어 2022년 미국의 물가가 8% 올랐다고 가정할 때, 미처 임금 인상을 하지 못했던 근로자들은 이듬해 8% 이상의 임금을 올려야 실질임금을 유지할 수 있습니다.

그런데 다음 해에도 물가가 계속 폭등할 경우, 8%만으로는 실질임금 감소를 막을 수가 없게 되죠. 이 때문에 근로자들은 여기에 내년 기대 인플레이션율을 더한 임금 인상을 요구하게 됩니다. 지금처럼 미국에서 구인난이 계속되는 경우 사업주는 임금을 올려줄 수밖에 없는데, 그 결과 임금 인상이 다시 물가를 끌어올리는 원인이 됩니다.

이는 원자재나 중간재 납품에서도 마찬가지입니다. 물가가 계속 오를 것이라는 기대가 커지면 최대한 계약 단가를 올리려 할 가능성이 커집니다. 결국 인플레이션에 대한 기대가 커지면 인플레이션은 다양한 경로로 지속성을 갖게 됩니다. 이 때문에 연준이 조금만 틈을 보여도 기대 인플레이션이 살아나 물가가 다시 들썩일 위험이 있습니다.

이 같은 현상이 일어났던 대표적인 시기가 바로 1970년대입니다. 이 당시 높은 물가 상승률이 상당히 오랫동안 지속됐기 때문에, 그레이트 인플레이션Great Inflation 시기라고 부릅니다. 1970년대 내내 높은 물가 상승률을 보인 것이 아니라 〈그림 1-9〉처럼 인플레이션이 끝난 줄 알고 안심했다가 다시 더 높은 물가 상승률이 찾아오는 현상을 무려 세 차례에 걸쳐 반복했습니다.[23]

그렇다면 왜 인플레이션이 끝난 줄 알았다가 다시 되돌아오는 현상이 반복된 것일까요? 이는 당시 연준 의장이었던 아서 번스Arthur Burns와 연관이 있습니다. 1970년대 그레이트 인플레이션 사태를 일으킨 원흉으로 악명 높은 아서 번스 전 연준 의장은 물가가 오르면 당장은 긴축정책을 썼다가 경기 침체가 오면 곧바로 돈을 푸는 일을 반복하면서 화를 키운 겁니다.

이 때문에 아서 번스에 이어 시장의 신뢰를 가장 크게 잃은 연준

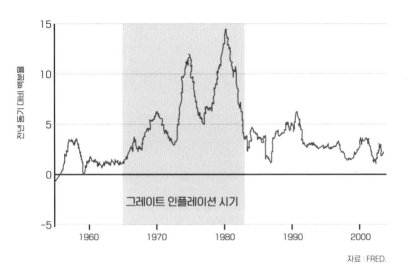

〈그림 1-9〉1960년대 이후 미국의 인플레이션 추이

그레이트 인플레이션 시기

자료 : FRED.

의장으로 평가받고 있는 파월 의장이 과연 경기 침체에 따른 압력을 견딜 수 있을지가 관건입니다. 특히 2024년은 미국에서 대통령 선거가 있는 해죠. 만일 대통령 선거에 앞서 경기 부양을 시도한다면, 1972년 닉슨^{Richard Nixon} 대통령 재선에 앞서 완화적 금융정책을 썼던 아서 번스의 실패를 되풀이할 우려가 있습니다.

이 경우 인플레이션 현상이 시차를 두고 계속 반복될 가능성이 있습니다. 1970년대의 경우 이미 극복했다고 생각했던 인플레이션이 다시 시작될 때의 충격이 처음 인플레이션이 시작됐을 때보다 훨씬 컸다는 점을 생각할 때, 앞으로 미국 대선이 시작되는 2024년까지는 미국 정치 상황과 연준을 예의 주시해야 합니다.

시나리오 1로 진행될 경우 자산시장은 그야말로 혼란의 도가니에 빠질 가능성이 큽니다. 인플레이션이 피크를 칠 것이라는 기대가 나올 때마다 자산 가격이 반등했다가 다시 인플레이션 지표가 악화됐다는 지표가 나오면 자산 가격이 하락하는 현상이 짧은 주기로 반복되는 것은 물론 긴 주기로도 반복되면서 시장의 변동성이 극에 달할 가능성이 큽니다.

이 경우 인플레이션이 완전히 끝나지 않는 한 언제든 자산시장이 요동칠 수 있기 때문에, 그 어느 때보다도 투자에 주의해야 합니다. 최악의 경우는 인플레이션이 정점을 찍고 하락할 것이라는 기대가 커져서 자산 가격이 치솟아 올랐을 때 위험자산을 샀다가 인플레이션 지표가 악화됐다는 것을 확인하고 시장이 패닉에 빠져 자산 가격이 폭락할 때 파는 겁니다.

시나리오 1로 진행되는 경우, 인간의 심리상 이런 함정에 빠지기 쉽습니다. 이 같은 함정에 빠지지 않으려면 자산시장의 변동성에 흔들리지 않는 전천후 포트폴리오Portfolio를 미리 설계해 두고 준칙에 따라 투자를 해나가는 것이 좋습니다. 이를 구축하기 위해서는 제가 전작인 《부의 시그널》에서 소개했던 레이 달리오Ray Dalio의 사계절 포트폴리오도 좋은 대안이 될 수 있습니다.[24]

시나리오 2:
경기 침체 후 인플레이션에서 탈출

시나리오 2는 연준이 물가를 잡기 위해 경기 침체를 유도하는 경우라고 할 수 있습니다. 경기 침체가 일정 기간 지속되면 수요가 급격하게 줄어들기 때문에 물가 하락 압력이 커집니다. 게다가 일자리가 감소하기 때문에 임금 상승 압력도 완화되고 원자재나 중간재 가격도 동반 하락하게 됩니다.

2022년 현재 물가가 계속 오르는 이유 중에 하나가 바로 치솟아 오른 자산 가격 때문이죠. 최근 주식이나 부동산 가격이 워낙 크게 오른 탓에 자산 투자로 돈을 번 미국인들이 많은데, 이들은 웬만큼 물가가 올라도 소비를 줄이지 않고 있습니다. 그러나 경기 침체가 지속되면 자산 가격은 하락할 수밖에 없기 때문에 이들의 소비도 타격을 받을 가능성이 큽니다.

사실 1970년대 그레이트 인플레이션을 끝낸 폴 볼커^{Paul Volcker} 당시 연준 의장도 바로 이런 방법으로 인플레이션과의 전쟁에서 승리했다고 볼 수 있습니다. 1979년 볼커 전 의장이 취임했을 당시 이미 물가는 걷잡을 수 없이 튀어 오르고 있었고, 기대 인플레이션율이 워낙 높았기 때문에 웬만한 조치로는 물가를 잡기가 쉽지 않은 상황이었습니다.

이런 어려운 상황에서 취임한 볼커 전 의장은 취임 2개월 만에 긴급 연방공개시장위원회Federal Open Market Committee: FOMC 회의를 열고 연리 11.5%였던 기준금리를 단번에 15.5%로 끌어올렸습니다. 미국의 언론들은 이를 두고 '토요일 밤의 학살'이라는 표현으로 볼커를 비판했는데, 볼커는 이에 아랑곳하지 않고 1980년에는 기준금리를 연리 20%대까지 끌어올렸습니다.

그 결과 미국 경제는 경기 침체에 빠져들었는데, 주가와 부동산 가격도 큰 폭의 하락세를 겪었습니다. 그럼에도 폴 볼커 전 연준 의장이 초고금리를 계속 유지하자 시장은 물가를 우선 잡겠다는 연준의 의지에 대해 신뢰를 보내기 시작했고, 결국 인플레이션 기대 심리가 꺾이면서 물가가 하락세로 돌아섰습니다.

사실 지금 물가를 잡는 가장 확실한 방법은 경기 침체와 자산 가격 하락을 유도하는 것이라고 할 수 있습니다. 만일 어중간한 수준으로 금리를 올렸다가는 앞서 설명한 것처럼 자칫 그레이트 인플레이션의 함정에 빠질 수밖에 없기 때문이죠. 이 때문에 금리를 결정하는 FOMC 회의 구성원 중에서도 금리 인상의 고삐를 더욱 죄어야 한다고 주장하는 사람들이 많습니다.

이 경우에는 경기 침체가 동반되기 때문에 단기적으로는 고통이 크겠지만 장기적으로는 그나마 나은 방법이 될 수 있습니다. 이미 연준이 천문학적인 돈을 풀어서 인플레이션 위험성을 한껏 키워놓은 상태에서 인플레이션을 확실하게 잠재우려면 어쩔 수 없는 선택이라고 할 수 있습니다.

1부. 인플레이션_폭발적인 자산 상승기를 뒤흔드는 물가의 공습

시나리오 2는 단기적으로는 매우 고통스러운 일이지만 궁극적으로는 오히려 좋은 신호가 될 수 있습니다. 경기 침체로 실물경제는 한동안 어려움에 빠지겠지만, 인플레이션이 확실하게 잡힐 것이라는 기대가 나오기만 하면 주가는 이를 선반영해서 치솟아 오를 수도 있습니다. 이 경우 경기 침체 초반이나 중반에 이미 증시는 저점을 찍고 반등하기 시작할 겁니다.

다만 경기 침체 초반에는 시나리오 1~4 중 어떤 시나리오로 진행될지를 미리 예측하기가 쉽지 않습니다. 그렇기 때문에 이 시점에 투자를 시작하는 것은 매우 모험적인 투자라고 할 수 있습니다. 만일 자신이 위험을 선호한다면 경기 침체 초반부터 적극적인 투자를, 그리고 위험을 선호하지 않는다면 이때부터 투자 시기를 분산해 비중을 늘려나가는 것이 좋습니다.

시나리오 3:
자산 가격 붕괴와 디플레이션 발생

시나리오 3은 만일 파월 의장이 이끄는 연준이 눈앞의 경기 침체를 못 견디고 당장의 경기를 살리겠다며 경기 부양책을 썼다가 다시 물가 폭등에 놀라 긴축정책으로 돌아서기를 반복하다가 막다른 길에 다다르면서 일어날 수 있는 최악의 시나리오입니다. 물론 생각하기도 싫은 일이지만, 지금까지 파월의 행태로 볼 때 고려하지 않을 수 없는 경우라고 할 수 있습니다.

파월과 현 FOMC 멤버들이 물가와 경기 침체를 모두 잡겠다며 이도 저도 아닌 정책으로 일관하면 그레이트 인플레이션을 피하기가 점점 더 어려워질 겁니다. 그런데 일단 그레이트 인플레이션 상태로 진입하면 인플레이션 기대 심리가 커진 상황이기 때문에 폴 볼커식의 극단적인 금리 인상과 긴축정책 없이는 물가를 잡을 방법이 없습니다.

이 경우에는 자산 가격이 일시적으로 하락하는 것이 아니라 아예 버블 붕괴 수준으로 추락할 가능성이 있습니다. 특히 선진국 인구가 늘어나던 폴 볼커 시절에는 충격적인 금리 인상에도 불구하고 세계경제가 회복세로 돌아섰지만, 지금처럼 주요 선진국의 인구가 급감하는 상황에는 세계경제 전체가 일본이 겪었던 참담한 버블 붕괴와 장기 불황을 맞이하게 될 가능성이 있습니다.

1990년대 일본이 선진국에서는 보기 드문 처참한 자산 버블 붕괴를 겪었는데도 그나마 경제 시스템까지 붕괴되는 것을 막을 수 있었던 이유는 당시 세계경제의 버팀목이었던 미국과 중국의 경제가 좋았기 때문이죠. 하지만 만일 주요 선진국이 모두 버블 붕괴를 겪게 되면 상황은 걷잡을 수 없이 악화될 수밖에 없습니다.

그야말로 일본식 장기 불황이 전 세계로 확산되는 것이기 때문에, 인류가 이제껏 경험하지 못한 새로운 위협에 직면할 수 있습니다. 이렇게 불황이 장기화되는 경우에는 대공황이 제2차 세계대전을 불러왔던 것처럼 대체로 전쟁으로 끝난 경우가 많았습니다. 이 때문에 물가 불안은 잠재울지 몰라도 그 여파는 더욱 심각할 수 있습니다.

이 경우 부동산이든 주식이든 모든 자산 가격이 장기적 침체에 빠질 수 있습니다. 일본의 경우 1991년 부동산 버블이 꺼지기 시작한 이후 무려 20년 동안 부동산 가격이 내리 하락했습니다. 만일 전 세계 주요 선진국들이 일본형 불황에 빠진다면, 일본만큼은 아니겠지만 자산 가격이 회복되는 데 상당한 시간이 걸릴 수 있다는 점에 주의해야 합니다.

다만 파월 의장과 FOMC 멤버들은 1929년 대공황은 물론 1970년대 그레이트 인플레이션 사례와 일본의 버블 붕괴를 충분히 연구해 왔기 때문에, 이런 함정에 빠질 가능성은 낮을 것이라고 기대하고 싶지만, 이런 중대한 역사적 교훈에도 불구하고 같은 실패를 반복하는 인물들도 많았기 때문에 완전히 마음을 놓아서는 안 됩니다.

시나리오 4:
경기 둔화와 통제 가능한 수준의 인플레이션

시나리오 4는 모두가 바라는 가장 이상적인 시나리오인데, 앞으로 찾아올 경기 불황이 경기 침체까지 가지 않고 경기 둔화 수준에 그치는 것입니다. 그러면 경제주체들의 고통이 크지 않기 때문에 연준도 굳이 경기 부양책을 서두를 이유가 없을 겁니다. 이 경우에는 인플레이션 압력을 충분히 약화시킬 때까지 기다릴 여유를 가질 수 있습니다.

다만 2022년에 금리 인상 속도가 워낙 빨랐기 때문에 경기 둔화 수준에서 멈추기가 쉽지 않다는 점이 문제입니다. 연준의 역사에서 빅스텝Big Step(0.5%p 인상)에 이어 자이언트스텝Giant Step(0.75%p 인상)을 연거푸 밟을 정도로 빠르게 금리를 올린 적은 1979년 폴 볼커 전 연준 의장 이후 처음입니다. 이렇게 빠르게 금리를 올린 경우, 어김없이 경기 침체가 일어났습니다.

게다가 보기에 따라서는 폴 볼커 전 연준 의장 때보다 지금의 금리 인상 속도가 훨씬 빠른 측면이 있습니다. 폴 볼커 전 연준 의장은 취임 직전 연리 11.5%였던 금리를 20% 가까이 올렸기 때문에 2배 정도 인상한 셈이지만, 2022년의 금리 인상은 0~0.25%에서 시작해 금리를 급격하게 올렸기 때문에 10배가 넘게 금리를 올린 셈입니다.

사실 호황기에 경제주체들은 이자를 갚을 수 있는 한계까지 돈을 빌리는 경우가 많습니다. 이 때문에 금리가 낮을 때 영혼까지 끌어모아 돈을 빌린 사람들 입장에서는 기준금리가 2배 올랐을 때보다 10배가 넘게 올랐을 때 더 큰 충격을 받을 수밖에 없습니다. 그런 측면에서 이번 금리 인상은 폴 볼커 전 연준 의장 시절보다 더 큰 파장을 일으킬 수도 있습니다.

게다가 금리 인상이 실물경제에까지 영향을 미치는 데 적어도 6~12개월이 걸리는 만큼, 금리 인상을 멈추었다고 해서 안심할 수 없습니다. 지금까지 금리 인상 과정을 보면, 금리 인상을 멈춘 이후 일정 기간이 지난 뒤에 시장이 크게 흔들렸던 적이 한두 번이 아닙니다. 이 때문에 금리 인상을 멈춘 뒤에도 적어도 1년 이상 시장에 대한 경계심을 늦춰서는 안 됩니다.

다만 1970년대와 비교할 때 지금은 연준이 시장 상황을 모니터링하고 조율하는 다양한 기법이 훨씬 고도화됐다는 점에서는 예전보다 나아졌다고 볼 수 있습니다. 연준이 금융시장을 안정화시키는 새로운 기법을 계속 개발하고 과거보다 훨씬 과감하게 개입하고 있다는 점에서도 희망을 가져볼 수 있을 겁니다.

만일 이 같은 연준의 노력이 성과를 거두어 시나리오 4로 진행된다면, 그로 인해 2023년 상반기까지 잠깐의 불황만 잘 이겨낸다면 그 이후에는 경기가 본격적으로 회복되면서 자산시장의 지속적인 상승을 기대할 수 있을 겁니다. 다만 이 같은 시나리오가 실현되려면 연준이 최근 2년간 보여준 실망스러운 모습이 아니라 정말 신뢰할 수 있는 연준으로 거듭나야 가능할 것입니다.

9. 돌아온 인플레이션, 어떻게 투자해야 할까

이제 30여 년간 사라졌던 인플레이션이 돌아온 만큼 자산시장도 크게 달라질 수밖에 없습니다. 돈은 모든 가치의 척도인데 인플레이션이 시작되면 그 척도인 돈의 가치가 변한다는 뜻이기 때문에, 그야말로 모든 자산 가치가 흔들릴 수밖에 없습니다. 그렇다면 인플레이션은 과연 어떤 변화를 가져올까요?

무조건 실물 투자?
정답 아니다

일단 가장 주의해야 할 점은 인플레이션 공포 마케팅에 속지 않는 것입니다. 인플레이션이 시작되면 돈 가치가 떨어질 테니 현금을 갖

고 있는 것은 위험하기 때문에 모두 실물자산에 투자해야 한다는 주장은 매우 그럴듯하게 들릴 수 있습니다. 하지만 실물자산도 다 특성이 다르기 때문에 인플레이션이 온다고 해서 무조건 실물을 사는 게 유리한 것은 아닙니다.

예를 들어보겠습니다. 물가 상승률이 10%라면 사람들은 물가가 더 오르기 전에 물건을 하나라도 더 사는 경향이 생깁니다. 이런 초과수요는 물가를 잡는 데 상당히 골치 아픈 문제를 야기하는 경우가 많습니다.

그런데 이 경우 은행 예금금리가 연리 10% 이상으로 오르면 어떻게 될까요? 물가가 오르기 전에 지금 당장 사재기하는 방법도 있겠지만, 만일 내년에 인플레이션이 더 심해지지 않는다면 이 돈을 은행에 예금해 두었다가 10%가 넘는 이자를 받고 1년 뒤에 물건을 사도 되기 때문에 굳이 지금 사재기를 할 필요가 없어집니다.

실제로 미국에서 인플레이션 문제가 심각했던 1980년 초반 미국의 물가 상승률이 14%대로 치솟았는데, 미국 연준이 기준금리를 연리 21.5%까지 끌어올린 뒤에야 간신히 물가를 잡을 수 있었습니다. 이렇게 기준금리가 치솟아 오르자 투자가 크게 줄어들었을 뿐만 아니라 소비 대신 저축을 택하는 경우가 늘어났기 때문입니다.

이처럼 인플레이션이 계속되는 한 언제라도 금리가 과도하게 치솟아 오를 수 있는 잠재적 위험이 남아 있습니다. 금리가 치솟아 오르면 돈을 빌려 투자를 한 사람들이 어쩔 수 없이 헐값에 자산을 내놔야 하는 경우가 생깁니다. 이 때문에 단순히 돈 가치가 떨어질 때는 실물자산을 사야 한다고 보는 것은 위험합니다.

그렇다면 인플레이션 시기에 주식과 부동산 등 각각의 자산 가격은 어떻게 움직일까요? 최근 30여 년간은 인플레이션이 없었기 때문에, 가장 가까운 인플레이션 시기였던 1970년대 자산 가격을 살펴볼 필요가 있습니다. 과거의 역사가 똑같이 되풀이되지는 않지만, 패턴이나 흐름은 반복되는 경우가 많기 때문입니다.

인플레이션과
주가

〈그림 1-10〉은 1970년대 그레이트 인플레이션 당시 S&P500 지수를 나타낸 그래프입니다.[25] 1972년 물가가 급등하자(〈그림 1-9〉 참조)

미 연준은 1972년 4월까지 연리 3%대였던 기준금리를 불과 2년 만에 12% 수준으로 끌어올렸습니다. 그러자 1972년 연말까지만 해도 금리 인상에 끄떡없어 보였던 S&P500 지수는 119에서 60으로 폭락해 거의 반토막이 났습니다.(구간A)

문제는 주가 폭락이 한 번으로 그치지 않았다는 겁니다. 인플레이션 시기 두 번째 주가 폭락은 물가가 14% 넘게 치솟았던 1980년에 찾아왔습니다. 폴 볼커 연준 의장이 본격적으로 금리를 끌어올리자 1980년 11월 141을 고점으로 하락세로 돌아섰습니다. 그 결과 1982년 8월에는 102까지 하락했습니다.(구간B)

스태그플레이션이 본격화된 1972년 12월부터 1982년 8월까지 10년 동안 미국의 S&P500 지수는 14%나 하락한 셈인데, 당시에는 상상을 초월하는 고금리 시대였기 때문에 이 10년 동안 은행에 예금을 했다면 원금의 2.5~3배까지 불어났을 겁니다. 돈 가치가 떨어진다는 인플레이션 시기에 오히려 은행에 맡겨둔 현금이 더 높은 수익률을 올린 셈입니다.

흥미로운 것은 인플레이션이 끝난 직후의 주가입니다. 1982년부터 치솟아 오르더니 2000년 3월에는 1550을 기록했습니다. 18년 만에 15배나 오른 겁니다. 이처럼 길고 강렬한 상승은 미국 역사에서도 아주 보기 드문 상승 폭인데, 이 부분이 인플레이션 시기에 가장 중요한 투자 포인트라고 할 수 있습니다.

사실 1970년대 물가가 계속 뛰어올랐기 때문에 기업이 제공하는

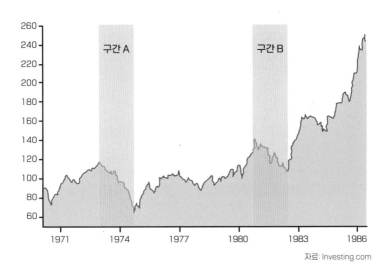

〈그림 1-10〉1970년대 S&P500 지수

자료: Investing.com

제조업 제품 가격이나 서비스 가격이 모두 급등했습니다. 이 경우 아예 가격표가 바뀐 경우이기 때문에 기업의 가치도 올라야 정상입니다. 그러나 걸핏하면 물가를 잡겠다고 연준이 기준금리를 끌어올리는 바람에 이 10년 동안 주가가 인플레이션을 따라잡지 못하는 현상이 일어났던 겁니다.

그런데 폴 볼커가 기준금리를 파격적으로 인상한 이후 인플레이션이 끝났다는 신호가 나오자, 주가가 이 갭을 메우며 폭등하기 시작한 거죠. 다만 폴 볼커가 금리 인상을 멈춘 뒤 인플레이션이 끝났다는 것을 확인하고 다시 증시 랠리가 시작될 때까지 무려 1년이나 걸렸다는 점에 주의해야 합니다.

1부. 인플레이션_폭발적인 자산 상승기를 뒤흔드는 물가의 공습

인플레이션 시대의
부동산

그렇다면 미국의 인플레이션 시대에 부동산 가격은 어떻게 됐을까요? 미국의 실질 주택 가격을 나타낸 케이스-실러 지수를 보면 스태그플레이션이 본격화되기 직전인 1972년에 153.9였습니다. 처음에는 물가를 따라 오르는 듯했던 미국의 집값은 금리 인상이 본격화되면서 여러 차례 조정을 받았습니다. 그 결과 극심한 변동성을 보인 끝에 10년 뒤인 1982년에는 146.0으로 하락했습니다.

미국의 부동산 가격은 그래도 물가와 비슷하게 올랐기 때문에, 인플레이션에 따른 충격은 이 기간 동안 10%가 넘는 하락률을 보였던 S&P500 지수에 비해 작았다고 할 수 있습니다. 다만 당시 시중금리가 매우 높았던 점을 고려하면 주택 투자 역시 은행 예금이자를 따라잡기는 어려웠습니다. 결국 돈값이 추락한다던 인플레이션 시기에 오히려 현금이 주식이나 부동산보다 더 나은 수익률을 보였던 셈입니다.

부동산 가격도 1980년대 들어서면서 상승세로 돌아섰습니다. 이기간 동안 건축자재 등 건설과 관련된 비용이 모두 증가해 집값 상승 요인이 있었지만, 금리가 워낙 높았기 때문에 집값이 이를 반영하지 못했던 겁니다. 결국 인플레이션 위협이 사라지고 기준금리가 빠르게 하락하자, 억눌렸던 미국의 부동산 가격도 상승하기 시작했습니다.

다만 이번에는 부동산 시장이 과거 1970년대와 크게 다른 점이 있습니다. 1950년대부터 1970년까지 미국 경제는 역사상 유례없는 초호황을 누렸지만 부동산 가격은 매우 안정된 모습을 보였는데, 2000년대 이후 미국 경제는 당시보다 훨씬 낮은 성장률을 기록하면서 집값만 폭등한 상황입니다. 이 때문에 인플레이션이 본격화됐을 때 이번에도 부동산이 주식보다 더 나은 선택지가 될 것이라고 속단하기는 어렵습니다.

인플레이션과
미국 국채 투자

2021년 하반기부터 주가 하락이 시작되면서 일부 증시 전문가들 중에는 기계적으로 국채 투자를 권하는 사람들이 많았습니다. 경기 불황이 시작되면 장기금리가 하락하는 경우가 많기 때문에 금리와 역의 관계에 있는 채권 가격이 오르게 되니까 주식과 채권을 적절히 분산해 두면 위험을 회피하면서 수익률을 극대화할 수 있다는 주장입니다.

그러나 이는 지난 30여 년 동안 이례적인 저금리 시대였기 때문에 나타난 현상일 뿐입니다. 경기 불황이 시작되면 위험을 회피하는 성향이 강해져서 장기국채 투자가 늘어나게 되고, 그 결과 금리가 낮아졌던 것은 맞습니다. 게다가 불황이 오면 매번 연준이 금리를 인하하기 시작했고 인플레이션도 없었기 때문에 장기금리는 통상적으로 하락한 겁니다.

그러나 앞으로 인플레이션 시대가 펼쳐진다면, 과거와 같은 공식이 똑같이 되풀이될 것이라고 단언하기는 어렵습니다. 앞서 살펴본 시나리오에 따라 상황이 달라지겠지만, 만일 시나리오 1이나 2로 진행될 경우, 오히려 금리가 올라갈 가능성을 배제하기 어렵습니다. 이 경우 국채 투자는 주식만큼이나 위험한 투자가 될 수 있습니다.

실제로 1970년대 미국 국채 투자자들은 주식 투자자보다 더 큰 손실을 봤습니다. 1971년 미국 10년 만기 국채금리는 5%대였지만, 1981년에는 15%대로 폭등했습니다. 국채금리와 국채 가격은 반비례 관계에 있기 때문에, 국채금리가 오르면 국채 가격이 하락할 수밖에 없죠. 만일 1971년에 국채 ETF에 투자했다면 엄청난 손실을 봤을 겁니다.

흔히 미국 국채를 안전자산이라고 부르기 때문에, 미국 국채 투자는 손실을 보지 않을 것이라고 생각하는 분들이 있습니다. 하지만 금리 인상기에는 주식 못지않은 위험한 자산이 될 수도 있습니다. 인플레이션이 진정되지 않는다면 금리 인상과 인하가 되풀이되면서 국채 가격이 급변할 수 있기 때문에, 인플레이션이 지속되는 시기에는 특히 조심해야 합니다.

인플레이션과
원자재 투자

1970년대 원자재 가격은 어땠을까요? 당시 오일쇼크^{Oil Shock}를 겪었던 만큼 원유 가격은 천정부지로 치솟아 올랐습니다. 국제 유가 평균 가격은 1972년에 1배럴당 3달러에 불과했지만, 1차 석유파동이 일어난 뒤인 1974년 12달러로 치솟았고, 당시 인플레이션의 정점^{Peak}이었던 1981년에는 37달러까지 치솟아 올랐습니다. 1972년 대비 12배가 오른 겁니다.

다만 당시 원유 가격 상승은 인플레이션의 결과라기보다는 원인이라고 볼 수도 있는데, 이 때문에 1970년대 원유 가격이 폭등했다고 해서 이번에도 같은 패턴을 보일 것이라고 단언하기는 어렵습니다. 특히 장기적으로는 탈탄소 정책이 가속화되면서 화석 에너지 사용이 줄어들면 유가가 안정될 수도 있습니다.

하지만 문제는 신재생 에너지가 보편화될 때까지 원유나 천연가스 가격이 급등락을 거듭할 가능성이 크다는 겁니다. 앞으로 석유나 천연가스 수요가 크게 줄 것이 분명한 만큼, 산유국이 유전 개발에 적극적으로 나설 이유가 없기 때문입니다. 이제 수요와 공급이 함께 줄어드는 수축기가 시작된 만큼, 앞으로 에너지 가격의 변동성은 극에 달할 가능성이 큽니다.

더구나 원유나 천연가스 매장량은 특정 지역에 집중되어 있기 때문에 몇몇 산유국의 담합만으로도 가격통제가 가능하다는 점이 가장 큰 문제입니다. 러시아·우크라이나 전쟁이 시작된 이후 러시아에 대한 제재와 보복이 반복되면서 국제 유가가 폭등한 것이 그 대표적인 사례입니다. 이 때문에 앞으로 패권 전쟁이 격화될 경우, 지정학적인 요인이 유가 불안을 심화시킬 가능성이 큽니다.

지금 미국 등 선진국들은 에너지 위기에서 벗어나기 위해서라도 신재생 에너지 전환을 서두르고 있습니다. 하지만 아무리 속도를 낸다고 해도 향후 몇 년간은 원유 등 화석연료 가격 변동에 세계경제가 크게 휘둘릴 가능성이 큽니다. 이 때문에 원유와 원자재에 일부 헤지Hedge성 투자, 즉 위험 분산을 위한 투자를 해둘 필요가 있는데, 이는 4부에서 더 자세히 설명하겠습니다.

인플레이션과
금 투자

인플레이션 헤지Inflation Hedge 투자라고 하면 금이 가장 대표적인 자산으로 꼽힙니다. 그 이유는 1970년대 인플레이션 시대에 금값이 엄청난 상승세를 보였기 때문입니다. 1970년 금값은 1트로이온스에 35달러에 불과했지만, 인플레이션이 가속화되자 금 투자 열풍이 일어나면서 1980년에는 670달러를 넘어섰습니다. 10년 만에 19배가 오른 겁니다.

하지만 미 연준이 금리를 인상하기 시작하면서 금값은 순식간에 하락세로 돌아섰는데, 여기에 미국 정부의 견제까지 겹치면서 1980년 이후 무려 20년 동안 줄곧 내림세를 보였습니다. 그 결과 2001년에는 260달러까지 떨어졌습니다. 21년 동안 물가가 계속 올랐음에도 불구하고 반토막도 안 되는 수준으로 추락한 겁니다.

그래도 금이 인플레이션 시대에 중요한 헤지 수단인 것은 분명합니다. 통화가치가 떨어질 것을 걱정하기 시작하면 지폐를 대신할 실물자산에 관심을 갖게 되고, 가장 대표적인 자산인 금 보유를 확대하는 경우가 많기 때문입니다. 이 때문에 미국이 대량으로 돈을 찍어낼 때마다 금값도 함께 뛰어오르는 경우가 많았습니다.

하지만 인플레이션을 막기 위해 연준이 금리를 올리기 시작하면 금값에 불리한 요소로 작용할 수 있는데, 이 때문에 금 투자는 인플레이션과 금리 상승 사이에서 널뛰기를 할 가능성이 있습니다. 따라서 금은 시세 차익을 노린 투자보다 혹시 모를 위험에 대비한 최후의 보루로 보유할 필요가 있습니다. 이에 대해서는 금리를 다루는 2부에서 자세히 설명하도록 하겠습니다.

1부. 인플레이션_폭발적인 자산 상승기를 뒤흔드는 물가의 공습

ENERGY

WAR

INTEREST RATE

INFLATION

금리

초저금리라는
든든한 버팀목의 붕괴

1. 저금리는 영원하지 않다

2022년 주가와 부동산 가격 등 주요 자산 가격이 하락하기 시작하자, 대다수 증시 전문가들은 이런 하락이 일시적인 현상일 뿐이라며 지금이야말로 위험자산에 투자해야 할 때라고 외쳤습니다. 이런 분들의 주장은 거의 한결같았는데, 경기 침체가 오면 연준이 기준금리를 낮출 뿐만 아니라 장기금리가 하락해 오히려 증시에는 호재라는 주장이었습니다.

이들 중에는 한발 더 나아가 앞으로 저성장 저물가가 고착화되면 금리는 영원히 하락할 수밖에 없고, 그 결과 제로 금리를 넘어 마이너스 금리가 일상이 될 것이라고 주장하는 사람들도 있었죠. 그래서 이렇게 금리가 낮아지면 주가와 부동산 가격은 더욱 치솟아 오를 것이 확실하다며 그나마 조정이 시작된 2022년이 가장 쌀 때라는 논리를 펼쳤습니다.

사실 앞으로는 금리가 내리기만 할 것이라는 주장은 시장의 수요와 공급을 무시한 발상이죠. 하지만 2020년에 워낙 큰 폭의 주가 상승을 경험한 직후여서 이 같은 논리에 쉽게 넘어가는 경우가 많았습니다. 이 때문에 금리의 지속적인 하락과 자산 가격 상승을 마치 보편적 진리처럼 주장하는 이들이 점점 늘어갔습니다.

물론 이들의 주장처럼 지난 30여 년 동안 금리가 지속적으로 하락했던 것은 맞습니다. 하지만 이는 단지 세계화에 따른 저물가 현상과 자본의 자유로운 이동에 따른 효율화, 그리고 시장에 넘쳐났던 풍부한 잉여 자금 때문에 일어난 일시적인 현상이었습니다. 이제 이 같은 경제 환경이 송두리째 흔들리고 있기 때문에, 앞으로도 저금리 현상이 지속되리라고 확신하기는 어렵습니다.

금리,
상승과 하락의 역사

사실 금리에 대한 기록이 남아 있는 인류 5,000년 역사를 살펴보면 우리는 지금까지 고금리 시대와 저금리 시대를 반복해서 겪어왔던 것을 확인할 수 있습니다. 국제정치와 경제 시스템이 안정되면 저금리 현상이 나타난 경우가 많았지만, 패권 전쟁으로 정치 불안이 가중되거나 국가 간 경쟁이 격화되면 금리가 요동치는 일이 많았습니다.

역사상 처음으로 이자를 주고받은 기록은 기원전 3000년경 메소포타미아Mesopotamia 문명으로 거슬러 올라갈 수 있습니다. 메소포타미아는 은의 무게를 재서 거래하는 귀금속 화폐를 쓰고 있었는데, 금리는 연리 20% 정도였습니다. 메소포타미아가 저성장의 농경 사회였던 점을 고려하면, 연리 20%는 정말 살인적인 금리였던 셈입니다.[1]

로마제국이 들어서면서 금리에 대한 기록이 좀 더 명확하게 남기 시작했는데, 로마가 도시국가였던 기원전 443년에는 금리가 연리 8% 정도로 높은 편이었습니다. 그러다가 로마제국의 기틀이 세워지면서 정치·경제 질서가 확립되기 시작한 기원후 1년 무렵에는 금리가 4%로 낮아졌습니다.

도시국가였던 로마가 제국으로 발돋움하면서 '로마제국에 의한 평화Pax Romana'가 시작되자 정치적·경제적 안정기에 접어들어 금리가 크게 낮아진 것이죠. 이렇게 낮은 금리 덕분에 로마제국에서는 활발한 투자가 이루어질 수 있었습니다. 즉, 로마제국이 누렸던 저금리는 번영에 따른 산물이자 동시에 번영의 원동력이 되기도 했습니다.

그러나 로마제국 후기로 가면서 정치 불안이 가중되자 기원후 300년에는 연리 15% 안팎으로 금리가 폭등했습니다. 정치적 불안이 커져서 돈을 떼일 위험이 증가하면 위험 프리미엄Risk Premium이 높아져서 금리도 올라갈 수밖에 없습니다.

중세 시대로 넘어간 이후에는 교회가 이자를 받는 것을 금지했기 때문에, 공식적으로는 금융업이 사라졌습니다. 그러나 보관료나 수수료 등 각종 명목으로 이자를 받았기 때문에, 실제로는 금리가 존재했다고 할 수 있습니다. 특히 이탈리아 도시국가들에서는 교회 몰래 환전 수수료 같은 명목으로 이자를 받는 유사 금융업이 발달했습니다.

이런 도시국가 중에 가장 대표적인 도시인 베니스의 경우 12세기만 해도 연리 20% 정도로 비교적 높은 편이었는데, 베니스가 무역의 중심지로 떠오르면서 지중해 해상무역을 장악한 15세기에는 6%까지 하락했습니다. 결국 경제가 발달하고 패권이 안정되면 금리가 낮아지는 현상은 중세에도 똑같이 반복된 셈입니다.

국제 정세와 자본시장이 돈값을 바꾼다

이 같은 현상은 근대에도 마찬가지였습니다. 1700년 영국에선 연리 10%에 가까운 높은 금리가 유지됐지만, 1701년 대영제국으로 통합되고 산업혁명의 태동기로 접어든 1730년대부터 금리가 낮아지면서 연리 2.8%까지 하락했습니다. 당시 영국에서는 다양한 방법으로 돈을 번 사람들이 급증하면서 시장에 풍부한 자금이 유입됐기 때문에 금리가 낮아진 겁니다.

미국의 금리도 비슷한 과정을 겪었습니다. 시드니 호머Sidney Homer

와 리처드 실라^{Richard Sylla}가 쓴 《금리의 역사^{A History of Interest Rates}》를 보면, 1800년 이전 미국의 장기국채 금리는 연리 7%가 넘었지만, 1890년대에는 2%대로 떨어졌습니다.[2] 이 기간 동안 미국이 강력한 경제 대국으로 성장해 나가면서 금리가 지속적으로 하락했던 겁니다.

이처럼 금리는 한 나라의 번영이나 제도 안정과 밀접하게 연관되어 있는데, 하나의 강력한 패권 국가가 등장해 세계 질서를 유지하게 되면 전 세계적으로 금리가 하락하면서 안정화되는 현상이 일어났습니다. 반대로 패권국의 지위가 약화되고 끊임없이 도전을 받게 되면 정치적·경제적 불안정성이 커지면서 금리가 올라가는 경향을 보여왔습니다.

이 때문에 앞으로 저금리 시대가 고착화될지 아니면 과거 국제 정세가 불안해졌을 때처럼 다시 고금리나 중금리 시대로 진입할지 여부를 가늠해 보려면, 세계 자본시장의 수요와 공급에 영향을 미칠 모든 요인을 종합적으로 고려해야 합니다. 또한 세계 패권 구도에 영향을 미치고 있는 다양한 국제 정세의 변화를 정확히 파악해야 금리의 향방을 내다볼 수 있을 겁니다.

2. 지난 40년,
금리는 왜 꾸준히 하락했을까

그럼 저금리 시대가 왔던 이유부터 알아봅시다. 금리 측면에서 지난 40년은 정말 독특한 시대였다고 할 수 있는데, 2022년 미국의 금리가 급등하기 직전까지 무려 40년 동안 금리가 내리 하락했기 때문입니다. 〈그림 2-1〉은 지난 50년 동안, 시장금리의 기준이 되는 10년 만기 국채금리의 변화를 나타낸 그래프인데, 1970년대에는 계속 치솟아 오르던 시장금리가 1981년을 정점으로 줄곧 하락해 왔습니다.[3]

1981년 9월 미국의 10년 만기 국채금리는 연리 15.8%나 됐는데, 그 뒤 40년 동안 금리가 계속 하락하면서 2020년 8월 미국의 10년 만기 국채금리는 연리 0.5%까지 떨어졌습니다. 이 기간 동안 미국 은행들의 대출우대금리Bank Prime Loan Rate는 연리 21%에서 연리 3.25%까지 낮아졌습니다.

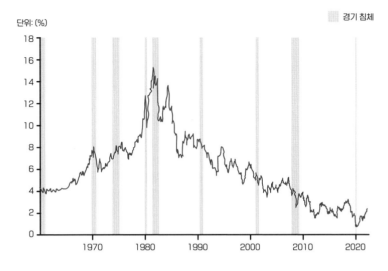

〈그림 2-1〉 미국 10년 만기 국채금리의 변화

단위: (%)

경기 침체

자료 : FRED.

일본이나 유럽에서는 더 황당한 일이 벌어졌는데, 인류 역사상 처음으로 금리가 마이너스로 내려간 겁니다. 실제로 일본의 10년 만기 국채금리는 2019년 9월 −0.3%까지 떨어졌고, 같은 시기 독일의 10년 만기 국채금리는 −0.7%를 기록하기도 했습니다. 결국 돈을 빌린 사람이 아니라 돈을 빌려준 사람이 이자를 내는 황당한 일이 벌어진 겁니다.

금리 예측,
끝없이 빗나가다

이렇게 40년간 금리가 속절없이 추락하자, 기존 경제학으로 금리 예측을 시도했던 경제 연구소의 예측은 매번 빗나갔습니다. 이 같은 현상은 2015년 발간된 미국 백악관 경제자문위원회Council of Economic Advisers의 〈장기금리 관련 보고서Long-Term Interest Rates: A Survey〉에서도 명확하게 나타납니다.[4]

〈그림 2-2〉는 이 보고서에 나온 그래프인데, 미국의 대표적인 민간 경제 연구소 50곳이 내놓았던 미국 10년 만기 국채금리 예측치와 실제 금리의 차이를 나타낸 겁니다. 예를 들어 1996년이라고 되어 있는 그래프는 1996년 50개 민간 연구소들이 내놓은 금리 전망

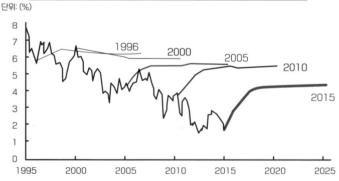

〈그림 2-2〉 미국 10년 만기 국채의 명목이자율 추이와 장기 전망

자료 : Council of Economic Advisers(2015).

을 나타냅니다. 과연 이들의 예측은 얼마나 빗나갔을까요?

1996년 민간 연구소들의 금리 예측치 평균은 6%대였지만, 실제로는 잦은 금리 변동 끝에 그 3분의 2 수준인 4%대까지 떨어지기도 했습니다. 이러한 예측 오차는 금리가 하락할수록 더 커졌는데, 2015년의 경우에는 50개 민간 연구소가 연리 4%대의 금리를 예상했지만, 실제로는 2020년에 연리 0.5%까지 추락했습니다.

이처럼 예측을 뛰어넘는 금리 하락은 지난 40년 동안 자산 가격을 끌어올리는 데 결정적인 역할을 했다고 해도 과언이 아닙니다. 사람들은 금리가 계속 낮아지자 너도나도 빚을 내서 주식과 부동산을

2부. 금리_초저금리라는 든든한 버팀목의 붕괴

사들였습니다. 워낙 돈값, 즉 금리가 싸지다 보니 조금만 돈 벌 기회가 생기면 돈이 쏠리면서 가상자산, NFT^{Non-Fungible Token} (대체 불가능 토큰) 등 온갖 자산 가격이 폭등하는 일이 일어나기도 했습니다.

그러나 2022년에는 금리가 치솟아 오르기 시작했는데, 2020년 한때 0.5%까지 떨어졌던 미국 10년 만기 국채금리 수익률은 2022년 3%가 넘게 치솟아 올랐습니다. 이는 저점 대비 6배가 넘게 오른 것인데, 이처럼 빠른 속도로 치솟아 오르다 보니 지난 40년간 진행된 저금리 현상이 끝난 것인지 아니면 일시적으로 상승한 것인지에 대해 논란이 일고 있습니다.

사실 지난 40년 동안 금리가 지속적으로 낮아졌음에도 경제성장 속도가 둔화되어 온 만큼, 금리가 상승 기조로 돌아설 경우 실물경제도 타격을 받을 수 있습니다. 더구나 지난 40년 동안의 자산 가격 상승이 상당 부분 저금리에서 비롯된 만큼, 앞으로 저금리 현상이 지속될 것인지 아닌지는 투자자들에게도 아주 중요한 문제입니다.

금리 하락 원인에 대한
주요 주장들

그래서 먼저 왜 지난 40년 동안 지속적으로 금리가 낮아졌는지 그 원인부터 확인해 보겠습니다. 금리 하락에 대한 가장 흔한 설명은 미국 등 주요 국가의 성장률이 지난 40년 동안 지속적으로 하락하면서 이를 반영하는 실질금리가 추락했고, 앞으로도 경제성장률 추락을 막을 수 없기 때문에 금리는 더욱 하락할 것이라는 주장입니다. 경제학 용어로는 장기정체론Secular Stagnation Thesis[5]에 따른 추세적 금리 하락이라고 합니다.

사실 이 주장은 학계보다 증시 전문가라고 불리는 사람들에게 훨씬 더 매력적인 서사敍事,Narrative가 됐는데, 이 주장에 따르면 지난 40년뿐만 아니라 앞으로도 저금리 현상이 필연적이며 이로 인해 자산 가격이 계속 오를 것이라는 결론으로 이어지기 때문입니다. 게다가 경제성장률이 지속적으로 하락해도 주가와 부동산 가격이 오른다니 이거야말로 무조건 주식을 사야 한다는 주장을 뒷받침할 수 있었죠.

그러나 이들의 주장과 달리 금리는 경제성장률 단 하나의 변수로 결정되는 것이 아닙니다. 자금시장의 수요와 공급, 인플레이션, 인구 구조, 재정·금융 정책이 복합적으로 금리에 영향을 미칩니다. 지난 5천 년 동안 인류의 경제성장률은 0%에 가까웠지만 금리가 계속 요동쳤던 것도 바로 이런 이유 때문입니다. 따라서 지난 40년간의 금리 하락이 앞으로도 지속될 것인지를 따져보려면 경제성장률 하나만이 아니라 자금시장을 둘러싼 여러 요인들을 종합적으로 살펴볼 필요가 있습니다.

그렇다면 성장률 하락 외에 금리 하락을 이끌었던 또다른 원인은 어떤 게 있을까요? 첫 번째로 꼽아볼 수 있는 원인은 바로 '세계적

2부. 금리_초저금리라는 든든한 버팀목의 붕괴

과잉 저축Global Saving Glut 현상'입니다. 결국 금리도 시장의 수요와 공급에 의해 결정되는데, 저축이 늘어나 자금이 넘쳐나면 돈값이 싸질 수밖에 없습니다.

지난 40년 동안 시중에는 이례적으로 풍부한 자금이 공급되어 왔는데, 선진국에서는 자산을 쌓은 베이비붐세대가 저축과 연금의 형태로 막대한 자금을 시장에 공급해 왔습니다. 여기에다가 1991년 소련이 붕괴된 이후 동유럽이 서방에 편입되면서 경제 도약을 이루어냈고, 이들의 저축이 추가로 글로벌 자금시장에 유입되기도 했습니다.

특히 자금 공급 측면에서 가장 중요한 요인은 주요 이머징 국가, 그중에서도 중국이었습니다. 중국인들은 세계화 이후 소득이 크게 늘어나자 과도하리만큼 많은 저축을 하기 시작했습니다. 이렇게 과잉 저축으로 형성된 자금이 미국 등 선진국 자금시장으로 몰려들면서 풍부한 유동성을 공급했는데, 그 결과 금리가 크게 떨어진 것입니다.

〈그림 2-3〉은 1992년 이후 이머징 국가들과 선진국의 저축과 투자를 나타내는 그림입니다.[6] 이머징 국가들은 저축이 투자보다 훨씬 많았는데, 이렇게 형성된 자금이 경상수지 흑자로 쌓이고 이를 다시 선진국에 투자하면서 자금이 넘쳐나게 된 겁니다.[7] 그 결과 세계경제는 과잉 저축으로 인해 넘쳐나는 자금으로 풍부한 유동성 파티를 즐길 수 있었습니다.

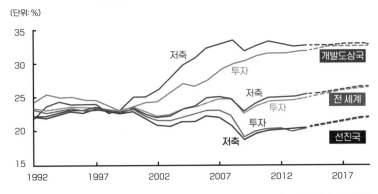

〈그림 2-3〉 글로벌 저축률과 투자율의 추이

(단위: %)

저축 / 투자 / **개발도상국**

저축 / 투자 / **전 세계**

투자 / 저축 / **선진국**

1992   1997   2002   2007   2012   2017

참고 : 점선은 예측값을 나타냄.
자료 : Council of Economic Advisers(2015).

둘째, 미국 연준과 유럽중앙은행European Central Bank: ECB 등 선진국 중앙은행의 지속적인 금리 인하도 저금리 기조에 큰 역할을 했습니다. 연준의 경우 1980년만 해도 연리 20%가 넘었던 기준금리를 40여 년 동안 지속적으로 끌어내려 한때 제로 금리 수준까지 낮추면서 금리 하락을 이끌었습니다.

게다가 글로벌 금융 위기 때는 연준이 아무리 기준금리를 낮춰도 장기금리가 낮아지지 않자 아예 장기국채와 모기지Mortgage 채권(주택저당증권, MBS)을 매입하는 양적 완화 정책까지 도입해 인위적으로 시장금리를 끌어내렸습니다.[8] 사실 2008년 글로벌 금융 위기 이후에는 이 같은 각국 중앙은행의 정책이 저금리를 유지하는 데 가장 큰 역할을 해왔습니다.

이처럼 연준이 지난 40년 동안 지속적으로 금리를 낮출 수 있었던 이유는 무엇보다 인플레이션에 대한 걱정이 사라졌기 때문입니다. 아무리 금리를 제로 수준으로 낮추고 천문학적인 양적 완화를 해도 물가 상승에 대한 걱정이 없었기 때문에 연준이 마음껏 돈을 풀 수 있었던 겁니다.

셋째, 선진국의 기대 수명이 빠르게 늘어난 것도 영향을 미쳤습니다. 예를 들어 경제협력개발기구^{Organization for Economic Cooperation and Development: OECD} 회원국의 평균 기대 수명은 1970년 69세에서 2020년에는 80세로 늘어났습니다. 이에 따라 은퇴 준비를 하던 베이비붐세대는 해마다 늘어나는 기대 수명에 맞춰 편안한 노후를 위해 저축과 연금을 더욱 늘려야 했습니다. 이는 선진국 자금시장에서 자금 공급을 늘려 금리 하락을 이끄는 원인이 됐습니다.

넷째, 1991년 소련이 해체된 이후 '미국에 의한 평화^{Pax Americana}'라고 부를 정도로 강력한 미국 중심의 경제체제가 확립됐는데, 그 뒤 미국이 세계화를 통해 자본의 국경을 없애면서 자금의 효율적인 배분이 이루어졌습니다. 그 결과 전 세계적으로 투자에 따른 정치적 리스크가 낮아지고 자본의 효율성이 극대화되어 금리 하락이 지속된 원인이 됐습니다.

이렇게 지난 40년 동안 금리 하락을 이끌었던 원인들을 살펴봤는데, 저성장 기조는 계속될 가능성이 너무 큰 상황이지만 나머지 네 가지 요인들은 앞으로 큰 변화가 불가피한 상황입니다. 이 때문에 과거와 같은 저금리 기조가 앞으로도 계속될 것이라고 장담하기는 어렵습니다.

지금 세계경제는 저금리에 중독되어 있다고 해도 과언이 아닙니다. 돈값이 그야말로 제로에 수렴할 정도로 싸지면서 너도나도 최대한 돈을 빌려 투자에 나선 상황입니다. 이런 상황에서 일시적 금리 상승이 아닌 추세적 금리 상승이 시작될 경우, 세계경제와 자산시장은 큰 타격을 받을 수밖에 없습니다. 이 때문에 앞으로 금리가 장기적·추세적으로 어떤 방향으로 움직일지가 너무나 중요합니다. 앞서 살펴본 금리 하락의 요인들이 과연 앞으로도 지속될 수 있는지, 그리고 지속되지 않는다면 세계경제에 어떤 변화를 가져올지에 대해 다음 장부터 하나씩 살펴보도록 하겠습니다.

3. 중국의 과잉 저축이
돈값을 낮추다

사실 돈의 값이라고 할 수 있는 금리는 경제 변수 중에서도 가장 중요한 변수 중에 하나입니다. 그래서 금리에 대해서는 끊임없는 연구가 이뤄져 왔는데, 특히 금리가 어떻게 결정되느냐에 대해서는 정말 다양한 이론이 나와 있습니다. 그중에 하나가 바로 대부 자금의 공급과 수요에 의해 결정된다는 대부자금설Loanable Fund Theory입니다.

돈값을
결정하는 것들

돈값도 결국은 시장 원리에 의해 결정될 수밖에 없기 때문에 돈의 공급과 수요가 중요한데, 만일 다른 조건이 일정한 상태에서 돈의 공급이 큰 폭으로 늘어나면 돈값인 금리도 떨어질 수밖에 없습니다. 돈의 공급은 주로 저축의 증가에서 나오는데, 현재 소득이나 미래 기대소득이 증가하는 경우 저축도 늘어나게 됩니다.

이 같은 돈의 공급이 늘어나는 데 지난 30여 년 동안 가장 결정적인 역할을 했던 나라가 바로 중국입니다. 중국인들은 개혁 개방과 미국과의 수교, 그리고 WTO 가입을 거치면서 엄청난 소득 증가를 경험했습니다. 그런데 좀처럼 소비를 하지 않고 악착같이 돈을 모으면서 세계적으로 보기 드문 높은 저축률을 기록했습니다.

IMF 자료를 보면, 2016년 중국의 가계·기업·정부의 저축을 합친 총저축률은 국내총생산Gross Domestic Product:GDP 의 무려 46%로 미국의 18%나 영국의 13%와는 비교도 안 될 만큼 높았습니다.[9] 이처럼 총저축률이 높은 이유는 순전히 가계의 저축률이 매우 높기 때문입니다. 실제로 중국 총저축의 절반가량이 가계 저축입니다.

사실 저개발 국가 중에는 가계 저축이 턱없이 부족해서 초기 자본형성에 어려움을 겪는 경우가 많습니다. 이로 인해 저개발 국가는 높은 금리 속에서 만성적인 자금 부족에 시달리게 됩니다. 그런데 중국은 저개발 국가 단계에서부터 높은 저축률을 자랑해 왔기 때문에 저개발 국가가 겪는 빈곤의 함정에서 빠르게 벗어날 수 있었습니다.

더구나 중국 정부는 인위적으로 낮은 금리를 유지했는데, 은행 창구에 직접 개입해 예금금리를 올리지 못하게 막아놓았습니다. 그 결과 중국 은행들의 예금금리는 물가를 감안할 때 대체로 마이너스 금리 상태였습니다. 그런데도 중국인들은 개혁 개방 초기부터 소득의 절반을 저축했습니다. 도대체 어떻게 된 것일까요?

정점을 찍은 과잉 저축,
초저금리 시대 끝나나

가장 큰 이유는 날마다 치솟아 올랐던 집값 때문이었습니다. 중국의 부동산 가격 상승률은 그 어떤 나라보다도 높았기 때문에 내 집 마련이 조금만 늦어지면 훨씬 비싼 가격에 집을 사야 했습니다. 게다가 개혁 개방 초기에는 일반 가계가 제도권 은행에서 집을 살 만큼 충분하게 돈을 빌린다는 것은 불가능에 가까웠습니다.

그 결과 집값이 더 오르기 전에 하루라도 빨리 집을 사려면 버는 대로 최대한 저축부터 하는 방법밖에 없었는데, 금리가 아무리 낮아도 너도나도 저축을 하는 바람에 자본시장에는 늘 풍부한 자금이 흘러넘쳤습니다. 중국 정부도 이 점을 잘 알고 있었기 때문에 주기적으로 부동산 폭등이 일어나는 것을 사실상 방치해 왔습니다.

또 다른 이유는 미약한 사회보장제도에서 찾을 수 있습니다. 중국은 사회주의 국가임에도 사회보장제도가 미흡한 편에 속합니다. 특히 우리나라와 비교할 때 의료보장은 거의 없는 것이나 다름없습니다. 이 때문에 서민층은 한 번 아프기라도 하면 큰 낭패를 당할 수밖에 없습니다. 실제로 미국의 대표적인 싱크탱크인 브루킹스 연구소

Brookings Institute는 중국이 높은 저축률을 유지하고 있는 이유를 미약한 의료보장제도에서 찾았습니다.[10]

이 밖에도 중국의 높은 저축률을 설명하려는 노력이 많은데, 선진 국들과는 다른 경제적·사회적 환경이 중국의 저축률을 이례적으로 높여놓았다고 볼 수 있습니다. 중요한 것은 이처럼 높은 저축률 덕분에 중국이 엄청난 규모의 경상수지 흑자를 지속할 수 있었다는 점입니다.

중국은 이렇게 쌓아놓은 외화로 미국이나 유럽의 국채나 회사채 등 각종 채권을 천문학적인 규모로 사들였습니다. 그 결과 지난 30여 년 동안 전 세계 자금시장에는 엄청난 자금이 지속적으로 유입되는 현상이 일어났는데, 이처럼 풍부한 자금 공급은 전 세계 금리를 지속적으로 끌어내릴 만큼 엄청난 시장 왜곡을 일으켰습니다.

이것이 바로 전 세계적 과잉 저축 현상인데, 문제는 이 같은 중국의 과잉 저축이 이제 더 이상은 지속되기가 어렵다는 점입니다. 일단 가장 큰 변화는 중국에서 고령화가 시작됐다는 점입니다. 중국의 경우에는 최근까지 한 자녀 정책을 고집해 왔기 때문에, 한국을 제외한 그 어떤 나라보다도 고령화 속도가 빠른 편입니다.

이미 은퇴한 사람들은 근로소득이 줄어들기 때문에 현역 시절과 같은 높은 저축률을 유지하기가 쉽지 않습니다. 게다가 중국의 의료보장 등 사회보장제도는 선진국보다 잘 구축되어 있지 않기 때문에 저축했던 돈을 꺼내 쓸 수밖에 없습니다. 이 때문에 중국의 과잉 저

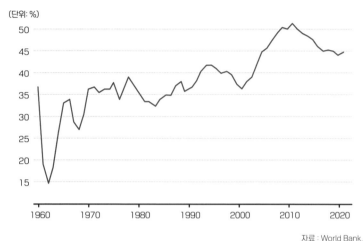

<그림 2-4> 중국의 GDP 대비 총저축률 추이

(단위: %)

자료 : World Bank.

축은 조만간 정점을 찍고 줄어들 가능성이 있습니다.

실제로 이 같은 변화가 중국의 저축률에 변화를 주기 시작했는데, <그림 2-4>는 중국의 GDP 대비 가계·정부·기업의 저축을 모두 합친 총저축률을 나타내는 그래프입니다.[11] 중국의 총저축률은 2010년 한때 51.1%까지 치솟아 올랐다가 하락하여 2019년에는 44%로 떨어졌다가 코로나19 사태 이후인 2021년에는 44.7%로 다소 반등했습니다.

중국은 코로나19 사태 이후 가혹하리만큼 강력한 제로 코로나 정책을 쓰고 있는데, 다른 나라에서는 이미 일상으로의 회복이 시작된 2022년에도 상하이 같은 대도시를 몇 달씩 봉쇄하기도 했습니다. 그 결과 중국인들의 불안감이 커지면서 저축률이 잠시 반등했지만, 이

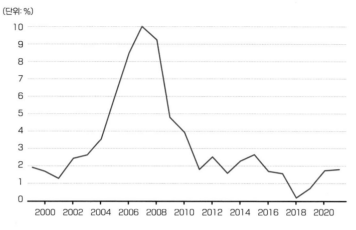

자료 : World Bank.

처럼 일시적으로 치솟아 오른 저축률은 다시 감소할 가능성이 높습니다.

게다가 이 같은 중국의 총저축률 변화는 중국의 경상수지에도 영향을 줄 가능성이 큰데, 〈그림 2-5〉를 보면 중국의 GDP 대비 경상수지 흑자 폭은 2007년에 9.9%까지 급증했다가 2018년에는 0.2%까지 줄어든 것으로 나타납니다.[12] 이 같은 기조가 지속되면 코로나19로 잠시 반등했던 중국의 경상수지는 2020년대 중반을 기점으로 적자로 전환될 수도 있다는 전망이 조심스레 제기되고 있습니다.

세계은행World Bank은 2013년부터 〈중국 2030〉 보고서를 통해 2030년 이전에 이 같은 현상이 일어날 것이라고 일찌감치 예고한 바 있습니다.[13] 그리고 코로나19가 발생한 이후 잇따라 나온 세계은행 보고서에서도 중국의 경상수지 흑자 폭이 점차 감소하거나 적자 전환될 것이라는 전망이 계속되고 있습니다.[14] 이 같은 변화는 세계 자본시장에도 큰 영향을 미칠 것으로 보입니다.

이처럼 세계적으로 과잉 저축 현상이 약화되면 과거 30여 년간 겪었던 전대미문의 금리 하락과 초저금리 현상을 또다시 경험하기가 쉽지 않을 수도 있습니다. 이 때문에 중국 경제의 구조 변화는 앞으로 중국 경제의 체질만이 아니라 전 세계 금융시장의 패러다임을 바꾸는 아주 중요한 단초가 될 수 있다는 점을 유념해야 합니다.

4. 미 연준은
왜 저금리 정책을 지속했을까

지난 30여 년 동안 저금리 시대가 지속됐던 이유 중에서 또 하나 주목해야 할 것은 바로 연준과 주요 금융 당국의 저금리정책입니다. 앞서 설명한 것처럼 중국의 과잉 저축이 세계 금융시장에 풍부한 유동성을 제공한 상황에서 저금리에 결정적으로 쐐기를 박은 것이 바로 미국의 연준과 주요 선진국 금융 당국이었습니다.

사실 연준과 선진국 금융 당국이 저금리정책을 고집해야만 했고, 할 수 있었던 가장 큰 이유는 두 가지로 정리할 수 있습니다. 하나는 저금리정책이 아니면 지속적인 경기 둔화 현상을 막을 수 없다는 필요성 때문이었고, 또 다른 하나는 그런 저금리정책을 써도 인플레이션이 일어나지 않았던 금융 환경 덕분이었다고 할 수 있습니다.

낮아진 성장 동력,
저금리로 돌파하다

먼저 저금리정책이 반드시 필요했던 이유부터 살펴보겠습니다. 사실 미국 경제는 2000년 이후 심각한 생산성 둔화에 빠져 있었습니다. 〈그림 2-6〉은 미국의 대표적 민간 경제 연구소인 콘퍼런스 보드의 자료를 활용한 1인당 노동생산성의 변화를 나타낸 것입니다.[15] 그런데 주요 선진국들의 2016년 노동생산성 증가율은 1998년의 절반으로 떨어졌습니다. 특히 미국은 3분의 1 수준으로 추락했습니다.

이처럼 노동생산성이 추락한 이유에 대해서는 여러 가지 해석이 있는데, 그중에 한 원인은 바로 선진국의 산업 공동화에서 찾을 수 있습니다. 제조업 생산설비가 미국을 떠나 중국 등 이머징 마켓으로 옮겨지면서 제조업 공동화 현상을 겪게 된 미국은 기술혁신 속도가 빠른 제조업 일자리 대신 생산성 향상 속도가 더딘 단순 서비스 업종의 일자리만 늘어났기 때문입니다.

게다가 때마침 시작된 노동시장 세대교체도 큰 영향을 미쳤습니다. 제조업 숙련노동자였던 베이비붐세대(1946~1964년생)가 은퇴한 대신 새로 노동시장에 진입한 Y세대(1981~1996년생)는 일자리의 질이 떨어지는 단순 서비스직에 내몰리면서 이전 세대보다 평균적으로 임금이 낮아지고 생산성 향상도 정체되기 시작했다는 겁니다.

물론 2000년대 들어 미국에서는 빅테크Big Tech[16] 기업들의 혁신이

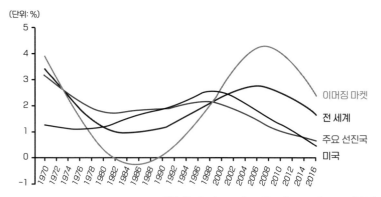

〈그림 2-6〉 1970년대 이후 전 세계 1인당 노동생산성의 변화

(단위: %)

이머징 마켓
전 세계
주요 선진국
미국

자료 : The Conference Board Total Economy Database(2016).

시작됐지만, 경제 전체의 생산성을 끌어올리기에는 역부족이었습니다. 기존의 구경제 생태계를 파괴하고 그 가치사슬을 가져가는 데는 성공했지만, 아직까지 미국 경제 전체의 생산성을 끌어올리는 데는 성공하지 못했기 때문입니다.

이처럼 생산성이 급감하면서 미국 경제의 성장 동력이 점차 약화되어 갔는데, 이런 상황에서 경제성장률을 끌어올리기 위해 연준은 지속적으로 금리를 낮췄습니다. 이때마다 연준이 과도하게 돈을 푸는 것 아니냐는 비판이 나왔는데, 연준은 자신들에게는 '물가 안정'뿐만 아니라 '고용 안정'이라는 목표도 있다며 돈을 푸는 것을 정당화했습니다.

특히 연준은 지난 40년 동안 경제 위기가 반복될 때마다 파격적인 금리 인하로 대응해 왔는데, 위기가 끝난 이후에도 금리 인상에는 소극적이었기 때문에 위기 이전 수준으로 금리를 끌어올린 적은 한 번도 없었습니다. 그 결과 미국의 기준금리는 지난 40년 동안 끝없는 하향세를 보였습니다(뒤에 나오는 〈그림 2-8〉 참조).[17]

하지만 2008년 글로벌 금융 위기나 2020년 코로나 위기처럼 극단적인 신용경색이 일어나는 경우에는 아무리 기준금리를 제로 수준까지 낮춰도 더 이상 중·장기금리가 낮아지지 않는 현상이 나타났습니다. 그러자 당시 연준은 양적 완화라는 파격적인 신무기를 동원해 중·장기금리를 인위적으로 끌어내리는 정책까지 동원했습니다.

원래 국채나 모기지 등의 채권은 만기가 얼마나 기냐에 따라 금리가 모두 다른데, 〈그림 2-7〉처럼 대체로 만기가 짧으면 금리가 낮아지고 반대로 만기가 길면 금리는 높아집니다. 연준이 결정하는 기준금리는 이 중에서도 만기가 가장 짧은 1일물 연방기금금리^{Federal Fund Rate}인데, 연준은 이 기준금리를 통해 간접적으로 만기가 다른 채권의 금리를 올리거나 내리는 데 영향을 미치는 겁니다.

그런데 극단적인 위기 상황에서는 연준이 아무리 기준금리를 내려도 중·장기금리는 하락하지 않는 경우가 생깁니다. 이때 연준이 돈을 찍어 국채를 사들이는 방식으로 직접 시장에 개입해 금리를 끌어내리는 정책이 바로 양적 완화입니다. 시장을 직접 조정하기 때문에 자칫하면 시장의 자체 조정 기능을 마비시키고 연준에 대한 의존도를 높이는 위험한 정책이 될 수도 있습니다.

물론 이 같은 조치가 단기적으로는 어쩔 수 없는 조치였을지도 모

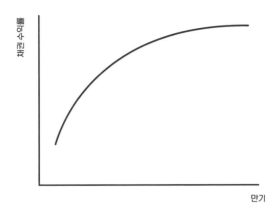

〈그림 2-7〉 통상적인 상황에서 만기에 따른 채권 수익률

(세로축) 채권수익률

(가로축) 만기

릅니다. 하지만 연준이 이 같은 극단적 개입 조치를 반복적으로 시행하면서 시장에 엄청난 도덕적 해이^{Moral Hazard}를 만든 것은 분명합니다. 금리가 조금만 올라도 언제든 연준이 개입해 끌어내릴 것이라는 잘못된 기대 때문에 시장은 무조건 금리 하락에 베팅하면 돈을 딸 수 있다는 위험한 믿음을 갖게 됐습니다.

특히 2020년 코로나 위기 때는 정말 심각한 수준이었는데, 연준이 돈을 찍어서 미국 국채나 모기지만 사들인 것이 아니라 직간접적인 방식으로 회사채까지 사줬습니다. 그 덕에 시장에서 채권을 평가하는 기능은 완전히 마비됐죠. 어차피 연준이 비싸게 사줄 것이기 때문에 눈감고 무조건 금리 하락에만 베팅하면 돈을 버는 위험한 구조를 만들었습니다.

이는 연준만이 아니라 다른 나라 중앙은행들도 마찬가지였는데,

ECB와 일본은행도 유사한 정책으로 인위적인 초저금리 상황을 만들어냈습니다. 결국 2008년 글로벌 금융 위기 이후 인류 역사상 유례를 찾아보기 힘든 초저금리가 지속된 것은 사실상 미국 연준과 각국 중앙은행의 합작품이라고 할 수 있습니다. 한마디로 연준과 각국 중앙은행이 무조건 금리 하락에 베팅하는 합법적인 도박판을 만들어준 셈입니다.

한계에 봉착한 연준의
저금리정책

그런데 여기서 분명히 따져봐야 할 것이 있습니다. 이처럼 경제 위기가 올 때마다 연준이 마음 놓고 인위적으로 금리를 끌어내릴 수 있었던 이유는 아무리 시장에 개입해도 부작용이 크지 않았기 때문입니다. 원래 과도하게 금리를 끌어내리고 양적 완화로 돈을 풀면 인플레이션이 일어나야 하지만, 지난 30여 년간 인플레이션이 사라진 덕분에 이런 개입이 가능했던 겁니다.

즉, 연준과 선진국 금융 당국이 마음껏 저금리정책을 썼던 두 번째 이유는 그럴 수 있었던 경제 환경이 펼쳐졌기 때문입니다. 그러나 우리가 1부에서 살펴본 것처럼 이제 아무리 돈을 풀어도 물가가 오르지 않는 시대는 조만간 끝날 가능성이 큽니다. 이제부터는 연준이나 각국 중앙은행이 무제한으로 돈을 풀면 물가가 치솟아 오를 수밖에 없습니다. 이 때문에 앞으로는 인위적인 저금리정책으로 금리를 끌어내리는 데는 한계가 있을 수밖에 없습니다.

물론 연준이 돈줄을 죄고 금리를 올리면 당장은 물가를 잡을 수 있을지도 모릅니다. 하지만 이로 인해 경기 둔화나 경기 침체가 발생했을 때 연준이 긴축을 중단하고 돈을 풀기 시작하면 물가가 다시 뛰어오를 가능성이 큽니다. 이제 연준과 물가 사이의 술래잡기가 시작된 셈인데, 이 때문에 2022년에 시작된 물가 상승세만 잡으면 다시 초저금리 시대로 복귀할 것이라고 확신하고 과거와 같은 방식으로 투자에 나섰다가는 큰 낭패를 겪을 수 있습니다.

5. 고령화와 정치 리스크가 금리에 미치는 영향

이제 거의 모든 선진국이 고령화에 접어들면서 고령화가 금리에 어떤 영향을 미칠 것이냐가 중요한 문제가 됐습니다. 지금까지는 고령화가 가속화되면 금리가 더욱 하락할 것이라는 주장이 많았습니다. 그 이유는 세계에서 고령화가 가장 먼저 진행된 일본에서 고령화와 동시에 저금리 시대가 찾아왔기 때문입니다. 그렇다면 고령화는 반드시 저금리 현상을 동반하는 것일까요?

일단 자금의 공급 측면에서 살펴보면 고령화는 정반대의 두 가지 경로로 영향을 미칩니다. 그중 하나는 늘어난 기대 수명에 대한 우려 때문에 저축을 늘린다는 겁니다. 고령층이 됐을 때 가난에 시달리는 노후 빈곤은 현역 세대에게도 공포의 대상인데, 기대 수명이 계속 늘어난 탓에 필요한 노후 자금이 급증하면서 저축을 늘리는 경우가 많아졌다는 겁니다.

사실 이 같은 해석은 일본처럼 처음으로 고령화를 맞이한 나라에서 저금리 현상이 심화되자 이를 설명하기 위해 등장한 이론이라고 할 수 있습니다. 실제로 일본인들의 기대 수명은 1970년 72세에서 2020년에는 85세로 늘어났는데, 그 어떤 선진국보다도 기대 수명이 가장 빠르게 늘어난 나라였다고 볼 수 있습니다.[18]

'노후 파산' 우려,
저축률을 계속 높일까

이처럼 늘어난 기대 수명은 일본인들에게는 축복이라기보다는 노후 공포로 다가왔습니다. 길어진 수명 때문에 가난한 노후를 보내게 된다는 뜻의 '노후 파산'이나 나이 들어 병들고 지쳐서 생활고를 겪으며 쓸쓸히 죽음을 맞이하는 '고독사'에 대한 두려움이 커지면서 일본인들이 노후에 대비하기 위해 더욱 악착같이 돈을 모았던 측면이 있습니다.

우리나라의 경우에도 기대 수명이 늘어나면서 금리에 영향을 미쳤다는 분석이 있는데, 2020년 1월 한국은행은 1995년부터 2018년까지 실질금리가 3%p 하락했다는 연구 결과를 내놨습니다.[19] 이처럼 금리가 하락한 데는 여러 가지 원인이 있겠지만, 기대 수명이 늘어나면서 은퇴 준비 세대의 저축이 늘어난 것도 한 원인이었다고 분석했습니다.

그렇다면 이 같은 현상이 앞으로도 계속될까요? 사실 고령화가 정반대로 저축을 감소시키는 작용을 할 수도 있습니다. 아무리 기대 수명 증가로 인해 노후 빈곤에 대한 공포가 크다고 해도 일단 은퇴한 뒤에는 근로소득이 크게 줄어들거나 아예 사라지기 때문에, 고령층이 되면 저축이 감소할 수밖에 없습니다.

물론 일부 부유층의 경우에는 자산 규모가 워낙 커서 자산 소득에 의존하는 기간에도 자산이 지속적으로 늘어나 저축이 증가할 수도 있을 겁니다. 하지만 대부분은 현역 시절 모아놓은 자산에 의존할 수밖에 없습니다. 이 때문에 일단 은퇴한 세대가 자금시장에서 새로운 돈의 공급처가 되기는 쉽지 않습니다.

특히 1946~1964년에 태어난 거대한 인구 집단인 베이비붐세대는 전 세계 주요 선진국에서 엄청난 인구 비중을 차지하고 있는데, 이들은 높은 소득을 누리며 많은 자산을 축적해 온 만큼 자금의 주요 공급원이 되어왔습니다. 그러나 2020년대 이후에는 이들이 대부분 은퇴하는 만큼, 더 이상 이들이 과거처럼 막대한 금액을 저축할 것이라고 기대하기는 어렵습니다.

더 큰 변화는 은퇴한 베이비붐세대를 대신해 앞으로 본격적으로 저축을 해나갈 Y세대(1981~1996년생)나 Z세대(1997~2012년생)는 인구나 자산 규모 면에서 베이비붐세대와는 비교도 되지 않는다는 점입니다. 이들은 세계화에 따른 산업 공동화 현상 이후 경제생활을 시

작해 베이비붐세대보다 소득이 낮고 자산을 불릴 기회도 훨씬 적었습니다.

게다가 지금의 기성세대인 X세대(1965~1980년생)의 삶은 과거 베이비붐세대가 누렸던 삶의 방식과 크게 달라졌습니다. 베이비붐세대는 평균적으로 20대에 결혼해 아이를 가졌기 때문에, 40대나 50대 초반에 자녀를 독립시킨 뒤에는 오롯이 자신들만을 위한 저축을 할 여유가 있었습니다.

그러나 X세대는 과거의 베이비붐세대와 달리 노후를 준비할 시간이나 여유가 없기 때문에 저축이 과거 세대보다 훨씬 부족할 수밖에 없습니다. 영국의 경제학자인 찰스 굿하트는 이 같은 이유들이 복합적으로 작용해 앞으로 선진국에서 저축이 더욱 줄어들어 자금시장에서 돈의 공급이 감소하고 금리 상승 압박은 더욱 커질 것이라고 전망했습니다.

특히 최근 연구에서는 고령화가 금리 상승의 원인이 될 수 있다는 분석도 많습니다. 이런 상황에서 고령화가 금리를 지속적으로 하락시킬 것이라고 단정 짓는 것은 매우 위험합니다. 고령화 초입에는 기대 수명 연장에 대한 두려움으로 일시적인 저축 증가가 일어날지라도, 결국 고령화가 심화되면 저축이 부족한 현상이 일어날 가능성을 배제하기 어렵기 때문입니다.

정치적 리스크가
금리의 위험 프리미엄을 높인다

게다가 금리를 구성하는 요인 중에서 위험 프리미엄이 중요한 요소가 되기도 하는데, 위험 프리미엄을 조금 단순화해서 설명하면 돈을 떼일 위험만큼 금리를 더 받는 것을 뜻합니다. 사실 돈을 떼이는 원인은 다양하기 때문에 위험 프리미엄의 종류도 정말 많은데, 국제 질서가 바뀔 정도로 큰 변화가 일어날 경우에는 위험 프리미엄이 극적으로 변하는 경우도 많습니다.

미국이 단일 패권 국가로 자리매김한 지난 30여 년 동안에는 미국이 국제 질서를 유지하고 있었기 때문에 정치적 리스크가 크지 않

있습니다. 그 결과 선진국 간의 금융거래는 물론 중국 등 개발도상국과의 금융거래에서도 정치적 리스크 프리미엄이 거의 없는 것과 마찬가지였습니다.

이는 마치 로마제국이나 대영제국이 초기 태동 단계에서는 금리가 높았지만 이들이 국제 질서를 안정시킬 수 있을 정도의 강력한 패권 국가로 떠오른 이후에는 금리가 낮아졌던 현상과 무관하지 않습니다. 그러나 제국의 힘이 약화되거나 경쟁자가 등장해 패권 전쟁이 일어나는 경우에는 정치적 리스크가 커지면서 금리 상승의 한 원인이 되기도 했습니다.

그런 측면에서 지금의 국제 질서가 예전과 크게 달라지고 있다는 점에 주목해야 합니다. 러시아·우크라이나 전쟁 이후에는 미국·서방사회와 중국·러시아 진영의 대결이 격화되면서 이전보다 정치적 위험성이 더욱 커지고 있습니다. 게다가 자국 중심주의가 강화되면서 진영 안에서도 갈등을 빚고 있죠. 이 같은 거대한 정치적 패러다임의 변화는 리스크 프리미엄에도 영향을 미칠 수밖에 없습니다.

이렇게 3장에서 5장까지 세 개의 장에 걸쳐 그동안 금리 하락을 이끌어왔던 네 가지 주요 원인들이 지금 어떻게 변화하고 있는지, 그리고 향후 어떻게 달라질지 알아봤습니다. 저금리를 몰고 왔던 주요 원인들이 근본적인 변화를 겪고 있는 만큼, 2022년 시작된 금리 인상 기조만 끝나면 곧바로 과거와 같은 초저금리 상황으로 돌아갈 것이라고 맹신하는 것은 위험합니다.

6. 다시 찾아온 금리 상승기, 무엇을 대비해야 할까

2022년 들어 물가가 폭등하기 시작하자 미국의 연준이 전례 없이 빠른 속도로 금리를 올리기 시작했습니다. 물론 미국 연준의 금리 인상 사이클은 10년 안팎의 주기로 반복된 일이기 때문에 인상 자체는 특별한 일이 아닙니다. 그러나 연준의 이번 금리 인상은 두 가지 측면에서 과거의 그 어떤 금리 인상보다도 위험한 측면이 있습니다.

첫 번째는 기준금리가 워낙 낮은 상태에서 금리 인상을 시작했다는 점입니다. 기업이나 가계가 빚을 질 때는 현 금리 수준에서 자신이 갚아나갈 수 있는 한계까지 돈을 빌리려는 경향이 있기 때문에, 초저금리 상태에서는 경제주체들의 부채 규모가 훨씬 커져 있는 경우가 많습니다. 이 때문에 금리가 낮을 때 금리 인상이 시작되면 그렇지 않을 때보다 훨씬 충격이 클 수밖에 없습니다.

연준이 똑같이 2.5%p의 금리를 인상했더라도 기존 금리가 얼마였느냐에 따라 시장에 미치는 충격의 크기는 매우 다릅니다. 만일 금리 인상 전 연리 2.5%였던 금리를 2.5%p 올리면 연리 5%가 되어 2배가 오르지만, 연리 0.5%인 금리를 2.5%p 올려서 3%가 될 경우 금리는 6배로 뛰어오르게 됩니다.

이처럼 금리가 아주 낮은 상태에서는 금리를 조금만 올려도 돈을 빌린 가계나 기업은 기존보다 이자를 몇 배씩 부담하게 되는데, 이 때문에 초저금리 상태에서 금리를 올리기 시작할 때는 과도하게 돈을 빌려왔던 경제주체들이 적응할 시간을 충분히 주어야 금리 인상에 대비할 수 있습니다.

급격한 금리 인상,
약한 고리부터 무너진다

바로 여기서 이번 2022년 금리 인상의 두 번째 문제가 발생합니다. 2022년 5월 연준은 한꺼번에 0.5%p의 금리를 끌어올리는 빅스텝을 단행한 것은 물론, 심지어 2022년 6월 이후 기준금리를 0.75%p씩 끌어올리는 자이언트스텝을 연거푸 단행했습니다. 그 결과 2022년 1월만 해도 0~0.25%였던 미국의 기준금리가 불과 8달 만에 3.25%까지 치솟아 올랐습니다.

지금까지 미국 연준 역사상 가장 급격하게 금리를 끌어올린 연준

의장은 '인플레이션 파이터'라고 불렸던 폴 볼커라고 할 수 있습니다. 볼커 전 연준 의장은 1979년 취임 직전 연리 11.5%였던 기준금리를 2년 동안 끌어올려 1981년에는 21.5%까지 올렸습니다. 엄청나게 올린 것 같지만, 그래 봤자 기존 금리의 2배도 못 올린 겁니다.

그런 측면에서 지금의 금리 인상은 빨라도 너무나 빠르다고 할 수 있습니다. 원래 연준의 금리 인상기에는 경제 위기나 경기 침체가 일어난 적이 한두 번이 아닌데, 이렇게 급격하게 금리를 올리면 금리 인상에 적응할 시간이 없기 때문에 통상적인 금리 인상보다도 훨씬 위험할 수 있습니다.

이렇게 금리를 급격하게 올리면 약한 고리는 반드시 무너질 수밖에 없습니다. 저금리와 자산 가격 상승이 영원히 계속될 것이라고 믿고 과도하게 돈을 빌려 투자에 나섰던 가계나 여기에 돈을 빌려주었던 금융회사들, 그리고 저금리를 믿고 무리한 투자를 단행한 기업들이 대표적인 약한 고리라고 할 수 있습니다.

약한 고리가 무너지는 것으로 끝난다면 그나마 다행이지만, 시스템 위기로 번져나간다면 경제 전체를 뒤흔드는 위험에 빠져들 수 있습니다. 만일 돈을 한계까지 끌어모아 투자했던 가계나 기업이 이자 부담을 견디지 못해 보유했던 주식이나 부동산을 어쩔 수 없이 팔아야 하는 상황에 내몰리면 자산 가격이 과도하게 하락하는 현상이 일어날 수 있습니다.

그 결과 담보자산의 가치가 부채보다 더 낮아지는 경우가 생기는

데, 이 경우 금융사들은 더 많은 담보를 요구하거나 만기가 돌아온 빚을 갚으라고 요구하게 됩니다. 이때 추가적인 담보를 내놓거나 빚을 갚지 못한다면 압류와 경매, 반대매매 등이 이뤄지면서 자산시장에서 매물이 더욱 늘어나게 되고 자산 가격은 더욱 하락하게 됩니다.

이 경우 금융회사들은 극도로 대출을 꺼리기 때문에 대출이 막히는 신용경색이 시작되면서 건전했던 가계나 기업까지 무너질 수 있습니다. 그 결과 돈을 빌려준 금융회사들까지 부실화될 수 있습니다. 그리고 최악의 경우에는 금융회사들이 잇따라 파산하면서 나라 전체가 금융 위기에 빠져들게 됩니다.

이 같은 현상은 주로 저개발 국가에서 먼저 시작되는데, 저개발 국가가 하나둘씩 무너지기 시작하면 비슷한 환경에 있는 다른 나라에서도 글로벌 자본이 썰물처럼 빠져나가면서 도미노처럼 연쇄적으로 국가 부도 사태가 일어나게 됩니다. 특히 이들 나라에 투자한 글로벌 금융회사들까지 흔들리면 이머징 국가나 선진국까지 위기가 확산되는 경우도 있습니다.

이런 금리 인상기에 가장 조심해야 할 점은, 연준이 금리 인상을 중단했다고 결코 안심해서는 안 된다는 점입니다. 저개발 국가나 이머징 국가들은 금리 인상 초기부터 국가 부도 위기에 시달리지만, 미국 등 선진국의 경우에는 연준이 금리 인상을 멈추고 6~18개월 뒤 경기 침체나 경제 위기가 발생하는 경우도 많기 때문입니다.

〈그림 2-8〉은 1985년 이후 미국의 기준금리를 나타낸 그래프입

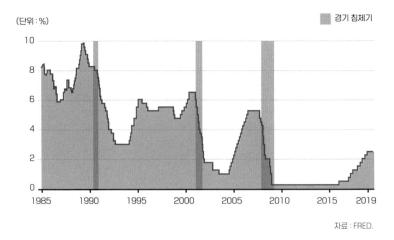

〈그림 2-8〉 1985년 이후 미국의 기준금리

(단위 : %)　　　　　　　　　　　　　　　　　　　　　█ 경기 침체기

자료 : FRED.

니다.[20] 분홍색 기둥은 미국의 경기 침체 기간을 나타냅니다. 그런데 그래프를 살펴보면 기준금리를 한창 인상할 때 경기 침체가 시작된 경우보다 오히려 금리 인상을 멈추고 6~18개월 뒤 경기 침체가 시작된 경우가 많았음을 확인할 수 있습니다.

금리 인상을 멈춘 후가
더 위험하다

먼저 1990년 경기 침체 사례를 살펴보겠습니다. 미국의 연준은 1988년 3월 6.5%였던 기준금리를 꾸준히 올려서 1989년 5월에는 9.8125%까지 인상했습니다. 이 여파로 경기가 위축된 데다 걸프전

Gulf War[21] 으로 인한 유가 급등까지 겹치면서 1990년 7월부터 1991년 3월까지 미국 경제는 침체를 겪었습니다. 금리 인상을 중단한 이후 경기 침체가 오기까지 14개월의 시차가 있었던 셈이죠.

그렇다면 미국의 주가는 어떻게 변했을까요? 금리 인상이 끝난 시점은 1989년 5월이지만 본격적 주가 조정은 1990년 7월에 시작됐는데, 그 뒤 석 달 동안 미국의 S&P500 지수는 20% 정도 하락했습니다. 그러나 경기 침체의 한복판이었던 1990년 10월부터 이미 주가가 반등하기 시작해 1991년 2월에는 이미 경기 침체가 오기 전의 주가지수를 회복했습니다.

이 같은 현상은 닷컴 버블 붕괴 이후 찾아온 경기 침체에서도 확인할 수 있는데, 연준은 닷컴 버블 당시 경기가 과열되는 것을 우려해 선제적으로 기준금리를 인상했습니다. 1999년 5월 5%였던 기준금리를 2000년 5월 6.5%까지 올렸는데, 경기 침체는 금리 인상 시기가 아니라 금리 인상을 멈춘 지 1년 뒤인 2001년 5월에 본격적으로 시작됐습니다.

미국의 S&P500 지수는 연준의 금리 인상기에도 계속 상승하면서 금리 인상기에도 주가는 끄떡없다는 착각을 일으켰습니다. 그러나 연준이 마지막 금리 인상을 단행한 지 넉 달이 지난 2000년 9월부터 S&P500 지수가 갑자기 하락세로 반전하더니 내리 2년을 하락하면서 48%가 떨어져 반토막 수준으로 주저앉았습니다.

가장 극적인 상황은 바로 2008년 글로벌 금융 위기였죠. 미국 연준은 2004년 6월 연리 1%였던 기준금리를 2006년 7월 5.25%까지 인상한 뒤 금리 인상을 멈췄습니다. 그리고 경기 침체는 18개월 뒤인 2008년 1월에 시작됐는데, 글로벌 금융 위기는 대공황 이후 가장 큰 위기라는 오명을 얻게 되었습니다.

당시 2년 동안 지속된 금리 인상기에도 미국 증시는 계속 상승세를 보이면서 이번 금리 인상기에는 증시 호황이 계속될 것이라는 착각을 심어주습니다. 그러나 금리 인상이 중단된 지 15개월이 지난 2007년 10월부터 미국 S&P500 지수가 서서히 하락하기 시작하더니 2009년 2월까지 무려 47%나 급락했습니다.

도대체 왜 이런 시차가 발생한 것일까요? 가장 큰 이유는 기업이든 가계든 금리가 오른 것을 반영해 새로운 투자 계획을 짜거나 소비 행태를 바꾸는 데는 시간이 걸리기 때문입니다. 통상 금리 인상이 실물경제에 영향을 미치는 데에는 6~18개월 정도 걸린다고 봅니다.

이 같은 시차는 자산시장에서도 발생하는데, 아무리 금리가 올라도 경제주체들은 웬만해서는 자신이 산 가격보다 싼 값에 자산을 팔지 않으려는 경향이 있습니다. 차라리 올라간 금리를 감당하며 이자를 갚아나가더라도 자산을 계속 보유하는 쪽을 선택하죠. 그러다가 더 이상 버티지 못하는 상황이 오면 일제히 자산 매각에 나서게 되는 변곡점이 찾아옵니다.

이 시차 때문에 증시 전문가들은 '금리를 인상해도 주가는 더 올랐다'며 금리 인상기에 주식 투자를 늘려야 한다는 주장을 공공연히 하는 경우가 많았습니다. 하지만 최근 30여 년간 세 번의 금리 인상 사례로 볼 때, 금리 인상기보다 오히려 그 뒤에 실물경제에 타격을 준 다음 나타날 2차 폭풍이 더 큰 문제라고 할 수 있습니다.

이 때문에 금리 인상이 끝났다며 잠시 자산시장이 안도 랠리를 펼치더라도 실물경제가 어떤 영향을 받고 있는지 면밀히 살펴야 합니다. 특히 대공황이나 글로벌 금융 위기 같은 최악의 위기조차 미세한 균열에서 시작되는 경우가 많았기 때문에, 금리 인상이 끝난 뒤 6~18개월은 경제 상황의 변화에 세심한 주의를 기울여야 합니다.

그리고 오히려 경기 침체가 시작되면 투자의 기회를 살피기 시작해야 합니다. 1990년 10월에 시작됐던 주가 반등처럼, 주가는 경기 침체의 한복판에서 이미 상승하기 시작한 경우가 많기 때문입니다. 이는 주가가 그 어떤 지표보다도 먼저 움직이는 선행지표이기 때문인데, 실물경제가 이보다 나쁠 수 없다는 최악의 지표가 쏟아져 나올 때가 주식 투자의 적기였던 경우가 많습니다.

이에 비해 부동산은 상황이 좀 다른데, 부동산은 주식과 달리 대표적인 후행지표입니다. 경기 침체가 소득과 고용에 영향을 미쳐 가계의 대출 여력까지 낮추기 때문에, 경기 침체가 완전히 끝난 뒤에도 한동안 부동산 가격이 회복되지 못하는 경우가 많습니다. 이 때문에 부동산의 경우에는 증시가 확실하게 반등한 이후에 투자를 고민하는 편이 유리합니다.

7. 금리 인상기의 동북아 3국, 누가 더 위험할까

미국의 금리 인상기에는 많은 나라가 부도 위험에 시달리는데, 가장 부도 위험이 큰 나라는 물론 저개발 국가들입니다. 다만 인플레이션 이냐 디플레이션이냐의 국면에 따라 저개발 국가 중에서도 희비가 엇갈리는데, 금리 인상이 시작됐을 때 디플레이션 국면이라면 자원 가격이 싼 경우가 많기 때문에 자원 수출에 의존해 왔던 저개발 국가가 무너지는 경우가 많습니다. 과거 금리인상기마다 중남미 자원 부국이 상습적인 부도 상태에 빠졌던 것도 이와 무관하지 않습니다.

반대로 인플레이션으로 자원 가격이 급등하는 상황에서는 자원 부국이 상대적으로 유리해지고 반대로 자원 부족 국가가 불리해지는데, 이미 2022년 상반기에 스리랑카나 이집트처럼 자원이 없는 저개발 국가들이 IMF에 구제금융을 신청했습니다. 또한 튀르키예, 폴

란드, 헝가리 등 2022년에 경제적 어려움을 겪고 있는 나라들의 공통적인 특징은 자원 수입국인 개발도상국들이라고 할 수 있습니다.

이처럼 금리 인상 초기에는 개발도상국부터 무너지기 시작하는데, 만일 인플레이션을 잡지 못해 금리 인상이 계속되면 자원이 부족한 선진국들도 점차 위험한 상황에 처하는 경우가 생깁니다. 실제로 극심한 인플레이션 속에서 금리 인상이 일어난 1970년대에는 선진국들도 큰 고통을 겪었습니다. 그러므로 자원 부족 국가인 우리나라는 그 어느 때보다 연준의 긴축 기조와 인플레이션의 향방을 세심히 살펴야 합니다.

그다음으로 위험한 나라는 지난 30여 년간 지속된 저금리 상황에서 많은 빚을 진 나라들인데, 이런 측면에서 우리나라와 중국, 일본 등 동북아 3국이 가장 위험한 나라에 속한다고 볼 수 있습니다. 동북아 3국의 부채 문제는 나라마다 처한 상황이 조금씩 다른데, 우리나라의 경우에는 가계부채, 중국은 기업부채, 일본은 정부부채가 위험한 수준까지 불어난 상태입니다.

한국은 가계부채가
치명적이다

우리나라 부채 문제의 가장 치명적인 문제점은, GDP 대비 가계부채가 세계 주요 국가 중에서 가장 높다는 점입니다. 2022년 1분기를 기준으로 국제금융협회Institute for International Finance: IIF가 36개 나라를 조사한 결과, GDP 대비 가계부채 비율은 한국이 104.3%로 미국의 76.1%, 중국의 62.1%, 일본의 59.7%보다 월등히 높은 1위를 차지했습니다.[22]

사실 가계부채는 현재 규모가 다른 나라보다 얼마나 큰가 작은가보다 얼마나 빨리 늘어났는가가 더 중요한데, 부채가 빨리 늘어난 나라일수록 금융 위기 가능성이 기하급수적으로 높아지기 때문입니다. 실제로 IMF의 연구 결과, GDP 대비 가계부채와 기업부채를 합친 민간 부채 비율이 지난 5년 안에 30%p 이상 빠르게 증가한 43개 나라 가운데 38개 나라가 금융 위기나 성장 둔화를 겪은 것으로 나타났습니다.[23]

문제는 우리나라의 경우 이미 이 기준을 넘어섰다는 겁니다. BIS 통계를 인용한 한국경제연구원 보고서를 보면, 2016년 이후 5년간 우리나라의 GDP 대비 민간 부채 비율이 33.2%p나 늘어나 같은 기간 미국·영국·프랑스·독일·일본 등 5개국 평균인 21.3%p보다 훨씬 높았던 것으로 나타났습니다.[24] 이 때문에 우리나라는 민간 부채, 특히 가계부채 면에서 매우 취약한 상황입니다.

통제의 중국,
기업부채가 시한폭탄이다

중국은 가계부채보다 기업부채가 심각한데, IIF의 자료를 보면 2022년 1분기에 중국의 GDP 대비 기업부채 비율은 156.6%로 홍콩과 싱가포르에 이어 3위를 기록했습니다. 홍콩이나 싱가포르의 경우 중국의 일부이거나 도시국가라는 특수성을 고려하면 중국이 사실상 1위라는 얘기입니다.

다만 중국 기업부채의 상당 부분은 국유 기업이고 돈을 빌려준 것도 대부분 국영 은행이나 지방정부 은행인 경우가 많기 때문에, 그 천문학적인 부채 규모에 비해서는 그나마 나은 상황이라고 할 수 있습니다. 게다가 중국 기업에 자국 통화인 위안화 부채 문제가 발생할 경우, 중국 정부의 강력한 통제 속에서 인민은행의 발권력까지 동원해 구제할 가능성이 크기 때문에 웬만한 위기는 쉽게 막을 수 있다는 강점이 있습니다.

이 때문에 눈여겨봐야 할 것은 달러나 유로화 등 외화로 표시된 채권이라고 할 수 있습니다. 그런데 중국의 GDP 대비 외화부채 비중은 14% 정도로, 외환위기 직전이었던 1997년에 우리나라의 GDP 대비 외화부채 비중이 29%였던 것에 비하면 절반 정도 수준입니다. 물론 중국의 기업부채가 결코 안심할 수 없는 수준이기는 하지만, 공개된 수치만 놓고 보면 아직은 중국 정부가 통제할 수 있는 수준으로 보입니다.

그러나 중국의 부채 문제에는 숨겨진 무서운 함정들이 있습니다. 그 첫 번째가 바로 지방정부부채 문제입니다. 중국에서는 자기 지역의 경제성장률을 끌어올리기 위해 지방정부끼리 치열한 경쟁을 해왔는데, 중앙정부가 각 지역의 경제성장률을 잣대로 평가를 하고 서열을 매겨왔기 때문입니다. 이 때문에 출세를 하려면 무엇보다 자기 지역 경제성장률을 끌어올려야 했습니다.

경제성장률을 높이기 위해 지방정부는 자기 지역에 철도, 고속도로, 교량 등 각종 인프라 투자를 확대했습니다. 이때 중국 지방정부는 지방정부자금조달기관 Local Gov't Financing Vehicle: LGFV이라는 이름조차 어려운 지방 융자 플랫폼을 만들어 채권을 발행하고 돈을 빌려 인프라 사업에 투자했습니다. LGFV의 부채는 지방정부의 부채로 잡히지 않는 데다 심지어 2013년 이후에는 통계조차 내지 않고 있어 완전히 사각지대에 놓였습니다.

또 중국의 지방정부들은 기업을 자기 지역으로 끌어들이기 위해 기업에 전기·수도 요금 감면, 지방세 면제는 물론, 공장 부지를 무상으로 제공하는 등 경쟁적으로 온갖 특혜를 제공해 왔습니다. 이 같은 특혜를 제공하려면 지방정부에 막대한 자금이 필요할 수밖에 없는데, 중국의 지방정부는 부동산 개발을 통해 토지와 주택을 민간에 넘기고 수수료를 받는 방식으로 자금을 마련해 왔습니다.

지방정부가 땅장사, 집 장사를 해서 세수를 확보한다는 게 우리에게는 좀 생소한 개념인데, 중국의 특수성 때문에 가능한 방식이라고 할 수 있습니다. 중국에서는 원칙적으로 모든 토지가 국가 소유이고, 이를 민간 업자들에게 최장 70년 동안 빌려주는 개념입니다. 이때 지방정부는 토지 사용료를 징수해 왔는데, 그동안 부동산 시장이 좋았을 때는 지방정부가 이렇게 마련한 자금을 경제성장을 이끄는 동력으로 활용해 왔습니다.

그런데 최근 중국의 부동산 시장이 얼어붙기 시작하면서 지방정부가 이 같은 토지 사용료를 징수하는 게 쉽지 않게 됐습니다. 심지어 이 과정에서 부동산 개발 회사에 막대한 금액의 빚보증까지 해주었던 관행 때문에, 부동산 개발 회사와 지방정부가 동반 부실화되는 현상까지 나타났습니다. 2021년 중국의 부동산 개발 회사인 헝다가 파산 위기에 처했던 것도 이와 밀접한 관련이 있습니다.

만일 2022년처럼 중국의 부동산 시장이 계속 얼어붙어 있으면 지방정부의 부실자산도 눈덩이처럼 커질 수밖에 없습니다. 실제로 중국 지방정부부채는 2021년 한 해 동안 7조 위안이 불어나면서 총 30조 위안을 돌파했습니다. 2021년 중국의 중앙정부부채가 21조 위안인 것을 감안하면 중국에서는 중앙정부부채보다 지방정부부채가 더 심각하다고 볼 수 있습니다.

게다가 통계에 잡히지 않는 LGFV처럼 숨겨진 부채를 합치면 중국의 부채 문제는 걷잡을 수 없이 심각해집니다. 정확한 통계를 파악하기 어려운 중국의 특성상 숨겨진 부채가 얼마인지에 대해서는 BIS

와 IMF, 중국사회과학원 등의 추정치가 모두 다른데, 최소 40조 위안에서 최대 70조 위안에 이릅니다.

결국 중국의 공식적인 국가부채는 21조 위안에 불과하지만 지방정부부채와 숨겨진 부채까지 합치면 중국의 정부부채는 최대 120조 위안까지 늘어납니다. 이는 중국의 2021년 GDP인 114조 위안을 훌쩍 뛰어넘어 GDP 대비 105%가 넘을 수도 있습니다.

이 와중에 중국 경제 상황이 계속 악화되자 2022년 중국 정부는 6월 3,000억 위안 규모의 경기 부양책에 이어 8월에도 1조 위안 규모의 대규모 부양책을 내놓았습니다. 이 같은 부양책이 반복될 때마다 중국 정부와 지방정부의 부채 문제는 더욱 심각해질 수밖에 없습니다. 통제된 중국 경제의 특성상 이 같은 부채가 당장 버블 붕괴로 이어지지는 않을지 몰라도, 부채 부담을 더욱 가중시켜 경제성장을 둔화시키는 요소가 될 위험성이 큽니다.

아베노믹스가 키운
일본의 국가부채 쓰나미

일본도 국가부채가 매우 심각한 상황입니다. 일본의 국가부채는 2022년 6월 1,255조 엔을 돌파했는데, 이를 단순하게 계산해 보면 일본 국민 한 사람당 1,012만 엔(약 1억 원)의 나랏빚을 떠안고 있는 셈입니다.

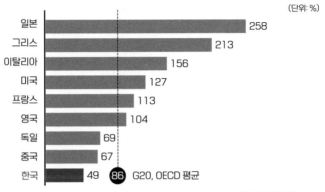

〈그림 2-9〉 주요국의 GDP 대비 국가부채 비율

(단위: %)

국가	비율
일본	258
그리스	213
이탈리아	156
미국	127
프랑스	113
영국	104
독일	69
중국	67
한국	49

86 G20, OECD 평균

자료 : IMF(2020).

이렇게 국가부채가 불어난 것은 1부에서 설명한 아베노믹스와 밀접한 연관이 있습니다. 아베노믹스는 원래 금융완화와 재정정책을 통해 경기를 부양하고 구조조정을 추진해 새로운 성장 동력을 만들겠다는 야심 찬 정책이었습니다. 하지만 실제로는 구조조정에 성공하지 못했기 때문에, 아무런 성장 동력 없이 양적 완화와 재정정책으로 천문학적인 돈만 뿌린 정책으로 끝나고 말았습니다.

일본의 GDP 대비 국가부채는 아베노믹스가 시작되기 전인 2006년 128%에서 2020년에는 258%를 넘어, 15년 만에 2배로 치솟아 올랐습니다. 그 결과 일본의 GDP 대비 국가부채는 저개발 국가인 수단의 210%나 재정 위기를 겪었던 그리스의 213%를 넘어 독보적인 1위를 차지하고 있습니다.[25]

물론 그동안은 일본의 국가부채가 아무리 많아도 일본 국채를 대부분 일본인이나 일본 금융회사가 소유하고 있기 때문에 별문제가 아니라는 주장이 많았습니다. 심지어 아베 전 총리는 "일본은행이 일본 국채의 반을 소유하고 있고, 일본은행은 일본 정부의 자회사이기 때문에 문제가 없다"라는 극단적인 주장까지 내놨습니다. 그러나 이는 일본 국가부채의 심각성을 무시한 매우 위험한 발언이었다고 할 수 있습니다.

사실 일본은 일본 국채의 이자를 갚기 위해 다시 국채를 발행해야 하는 최악의 악순환에 빠졌습니다. 일본의 한 해 국가 예산이 105조 엔 정도 되는데, 이 중에서 4분의 1에 가까운 24.3조 엔(약 240조 원)을 국채 상환과 이자 지불에 쓰고 있습니다. 게다가 항상 적자예산인 일본은 2022년에도 36.9조 엔 규모의 국채를 새로 발행해 예산을 메웠습니다.

지금 일본은 금리가 조금만 올라가도 심각한 국가재정 위기에 빠질 수 있는데, 2022년 10월 일본의 10년 만기 국채 금리는 0.25%밖에 되지 않습니다. 만일 일본이 미국을 따라 기준금리를 올려 국채 금리가 오른다면 국가 예산의 거의 절반을 국채 상환과 이자 지불을 위해 써야 합니다. 이는 제아무리 일본이라도 감당하기가 어려울 수밖에 없습니다. 이 같은 부채 문제의 심각성 때문에 2022년 미국 연준이 아무리 기준금리를 빠르게 인상해도 일본은 이에 발맞춘 금리 인상을 하지 못하고 있습니다. 게다가 1부에서 살펴본 것처럼 금리를 올리지 못할 때, 일본은 인플레이션 공포와도 싸워야 할 상황입니다.

어떻게
대응해야 할까

이처럼 한때 세계경제를 주도했던 동북아 3국이 금리 인상기에 취약해진 상황입니다. 이 세 나라 중 어떤 나라가 더 위험한지는 사실 각국 정부의 대응에 달려 있습니다. 금리 인상기에 위기의 진원지가 되지 않으려면 추가적인 부채 증가를 막고 시스템 위기로 번지지 않도록 금융 시스템의 건전성을 확보해 놓는 것이 무엇보다 중요합니다.

우리나라의 경우에는 외국인들의 주식과 채권 비중이 중국이나 일본보다 훨씬 높고 중국처럼 해외 자본으로부터 국내 금융시장을 지키는 방화벽Firewall이 없기 때문에, 외환시장을 잘 조율하는 것이 중요합니다. 외환시장이 흔들리는 것을 방치하거나 반대로 과도한 개입으로 외환 보유액을 소진하는 것 모두 심각한 결과를 초래할 수 있기 때문에 세심한 주의가 필요합니다.

특히 원화 가치를 지키겠다고 반복적으로 외환시장에 개입해 원화 가치를 인위적으로 끌어올리면, 외국인 투자자들에게 더 비싸게 주식이나 채권을 팔고 나갈 기회를 줄 뿐 오히려 외환시장을 더욱 불안하게 만들 수 있습니다. 이런 금리 인상기에는 외환시장에 대한 일회성 개입보다 해외 자금이 굳이 우리 시장에서 빠져나갈 필요가 없도록 금융시장 안정성을 확보하는 노력이 더욱 중요합니다.

우리나라는 매월 외환 보유액 잔고를 공개하고 있습니다. 우리나라의 외환 보유고는 2021년 10월 말 기준 4,692억 달러를 기록한 뒤 2022년 9월 4,167억 달러로 11개월 연속 급감한 것으로 나타났습니다. 만일 외환시장에 반복적으로 개입해 원화 가치를 억지로 끌어올렸다가 외환 보유고가 감소한 것으로 나타나면, 해외 투기 세력의 관심을 끌게 되어 자칫 그들의 먹잇감이 될 수 있다는 점을 명심해야 합니다.

이 밖에 아시아에서 주의 깊게 봐야 하는 나라는 베트남과 태국입니다. GDP 대비 가계부채·기업부채·정부부채를 합친 총부채 비율이 한중일 세 나라보다는 낮은 편이지만, 이들 국가의 경제 수준에 비해서는 높은 부채 비율을 유지하고 있다는 점에 주의해야 합니다. 최근 부채 증가 속도가 매우 빨랐기 때문에, 향후 부채 증가율에도 주목할 필요가 있습니다.

우리가 아시아 국가들을 잘 살펴야 하는 이유는, 미국의 금리 인상기에 한 나라에서 경제 위기가 발생할 경우 특정 지역을 중심으로 도미노처럼 확산되는 경향이 있기 때문입니다. 미국이 2021년부터 금리 인상을 시작한 만큼, 적어도 2024년까지는 우리나라와 아시아 주변 국가에서 위험신호가 발생하지 않는지 면밀히 살펴볼 필요가 있습니다.

8. 금리 상승으로
전 세계에서 벌어질 일들

지난 40년 동안 미국의 금리는 정말 극적인 하락세를 보였습니다. 1960년대 이후 미국의 10년 만기 국채금리를 나타내는 〈그림 2-10〉에서 보면, 1981년 9월만 해도 미국 10년 만기 국채금리는 연리 15.3%가 넘었습니다. 그런데 40여 년 동안 내리 떨어지면서 2020년 7월에는 역사적 저점인 연리 0.5%까지 하락하는 일이 벌어졌습니다.[26] 그야말로 돈값이 제로에 가까운 수준으로 수렴해 왔던 겁니다.

이 같은 최근 40년 동안의 금리 추이만 보고 일부 증시·부동산 전문가들은 앞으로도 금리 하락이 지속되어 주가와 부동산 가격은 더욱 급등할 것이라고 주장하기 시작했는데, 심지어 일본이나 독일처럼 미국의 금리도 마이너스 수준으로 떨어질 것이라고 주장하는 사

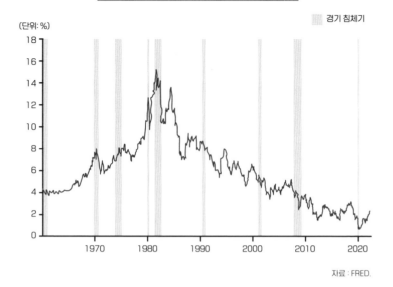

<그림 2-10> 미국 10년 만기 국채금리의 변화

(단위: %)

경기 침체기

자료 : FRED.

람들도 등장했습니다. 사실 사람이 경제 활동이나 사회 활동을 하는 기간이 대체로 30~40년이기 때문에, 어떤 일이 40년 가까이 지속되면 영원히 지속되는 현상으로 착각하기 쉽습니다.

그렇다면 이 같은 금리 하락세가 앞으로도 지속될 것이라고 장담할 수 있을까요? 물론 당장은 연준이 치솟아 오르는 물가를 잡기 위해 경기 침체를 야기할 경우 금리가 단기적으로 하락할 가능성이 있습니다. 경기가 악화될 우려가 커지면 위험 회피 차원에서 장기국채에 돈이 몰리고, 그 결과 장기금리가 하락세를 보이는 경향이 있기 때문입니다. 하지만 일시적인 금리 하락세가 나타난다고 해서 과거와 같은 장기적인 금리 하락세가 다시 돌아올 것이라고 확신하기는 어렵습니다.

장기적인 초저금리 시대는
끝났다

〈그림 2-10〉을 보면 미국의 10년 만기 국채금리는 1960년대와 1970년대에 걸쳐 무려 20년 동안 지속적으로 상승한 것을 확인할 수 있습니다. 이 때문에 아마도 1970년대를 살아가던 증시 전문가라면 금리는 계속 오르는 것이라고 주장했을지도 모릅니다. 이처럼 20~30년 정도의 경험만으로 미래를 확정적으로 보는 것은 위험합니다. 금리는 경제 환경에 따라 수십 년씩 지속적으로 오르기도 하고 내리기도 하기 때문에 금리의 미래를 속단하는 것은 위험합니다.

사실 1960년부터 1980년까지 금리가 지속적으로 올랐던 것은 인플레이션과 관련이 깊습니다. 인플레이션이 쉽게 잡히지 않는다면 미국 연준은 지속적으로 금리를 올릴 수밖에 없습니다. 그리고 이는 시장금리에도 영향을 줄 수밖에 없습니다. 더 큰 문제는 인플레이션 위협이 완전히 끝나지 않는 한 경기 침체나 경기 둔화가 왔다고 해서 연준이 예전처럼 극적인 금리 인하나 천문학적인 양적 완화를 마음 놓고 단행하기가 어렵다는 점입니다.

게다가 우리가 예금을 하거나 돈을 빌릴 때 금융시장에서 직접 접하게 되는 '명목금리'는 실질금리에 기대 인플레이션을 더한 겁니다.

즉, 연준이 확실하게 인플레이션 기대 심리를 꺾어놓지 못해 물가가 오를 것이라는 기대가 커지면 실질금리가 하락하는 경우에도 명목금리가 오르는 현상이 나타날 수도 있습니다. 아무리 경제학적으로는 실질금리가 중요하다고 해도 명목금리의 상승은 돈을 빌린 가계나 기업에 당장 큰 부담이 될 수밖에 없습니다.

특히 최근 30여 년 동안 자산 가격 급등이 계속되어 온 상황에서 연준이 금리를 계속 끌어올리면 자산 가격 하락이 자칫 금융 시스템 위기로 번질 수도 있는데, 이 경우에는 단기적으로 심각한 신용경색이 일어나 금리가 치솟아 오를 수도 있습니다. 게다가 인플레이션 위협이 계속되는 동안에는 연준이 예전처럼 천문학적인 양적 완화를 통해 시장의 구원자를 자처하는 데도 한계가 있을 수밖에 없기 때문에, 이에 대처하는 데 어려움을 겪을 가능성이 있습니다.

이 때문에 경기 침체가 시작될 때마다 언제나 연준이 등장해 기준금리 인하와 대규모 양적 완화로 금리를 끌어내려 경기를 살려왔던 지난 40여 년간의 공식이 깨질 수 있습니다. 만일 시중에 넘쳐나는 돈을 싼값에 끌어다 쓸 수 있는 시대가 끝난다면, 주식이나 부동산 등 자산시장은 물론 지난 40년간 유지되어 왔던 세계경제의 패러다임까지 흔들릴 수 있습니다.

금리 상승이
전 세계에 미치는 영향

우선 금리 상승이 경제 전반에 미치는 영향부터 알아보겠습니다. 돈값이 비싸지면 기업이나 가계 모두 자금을 조달해 투자나 소비를 하는 것이 예전만큼 쉽지 않아집니다. 만일 다른 조건이 일정하다면 금리 상승은 소비와 투자를 동시에 줄이는 효과가 있습니다. 이 때문에 과거와 같은 초저금리 시대로 돌아가지 못하면 그동안 천문학적인 돈을 풀어서 떠받쳐 왔던 미국 등 주요 선진국의 경제성장률이 타격을 받을 가능성이 큽니다.

게다가 혁신의 속도에도 큰 영향을 미칩니다. 실리콘 밸리의 인기 있는 모토^{Motto}가 "빨리 실패하고, 자주 실패하라$^{Fail\ fast,\ fail\ often}$"일 만큼 혁신적인 아이디어는 끝없는 실패의 결과이기도 합니다. 이런 모토가 나올 수 있었던 것도 사실 금융시장에서 넘쳐나던 싸고 풍부한 자금과 관련이 깊습니다. 자주 실패하더라도 얼마든지 싼값에 빌리거나 조달할 수 있는 자금이 넘쳐났기 때문이죠.

하지만 금리가 올라간다면 상황이 완전히 달라집니다. 돈값이 비싸지면 결국 투자자들은 혁신의 과감함보다 신중함을 더 중시하게 됩니다. 즉, 성공 확률이 낮은 혁명적 아이디어에 투자하기보다는 확실한 수익을 안겨주는 안정적이고 덜 혁명적인 아이디어에 투자하게 되는 거죠. 이 때문에 세상을 바꿀 만한 아이디어를 가지고 시장에 도전하는 혁명적인 스타트업 기업들이 자금을 조달하기가 훨씬 어려워질 수밖에 없습니다.

이 같은 변화는 성장을 노리는 기업들에는 치명적일 수 있죠. 아무리 좋은 아이디어를 갖고 있다고 해도 자금을 조달하지 못한다면 사업으로 연결되기가 쉽지 않기 때문입니다. 게다가 돈값이 비싸지면 투자에 대한 기회비용이 커지기 때문에, 기존의 빅테크 기업들도 모험적인 도전에 나서기가 쉽지 않습니다. 실패의 기회비용이 비싸지면 결국 기존의 빅테크 기업들도 좀 더 안정적이고 확실한 투자에 관심을 기울일 수밖에 없습니다.

그렇다면 자산시장에는 어떤 영향을 미칠까요? 지난 30여 년 동안 전 세계 증시와 부동산 가격이 지속적인 상승세를 보였던 데는 지속적인 금리 하락의 효과가 컸습니다. 그러나 앞으로 금리가 더 이상 하락하지 않거나 오히려 1960~1970년대처럼 상승하게 되면 자산시장에도 영향을 줄 가능성이 큽니다.

만일 다른 모든 조건이 일정하다면 이론적으로는 금리와 자산 가격은 반대 방향으로 움직이는 게 일반적입니다. 금리가 오르면 이자 부담 때문에 기업들의 이윤이 줄어들고, 주식 대신 안전한 예금이나 채권으로 돈이 몰리는 경향이 있기 때문입니다.

금리가 오르면
주가도 올랐다?

그런데 여기서 하나 짚고 넘어가야 할 것이 있는데, 미국 연준이 금리 인상을 할 때 대체로 주가가 올랐다는 일부 증시 전문가들의 주장입니다. 과연 이 같은 주장은 맞는 말일까요? 물론 겉으로 보면 주가가 오른 것처럼 보이지만, 여기에는 크게 두 가지 함정이 있기 때문에 조심해야 합니다.

첫째, 만일 다른 조건이 일정하다면 당연히 금리가 오르면 주가가 하락하는 게 일반적이지만, 미국 연준은 경기가 불황일 때 금리를 올리는 것이 아니라 대체로 경기가 과열에 가까울 정도로 호황일 때 금리를 올린다는 점에 유의해야 합니다. 경기가 워낙 좋은 시기에 금리를 올렸기 때문에, 금리 인상에도 불구하고 기업들의 실적이 계속 호전되면서 증시 호황이 이어졌던 겁니다.

그러나 2022년 시작된 연준의 금리 인상은 지난 30여 년 동안 반복된 금리 인상과는 차이점이 있습니다. 이번에는 경기 과열이 아니라 오히려 경기 침체 우려가 큰 상황에서 물가를 잡으려고 연준이 금리 인상 속도를 가속화한 만큼, 주가의 움직임이 과거와 같을 것이라고 단언하기는 어렵습니다.

둘째, 과거 경기 과열을 막기 위해 경기 호황기에 금리를 인상한 경우에도 당장 증시 하락이 찾아왔던 것이 아니라 어느 정도 시차를 두고 증시 하락이 찾아왔다는 점에 유의해야 합니다. 연준의 금리 인상이 6~18개월 뒤 실물경제에 타격을 주었듯이, 주가를 끌어내릴 때까지는 언제나 시차가 존재했습니다.

또한 과거 30여 년 동안에는 금리 인상 이후 경기 불황이 시작되면 연준이 곧바로 금리 인하와 함께 돈을 푸는 정책으로 전환했는데, 이번에는 인플레이션과 함께 금리 인상이 시작된 만큼 상황이 완전히 달라졌다고 볼 수 있습니다. 만일 인플레이션을 완전히 잠재우지 못한다면 경기 불황이 오더라도 금리 인하로 정책을 전환하기가 어려울 수도 있습니다.

이는 자산 가격에 큰 변화를 가져올 수 있습니다. 예전에는 제아무리 극심한 경제 위기나 경기 침체가 와도 연준이 돈만 풀면 곧바로 주가가 V 자 반등을 한 적이 많았습니다. 하지만 이번에는 정책 전환에 시간이 걸리면서 U 자 형태로 주가 회복에 오랜 시간이 걸리거나 L 자 형태로 하락 이후에도 장기 정체 현상에 빠질 가능성을 염두에 두어야 합니다.

9. 금리가 오를 때
자산 포트폴리오는 어떻게 바꿔야 할까

돈은 자본주의경제에서 모든 재화와 서비스의 가치척도라고 할 수 있습니다. 이 때문에 인플레이션이나 디플레이션이 일어나 돈의 가치가 바뀌면 당연히 그 모든 재화와 서비스 가격도 다 바뀔 수밖에 없죠. 마찬가지로 돈값인 금리가 바뀌는 경우 모든 자산 가격의 척도가 바뀌는 것이기 때문에 당연히 자산 가격도 송두리째 바뀔 수밖에 없습니다.

우리는 투자를 할 때 수익률이 높을지 낮을지에 따라 투자 여부를 결정합니다. 그런데 이 수익률을 평가하는 가장 중요한 척도는 바로 돈값, 즉 금리라고 할 수 있습니다. 만일 위험자산인 주식 투자에 대한 기대 수익률이 가장 안전한 투자라고 할 수 있는 미국 국채 수익률만큼도 되지 못한다면 그 투자를 할 이유가 없습니다. 결국 금리가 바뀌면 모든 투자의 기준 자체가 바뀌게 되어 자산 포트폴리오의 엄청난 변화가 불가피합니다.

현금 자산 확보가 먼저냐, 투자가 먼저냐

"나는 더 이상 현금이 쓰레기라고 생각하지 않는다."

세계 최대의 헤지펀드 브리지워터 어소시에이츠의 창업자인 레이 달리오가 2022년 10월 자신의 트위터를 통해 한 말입니다. 레이 달리오는 평소 '현금은 쓰레기'라는 말을 해 왔는데 2022년 5월에는 '주식이 현금보다 더 쓰레기'라고 했다가 급기야 현금은 더 이상 쓰레기가 아니라고 선언한 겁니다.

인플레이션이 시작된 상황에서는 돈의 가치가 떨어져서 현금이 쓰레기가 될 것이라고 착각하기 쉬운데요. 왜 레이 달리오는 더 이상 현금이 쓰레기가 아니라고 한 것일까요? 흔히 물가가 치솟아 오를 때 현금을 들고 있는 것은 최악의 선택이라며 현금을 남겨놓지 말고 주식이든 부동산이든 실물자산에 투자해야 한다고 주장하는 사람들이 많습니다. 물론 한 해 물가가 수십에서 수백 퍼센트씩 오르는 하이퍼인플레이션 상황이라면 무엇이든 사둬야지 그냥 은행에 놔뒀다가는 돈 가치가 순식간에 녹아내릴 겁니다.

다만 통상적인 인플레이션 시대에는 현금과 주식 중에 어떤 자산

이 더 '쓰레기'인지 곰곰이 생각해 볼 필요가 있습니다. 물가가 오르면 물론 돈 가치는 떨어집니다. 그러나 현금을 보유한다고 그냥 베개 밑에 숨겨두는 사람은 거의 없습니다. 어떤 형태든 이자가 붙는 예금 등의 금융상품에 돈을 예치해 두는 경우가 대부분입니다.

이 경우 이자가 붙게 되는데, 우리가 접하는 명목금리는 실질금리에 기대 인플레이션율을 더한 금리입니다. 여기서 기대 인플레이션이란 경제주체들이 생각하는 미래 물가 상승률을 뜻합니다. 이 때문에 은행이나 증권사 CMA 등에 돈을 맡겨둘 경우 실제 인플레이션까지는 반영하지 못하더라도 적어도 인플레이션에 대한 기대는 반영하고 있는 셈이 됩니다.

물론 어디까지나 기대 인플레이션이 반영되는 것이기 때문에 '실제 인플레이션'과는 차이가 날 수밖에 없습니다. 특히 인플레이션 초기에는 실제 물가 상승률이 인플레이션에 대한 기대를 뛰어넘는 경우가 많기 때문에 격차가 벌어지지만, 인플레이션이 고착화되고 장기화되면 결국 기대 인플레이션과 실제 인플레이션의 차이는 줄어들게 됩니다.

이 때문에 '인플레이션 시기에 은행에 예금해 두었다가는 곧바로 휴지가 될 것이다'라는 주장은 일종의 공포 마케팅인 셈인데, 사실 이는 반만 맞는 얘기입니다. 당장이라도 주식이나 부동산 같은 실물자산을 사지 않으면 돈 가치가 사라질 것 같은 불안 심리를 조성해 자신들의 상품을 팔기 위한 전략일 수도 있기 때문에 주의할 필요가 있습니다.

인플레이션 시기에 주식 같은 위험자산과 현금 중에 어떤 자산이 더 쓰레기인지도 중요한 문제인데, 만일 연준과 각국 중앙은행이 인플레이션을 막기 위해 기준금리를 올리는 상황에서는 주식 등 대부분의 위험자산이 가격 조정을 받을 가능성이 큽니다. 헤지펀드를 운용하는 레이 달리오가 '주식이 더 쓰레기'라는 거친 표현까지 한 데는 이런 이유가 있었던 거죠.

특히 인플레이션 시기에 '실물자산'에 투자한다는 생각으로 돈까지 빌려서 주식이나 부동산 같은 위험자산에 무리하게 투자하는 것은 가장 위험한 선택이 될 수 있습니다. 만일 인플레이션 대응 과정에서 금리가 크게 오를 경우 자칫 신용경색이 일어날 수도 있는데,

이 경우 이자 부담과 빚 독촉 때문에 애써 모은 자산을 헐값에 팔아야 하는 상황에 처할 수도 있습니다.

물론 인플레이션 시기에 현금을 보유하는 것도 쉬운 선택은 아닙니다. 은행 이자도 기대 인플레이션을 반영해 결정된다고는 하지만, 실제 물가를 못 따라잡는 경우가 많기 때문입니다. 그래서 같은 현금이라도 원화가 아닌 달러에 관심을 가질 필요가 있는데요. 레이 달리오가 말한 현금도 역시 달러라는 점을 명심해야 합니다.

금리와
달러 투자

사실 미국의 금리 인상기에는 세계 여러 나라에서 달러가 빠져나가 미국으로 돌아가게 되는데, 이때 취약한 국가들은 빚을 제때 갚지 못하면 디폴트Default(채무 불이행) 상황에 빠집니다. 처음 한두 나라가 디폴트를 겪는 것은 문제가 되지 않지만, 만일 도미노처럼 차례로 무너지게 되면 달러화 가치가 크게 오르는 경우가 발생합니다. 이 때문에 금리 인상기에 앞서 혹시 모를 위험에 대비해 달러를 어느 정도 확보해 둘 필요가 있습니다.

이에 대해서는 제가 집필한 책과 유튜브 채널인 '박종훈의 경제한방'에서 꾸준히 달러 투자를 강조해 온 바 있습니다. 당시 제가 제시한 기준은 원화에 대한 달러 환율이 3년 평균인 1달러에 1,120원보다 낮으면 달러를 계속 사 모으는 것이었습니다. 만일 이때 달러를 충분히 확보해 두었다면 혹시 모를 위기를 넘는 징검다리로 활용할 수 있을 것입니다.

다만 지금 이 책이 출간된 시점에는 달러를 적극적으로 사 모으기에 좋은 환율이 아닙니다. 환율의 방향성을 예측하는 것보다 직전 3년 평균 환율 등 특정 기준을 정해놓고 그 이하로 떨어질 때마다 조금씩 달러 비중을 늘려가는 것이 좋습니다. 요즘 은행에는 환율이 일정 수준 이하로 하락하면 자동으로 환전이 되어 정기예금으로 예치할 수 있는 금융상품도 많기 때문에, 이를 활용하는 것도 좋은 방법입니다. 지금처럼 경제 환경이 급변할 때는 투기 세력에 의해 환율이 하루아침에도 급등락하기 때문에, 치솟아 오르는 달러에 무리하게 올라탔다가는 큰 낭패를 겪을 수도 있습니다.

그렇다면 이미 달러를 보유한 사람들은 언제까지 달러를 보유해야 할까요? 2022년 초반 1달러에 1,200원을 넘어서자마자 일부 증시 전문가들은 당장 달러를 팔 것을 권유하는 경우가 많았습니다. 물론 달러 보유를 일종의 투자로 생각하고 단기 차익을 노린다면 사고팔기를 반복할 수도 있겠지만, 그것보다는 달러를 장기 보유하는 편을 권하고 있습니다.

사실 글로벌 경제 환경에서 원화는 전 세계 외환 보유고의 1%도 차지하지 못하고 있는 '변방의 통화'에 불과합니다. 이런 상황에서 모든 자산을 원화로만 보유한다는 것은 특정 자산에 전 재산을 올인

한 것과 다름없는 선택입니다. 이 때문에 단기 시세 차익을 노리는 달러 투자와는 별도로 자산의 일부를 달러화 표시 자산으로 계속 보유하고 운용해 나갈 필요가 있습니다.

이 경우 달러를 현찰로 보유하거나 보통예금에 넣어두면 이자가 발생하지 않거나 거의 없기 때문에 엄청난 기회비용이 발생할 수 있습니다. 달러정기예금을 비롯해 미국 국채 ETF, 미국 주식, 미국 원자재 ETF 등 다양한 달러화 표시 금융상품에 적극적으로 분산투자해서 하나의 포트폴리오를 구성하면 원화 포트폴리오 못지않은 수익률을 올릴 수 있기 때문에 장기 보유에 따른 기회비용도 없습니다.

이처럼 포트폴리오를 구성해 장기적으로 보유하는 달러 자산은 단기 차익을 노려 자주 환전하는 것보다 경제 위기 등으로 달러 환율이 비정상적으로 크게 치솟아 올랐을 때 집중적으로 원화로 바꾸는 편이 유리합니다. 예를 들어 1달러에 2,000원을 오르내렸던 1998년 외환위기나 1,600원 안팎으로 치솟았던 2008년 글로벌 금융 위기가 그 대표적인 사례라고 할 수 있습니다.

이렇게 달러를 보유했다가 원화에 대한 달러 환율이 비정상적으로 높아졌을 때 달러를 내다 파는 것은 개인의 자산을 지키는 수단일 뿐만 아니라 경제 위기나 이에 준하는 사태가 일어났을 때 대한민국 경제를 지키는 버팀목이 될 수도 있습니다. 개인은 품귀 현상이 일어났을 때 달러를 팔아 막대한 환차익을 누릴 수 있고, 한국 외환시장에는 달러가 공급되어 외환시장의 안정에 큰 도움이 되기 때문입니다.

금리와
주식 투자

이제 주식을 살펴봅시다. 현재 주가가 비싼 편인지 싼 편인지를 나타내는 중요한 지표가 바로 실러 P/E 비율^{Shiller P/E ratio}(CAPE 지수라고도 함)이라고 할 수 있습니다. 기본적인 개념은 주가를 주당순이익^{Earning Per Share:EPS}으로 나눈 주가수익비율^{Price Earning Ratio:PER}과 같은데, 실러 P/E 비율은 한 기업이 아니라 S&P500 지수를 10년 평균 EPS로 나눴다는 점에서 다소 차이가 있습니다.

〈그림 2-11〉은 지난 140여 년 동안 실러 P/E 비율의 변화를 나타낸 그래프입니다.[27] 이 지수가 높을수록 그만큼 주가가 고평가되어 있음을 뜻합니다. 140여 년 동안 실러 P/E 비율의 평균값은 17이었습니다. 이것은 140여 년 동안 수수료 없이 유지된 가상의 S&P500 지수 ETF가 있다고 가정하면 S&P500 지수에 투자했을 때 기대 수익률이 1/17, 즉 평균 5.9% 정도 됐다는 뜻입니다.

이런 기대 수익률은 반드시 무위험자산 수익률보다 일정 수준 이상 높아야 하는데, 그 이유는 만일 무위험자산 수익률보다 낮거나 비슷하다면 당연히 무위험자산에 투자하는 것이 유리하기 때문입니다. 예를 들어 대표적인 무위험자산인 미국 국채 수익률이 주식의 기

<그림 2-11> 1870년대 이후 실러 P/E 비율의 변화

참고: S&P500 지수가 없던 20세기 전반기 이전에는 가상의 S&P500 지수를 사용함.

대 수익률과 가까워지면 사람들은 주식을 팔고 미국 국채를 사게 되는 거죠.

지난 140여 년 동안 실러 P/E 비율은 대체로 5~25 사이를 오갔는데, 30을 넘었던 적이 딱 세 번 있었습니다. 대공황 직전에 30을 기록했고(①), 닷컴 버블이 붕괴되기 직전 44로 역사상 최고치를 기록했습니다(②). 그리고 2021년에 38.6으로 역대 두 번째를 기록(③)한 뒤 2021년 말 이후 급락세를 보였습니다.

2021년 실러 P/E 비율이 38.6을 기록했다는 뜻은 가상의 S&P 500 지수 ETF에 투자했을 때 1/38.6의 수익률, 즉 연 2.6%의 수익을 기대할 수 있다는 뜻입니다. 그런데도 주가가 고평가된 것이 아니라는 주장이 많았는데, 그 이유는 당시 미국의 2년물 국채금리가 연리 0.5% 수준까지 떨어졌기 때문에 주식 외에 마땅한 대체 투자처가 없었기 때문입니다.

그러나 2022년 미국 연준이 치솟아 오른 물가에 놀라 금리를 인상하기 시작하면서 모든 상황이 바뀌기 시작했습니다. 미국의 국채 수익률은 계속 치솟아 올랐습니다. 만일 금리가 계속 상승한다면 앞으로는 무위험으로도 높은 수익을 올릴 가능성이 큰데, 이처럼 금리가 상승할 때 굳이 위험을 떠안고 주식 투자를 하려는 사람들은 크게 줄어들 수밖에 없습니다.

이 같은 금리의 변화는 주가 급락으로 이어졌습니다. 2022년 상반기 주가는 닷컴 버블 이후 가장 빠른 속도로 추락해 상반기가 끝날 무렵 29.6까지 떨어졌습니다. 이처럼 금리는 주가에 결정적인 영향을 미치는 경우가 많은데, 2022년처럼 금리가 계속 불안한 상황에서 과거 2020년이나 2021년 같은 거침없는 상승세로 전환되기는 쉽지 않습니다.

금리와
부동산 투자

부동산도 금리가 급격히 오를 경우에는 영향을 받을 수밖에 없습니다. 2021년 유럽경제정책센터Centre for Economic Policy Research가 금융정책이 주택시장에 미치는 영향을 분석했는데, 단기금리가 1%p 상승할

때 주택 가격은 2년 뒤 평균 0.7% 하락한 것으로 나타났습니다.[28]

그런데 중요한 것은 금리 인상 시기에 가계 대출이 얼마나 크냐에 따라 그 여파는 더욱 커졌다는 겁니다. GDP 대비 주택담보대출 비중이 높은 국가의 경우에는 그 영향이 훨씬 커져서 주택 가격이 평균 3%나 하락한 것으로 나타났습니다. 2022년 우리나라의 주택담보대출 비중은 세계에서 가장 높은 편이기 때문에 이를 상회할 위험성이 높습니다.

또 존 윌리엄스[John C. Williams] 뉴욕 연방준비은행 총재가 1870~2013년까지 143년 동안 17개 선진국의 부동산 가격을 조사한 결과, 단기금리가 1%p 상승하면 2년 뒤 실질 주택 가격이 6.3% 하락한 것으로 나타났습니다.[29] 연구 기간을 제2차 세계대전 이후로 좁히면 하락 폭이 8.2%로 커졌습니다.

이 같은 경제 전문가들이나 석학들의 연구와 달리, 우리나라 부동산 카페나 유튜브에 등장하는 소위 부동산 전문가라는 사람들은 미국이 기준금리를 올릴 때마다 집값이 올랐다고 주장하는 경우가 많습니다. 그 이유는 미국이 기준금리를 올릴 때 통상 미국 경제가 호황일 때가 많았기 때문입니다. 즉, 금리 인상에 따른 주택 가격 하방 압력을 경기 호황이 상쇄한 셈이죠.

물론 이번에도 금리 상승에 따른 주택 가격 하방 압력을 상쇄할 만큼 경기 호황이 이어진다면 집값이 오를 수도 있습니다. 그러나 지금처럼 인플레이션을 막기 위해 금리를 끌어올리는 경우에는 그런

효과를 기대하기 어렵습니다. 특히 2022년에 시작된 연준의 금리 인상이 2023년에 경기 침체까지 불러온다면, 집값 하락 폭이 더욱 커질 가능성이 있습니다.

금리와
채권 투자

금리 인상기에 채권은 분명 불리한 자산입니다. 금리가 올라가면 채권 가격이 하락하기 때문입니다. 금리가 올라갈 때 채권 가격이 떨어진다는 게 잘 이해되지 않는 분도 계실 텐데, 채권 투자를 하려면 반드시 알아야 할 중요한 개념인 만큼 조금 단순화해서 최대한 쉽게 설명해 보겠습니다.

일반적으로 채권에는 만기가 됐을 때 채권을 발행한 사람이 지급해야 할 금액이 적혀 있습니다. 만기가 1년 남은 채권에 표시된 금액이 11,000원이라고 가정해 보겠습니다. 이때 시장금리가 연리 10%라면 이 채권은 10,000원에 거래가 될 겁니다. 그런데 금리가 연리 20%로 올라가면 시장에서 거래되는 채권 가격은 9,167원으로 하락하게 됩니다.

이 관계를 수식으로 나타내면 다음과 같습니다.

$$채권\ 가격 = \frac{채권\ 액면가}{(1+채권\ 수익률)^{기간}}$$

분모에 있는 채권 수익률이 내려가면 채권 가격이 올라가게 되고, 반대로 채권 수익률이 올라가면 채권 가격은 내려가게 됩니다. 또 채권의 만기 기간이 길면 분모의 승수가 커지기 때문에 채권 수익률이 조금만 변해도 채권 가격이 큰 폭으로 변동하게 됩니다.

미국 국채가 안전자산이라고 불린다고 해서 언제나 안전한 자산이라는 뜻은 아닙니다. 만일 금리가 계속 치솟아 오르는 시기라면 주식 못지않게 위험한 자산이 될 수 있습니다. 다만 미국 연준이 기준금리를 끌어올리다 보면 경기 둔화나 침체에 대한 우려가 커지기 시작하는데, 이때부터는 장기금리가 하락해 미국 국채 가격이 올라갈 수 있습니다.

이 때문에 미국 연준이 금리를 올리기 시작해 경기 침체에 대한 우려가 커지면 채권에 투자하는 게 지금까지 채권 투자의 정석이었습니다. 하지만 이번에는 인플레이션과 함께 금리 인상이 시작되었다는 점에서 주의할 필요가 있습니다. 만일 연준이 경기 침체를 막으려고 금리 인하 기조로 전환했을 때 인플레이션이 부활하면 다시 금리가 오를 수 있기 때문입니다.

실제로 1970년대 그레이트 인플레이션 당시 연준이 완화와 긴축 사이에서 오락가락했던 시기가 있었습니다. 당시에도 인플레이션을 잡겠다고 과감하게 끌어올리다가 경기 침체가 오면 어쩔 수 없이 다시 돈을 풀기 시작했던 겁니다. 이렇게 연준이 갈팡질팡하던 10년 남짓한 기간 동안 세 번의 강력한 인플레이션이 찾아왔는데, 그때마다 금리가 치솟아 오르면서 채권 투자자들이 큰 손해를 본 구간이 등장했습니다.

이 같은 과거의 사례를 교훈 삼아 향후 수년간은 채권 투자를 한꺼번에 확대하는 것보다는 금리가 급등한 때, 즉 채권 가격이 일시적으로 급락하는 때를 노려 점진적으로 채권 투자 비중을 확대해 나가는 방식이 나을 것 같습니다.

금리와
금투자

금은 일단 원칙적으로 금리 인상기에 취약한 자산입니다. 은행 예금에는 이자를 주지만 금을 보유해 봤자 아무런 수익이 없는데, 심지어 금을 보유하는 방법에 따라서는 보관 수수료나 운용 수수료를 내는 경우도 있습니다. 이 때문에 금리 인상 시기에 금리만 놓고 보면 예금에 비해 금 투자의 매력도가 떨어질 수밖에 없습니다.

게다가 미국 정부가 금 가격이 오르는 것을 극도로 경계하고 있는데, 금 가격이 과도하게 오르면 달러 패권을 위협할 수 있기 때문입니다. 실제로 미 연준이 금리를 제로 수준으로 낮추고 천문학적인 돈을 풀었던 2020년에는 시카고상품거래소^{CBOT}가 정부 대신 앞장서서 선물 증거금을 단기간에 네 차례나 인상했습니다.

사실 금에 대한 미국 정부의 견제는 금 가격 상승에 가장 큰 걸림돌이 되어왔습니다. 금 가격 상승에 베팅했다가 자칫 미국 정부나 정부를 대신한 민간 기구가 규제 철퇴를 때리면 언제든 금값이 폭락할 수 있다는 공포가 자리 잡고 있기 때문입니다. 그래서 어떻게 보면 금 가격은 규제로 인해 항상 저평가된 상태라고도 볼 수 있습니다.

그러나 2022년처럼 전 세계적으로 물가가 급등하고 있는 데다 러시아·우크라이나 전쟁 같은 국제 정세 불안까지 겹치게 되면 금 가격은 언제든 다시 상승을 노릴 가능성이 있습니다. 이 때문에 금리 인상이 가속화될 때는 금 가격이 조정을 받았다가 다시 물가가 뛰어오르거나 국제 정세가 불안해지면 반등하는 현상이 반복될 가능성이 있습니다.

지금처럼 패권 전쟁이 가속화된 상황에서 세계경제의 향방이 어디로 흘러갈지 가늠할 수 없을 때는 일종의 보험 성격으로 금을 보유할 필요가 있습니다. 다만 불확실성이 워낙 크기 때문에 연준이 급격하게 금리를 끌어올리거나 미국 정부나 거래소 등이 규제를 강화할 때를 노려 분할 매수해 두는 편이 좋습니다.

물론 금 투자로 단기 시세 차익을 노리는 분들도 있겠지만, 금 투자의 특성상 그런 시세 차익보다는 혹시 모를 위험에 대비하기 위한 안전장치로 활용하는 것이 더 낫습니다. 만일 미국이 금시장에 대한 통제력을 잃거나 미·중 패권 전쟁 속에서 양 진영의 통화를 서로 불신하는 상황이 되면 1970년대처럼 가파른 상승세를 보일 수도 있습니다.

다만 금을 장기 보유한다면 수수료나 세금이 낮은 거래 방법을 모색하는 게 좋은데, 금을 골드바 같은 현물로 사게 되면 부가세 10%가 붙는 데다 골드바를 안전하게 보관하기가 쉽지 않습니다. 또 은행의 골드뱅킹은 나중에 금 투자로 수익을 냈을 때 15.4%의 금융소득세가 부과되고, 금 ETF는 금융소득세는 물론 운용 수수료까지 내야 한다는 약점이 있습니다.

수수료와 세금 모든 측면에서 가장 유리한 것은 KRX 금시장에서 금을 사는 것인데, 한국거래소가 보장하기 때문에 안정성 면에서도 가장 유리합니다. 다만 주식처럼 사고팔아야 하는 점은 투자에 익숙하지 않은 분들에게는 다소 불편할 수 있는데, 이 경우에는 세금이나 수수료 면에서 다소 불리하지만 골드뱅킹이 대안이 될 수 있습니다.

그렇다면 금은 얼마나 보유하는 것이 좋을까요? 헤지펀드의 제왕으로 불리는 레이 달리오는 투자 포트폴리오의 7.5%를 금으로 보유하는 것을 언급한 바 있고, 행동주의 투자자로 유명한 칼 아이칸[Carl Icahn]은 투자 포트폴리오의 10% 정도를 금으로 보유할 것을 시사한 바가 있습니다. 이들의 포트폴리오 제안을 참고해 보는 것도 좋은 방법이 될 수 있을 것 같습니다.

금리와
가상자산 투자

지난 2021년은 가상자산의 해였다고 할 수 있습니다. 가상자산이 인기를 끈 데는 가상자산이 갖고 있는 매력적인 이야기 구조, 즉 서사가 중요한 역할을 했습니다. 이 같은 서사에는 '디지털 금', '탈중앙화폐', '탈중앙화 금융', '메타버스' 등이 있는데, 지금은 이 서사가 모두 심각한 위협에 직면했습니다.

먼저 '디지털 금'이라는 서사부터 살펴보겠습니다. 2020년 이후 각국 중앙은행이 천문학적인 돈을 풀기 시작한 탓에 돈 가치가 추락하는, 화폐의 타락에 대한 공포가 커진 상황이었습니다. 가상자산은 이 같은 화폐 가치의 하락이나 물가 상승에서 자산 가치를 지킬 수 있는 '디지털 금'이라는 서사를 얻으며 인기를 끌기 시작했습니다.

더구나 '탈중앙 화폐'라는 점도 매력적이었는데, 가상자산이 제도권인 정부나 중앙은행으로부터 규제나 감시를 받지 않아 익명성이 보장되는 탈중앙 화폐라는 서사였습니다. 정부나 사법 당국의 감시와 규제를 피해 거래를 할 수 있을 뿐만 아니라 세금 측면에서도 기존의 자산보다 더 유리한 가치 저장 수단이라는 생각이 널리 퍼져나갔습니다.

세 번째로 '탈중앙화 금융'에 대한 기대도 컸습니다. 사실 그동안 가상자산의 최대 약점은 이자를 받을 수 없다는 점이었습니다. 물론 코로나19 위기 이후 기준금리가 제로 금리 수준일 때는 별문제가 되지 않지만, 금리가 올라가면 가상자산이 흔들릴 수도 있다는 위험성이 있었습니다.

그런데 탈중앙화 금융, 즉 디파이Decentralized Finance:DeFi가 등장하여 제도권 금융보다도 더 높은 금리를 줄 수 있는 길이 열리면서 가상자산은 새로운 길을 개척하기 시작했습니다. 이는 금리 인상을 앞둔 시점에서 가상자산의 인기를 더욱 끌어올리는 중요한 서사가 되었습니다.

마지막으로 '메타버스' 시장이 확대되면서 이와 연관된 '대체 불가능한 토큰NFT'이 중요한 역할을 할 것이라는 기대가 커졌는데, NFT 거래에 핵심적인 역할을 하는 가상자산이 앞으로 각광을 받게 될 것이라는 전망이 나오면서 또 한 번 가상자산 가격을 끌어올리는 서사로 작용했습니다.

하지만 미국의 금리 인상이 시작되자 이 같은 서사가 모두 흔들리고 있습니다. '디지털 금'이 될 것이라는 기대와 정반대로 금리 인상 이후 미국의 주식시장이 흔들리기 시작했습니다. 게다가 러시아·우크라이나 전쟁 직후 금값은 급등했지만 가상자산 가격은 급락하는 굴욕을 겪으면서 '디지털 금'이 될 것이라는 서사는 큰 위협을 받게 됐습니다.

게다가 높은 이자를 약속했던 디파이에 대한 신뢰도 흔들리기 시작했는데, 여기에는 한국산 코인으로 불리던 루나와 테라 코인의 붕괴가 결정타를 날렸습니다. 테라 코인을 맡기면 연리 20%의 높은 수익률을 약속했던 디파이가 무너지면서 언젠가 디파이가 제도권 금융을 대체할 새로운 대안이 될 수 있을 거라는 믿음에 찬물을 끼얹었습니다.

특히 루나 사태 이후에는 탈중앙 화폐에 대한 서사도 흔들리고 있는데, 세계 각국의 금융 당국은 루나 사태 이후 투자자를 보호해야 한다는 명분으로 가상자산 시장에 대한 규제를 강화하고 있습니다. 제아무리 블록체인 기반의 탈중앙 화폐라고 하더라도 이를 사고파는 과정에서 현금이 오가면 결국 규제 당국의 감시하에 놓일 수밖에 없습니다.

또한 코로나 팬데믹에 따른 이동 제한이 사라지고 일상으로의 회복이 본격화되면서 메타버스에 대한 관심이 급격히 줄어들고 있습니다. 게다가 러시아·우크라이나 전쟁 이후 에너지난, 식량난, 기후 위기 등이 동시다발적으로 일어나면서 미국 등 선진국 국민들조차 당장 먹고사는 문제를 해결하는 게 시급해지자 가상 세계에 대한 관심이 크게 줄어들었습니다.

이처럼 가상자산을 지탱하던 여러 서사가 동시에 흔들리고 있기 때문에, 가상자산은 금리 인상에 취약할 수밖에 없습니다. 이제 사람들을 다시 가상자산에 끌어들이려면 새롭고 매력적인 서사가 필요한데, 이런 서사가 새로 등장해 사람들을 다시 사로잡기 전까지는 대중의 관심에서 멀어질 가능성이 큽니다.

ENERGY

WAR

INTEREST RATE

INFLATION

전쟁

균열과 경쟁,
그리고 각자도생의 세계

1. 러시아·우크라이나 전쟁 이후 세계 패권의 판도

러시아·우크라이나 전쟁은 세계 패권 전쟁의 향방을 바꾼 이정표가 됐습니다. 이제 이 전쟁이 어떻게 끝나든 전쟁 이전의 과거로 돌아갈 가능성은 거의 없다고 해도 과언이 아닙니다. 그렇다면 러시아·우크라이나 전쟁 이후 세계는 어떻게 달라질까요? 이를 정확히 이해하려면 러시아가 우크라이나를 침공한 원인부터 정확히 파악하는 것이 중요합니다.

러시아는
왜 우크라이나를 침공했을까

러시아·우크라이나 전쟁이 일어난 가장 큰 원인이자 직접적인 원인은 이미 알려진 것처럼 북대서양조약기구North Atlantic Treaty Organization: NATO(나토) 가입을 추진했던 우크라이나와 이를 저지하려는 러시아의 정치적 갈등이라고 할 수 있습니다. 우크라이나가 나토에 가입한다면 러시아는 나토 방위군과 국경을 맞대게 되기 때문에, 러시아 입장에서는 전쟁을 치르더라도 이를 저지하고자 했던 것이라고 볼 수 있습니다.

그러나 러시아·우크라이나 전쟁 배경에 단지 정치적인 요인만 있었던 것은 아닙니다. 지금부터 경제적인 관점에서 이 전쟁을 살펴보죠. 러시아 경제에서 천연자원 수출이 차지하는 비중은 정말 큽니다. 러시아·우크라이나 전쟁이 시작되기 전 러시아가 전 세계 생산량에서 차지했던 비중은 원유 11%, 천연가스 17%, 철광석이나 희귀 금속도 10~20%에 이를 정도였습니다.[1] 이 중에서도 러시아에 가장 중요한 것은 원유와 천연가스인데, 러시아의 경제는 화석 에너지에 전적으로 의존하고 있다고 해도 과언이 아닙니다.

이 때문에 바이든 미국 대통령이 취임하자마자 추진한 신재생 에너지 정책은 러시아 경제에 치명적인 위협이었다고 할 수 있습니다. 바이든 대통령은 화석 에너지 사용을 극적으로 줄이겠다며 2030년

〈그림 3-1〉 2022년 러시아의 우크라이나 침공 직전 나토 회원국 상황

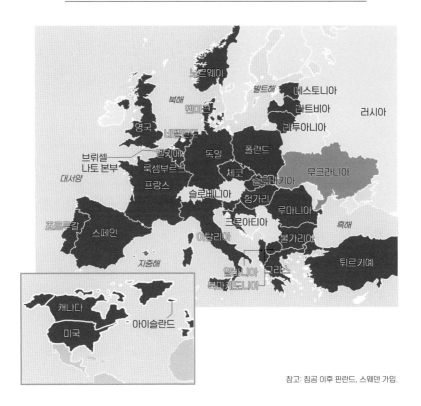

참고: 침공 이후 핀란드, 스웨덴 가입.

까지 미국 전체 신차 판매의 50%를 전기차로 전환하는 행정명령에 서명했습니다. 그것은 전기차 충전에 필요한 에너지를 대부분 태양 광이나 풍력 등 신재생 에너지로 충당하겠다는 야심 찬 계획이었습니다.

미국은 세계의 표준을 정하는 국가라고 할 수 있습니다. 만일 미국의 계획이 성공한다면 2030년에는 석유 수요가 급감할 수밖에 없습니다. 물론 석유는 석유화학제품을 만드는 데도 쓰이고 있지만, 석유의 가격을 결정하는 것은 석유화학제품이 아니라 에너지 수요라고 할 수 있습니다. 그 대표적인 사례로 2022년 원유 가격이 폭등했지만 석유화학제품의 주원료인 나프타Naphtha 가격은 제자리걸음을 하거나 오히려 하락했습니다.

러시아에게 더욱 치명적인 것은 바로 바이든 대통령이 취임과 동시에 추진한 이란 핵 합의 복원이었습니다. 이란이 국제 무대로 복귀하게 되면 사우디에 필적할 만큼 낮은 비용으로 원유를 생산할 수 있는 데다 공급 능력도 상당한 것으로 알려져 있습니다. 게다가 오랜 경기 불황에서 벗어나기 위해 원유 수출이 시급한 상황인 만큼, 석유수출국기구Organization of Petroleum Exporting Countries:OPEC (오펙)의 통제를 받을 가능성이 매우 낮은 나라입니다.

이런 상황에서 바이든 대통령은 트럼프 대통령이 일방적으로 탈퇴한 이란 핵 합의 복원을 서두르고 있었습니다. 러시아·우크라이나 전쟁 직전이었던 2월에는 이미 미국과 이란 양측이 상당 부분 합의에 가까워져 있었기 때문에, 사실상 핵 합의 복원이 초읽기에 들어간 상태였습니다. 만일 미국과 이란이 핵 합의를 복원하고 이란이 석유를 수출할 수 있게 된다면, 이란에서 원유 공급이 지속적으로 늘어나 국제 유가는 큰 폭의 하락세를 보일 가능성이 큰 상황이었습니다.

국제 유가가 지속적으로 하락한다면 석유와 천연가스 산업에 전적으로 의존하고 있던 러시아 경제는 더욱 암울해질 수밖에 없습니다. 일단 원유 공급이 크게 늘어나 국제 유가가 하락하기 시작하면 러시아로서는 더 이상 전쟁을 수행할 자금을 마련할 수 없기 때문에, 러시아 입장에서는 이란 핵 합의가 복원되지 않았던 2022년 1분기가 다른 나라와 전쟁을 치를 수 있는 마지막 기회였던 셈입니다.

러시아에게 우크라이나는 경제적으로 매우 중요합니다. 러시아에게 가장 중요한 바다라고 할 수 있는 흑해의 길목에 있기 때문에, 러시아가 해양으로 진출하는 데 꼭 필요한 지역입니다. 비록 우크라이나가 독립을 했다고 해도 동맹일 때는 큰 상관이 없었지만, 만일 나토에 가입하거나 가입하지 않더라도 적대적 국가로 남는다면 러시아로서는 큰 압박이 될 수밖에 없습니다.

또한 우크라이나는 석유나 천연가스 등 에너지 자원은 부족한 편이지만, 원소주기율표에 있는 모든 원소가 다 풍부하다고 할 정도로 다양한 천연자원이 매장되어 있는 나라입니다. 앞으로 에너지 체계가 신재생 에너지로 재편되면서 희소금속과 희토류의 중요성이 점점 더 커지면 우크라이나에 매장된 천연자원의 가치는 더욱 올라갈 수밖에 없습니다.

게다가 러시아에게 우크라이나는 인구 측면에서도 중요합니다. 1991년 소련이 해체될 당시 소련 인구는 2억 9,000만 명으로, 같은 시기 2억 5,000만 명이었던 미국의 인구를 압도했습니다. 강대국 간의 패권 전쟁에서는 인구도 중요한 요소인데, 과거 소련이 전성기를 누리던 냉전 시절에는 미국과 패권 전쟁을 벌일 만큼 충분한 인구가 있었던 셈입니다.

하지만 소련이 해체된 이후 현재 러시아 인구는 1억 4,500만 명에 불과해 3억 3,000만 명을 돌파한 미국의 절반이 되지 않습니다. 게다가 낮은 출산율 때문에 러시아 인구는 1993년 1억 4,800만 명을 기록한 뒤 계속 줄어들고 있는데, 이대로 가면 2060년대엔 1억 3,000만 명 아래로 떨어질 것으로 보입니다. 같은 시기 미국의 인구는 4억 명으로 불어날 전망이어서 미국과의 격차는 더욱 벌어집니다.

이 때문에 인구가 4,400만 명이나 되는 우크라이나는 인구 측면에서도 러시아에게 중요합니다. 특히 우크라이나 인구 중에 800여만 명은 과거 소련 시절 우크라이나 동부에 대규모 공업지대를 육성하기 위해 러시아에서 이주한 러시아계 우크라이나인들이죠. 푸틴 대통령은 우크라이나 동부에서 내전까지 일으켜 가면서 틈만 나면 이들을 자국으로 끌어들이고자 했습니다.

물론 어떤 목적이었든 러시아의 침공은 정당화될 수 없고, 국제적으로 비난을 받아야 마땅한 일입니다. 하지만 우리가 국제 정세를 예측하고 전략을 세워나가려면 국제 관계를 정확하게 이해하는 게 중요합니다. 전쟁의 옳고 그름에 대한 판단과는 별개로, 전쟁의 원인과 현황, 향후 미치게 될 영향 등 국제 정세를 정확히 파악해야 이 냉혹한 국제 질서에서 살아남을 수 있습니다.

전쟁을 바라보는
미국의 속내

그런 측면에서 미국의 이해관계를 파악하는 것도 중요합니다. 물론 전쟁 이전에 미국이 우크라이나의 주권을 존중해 우크라이나의 나토 가입 시도에 대한 러시아의 반발에 소극적으로 대응했을 수도 있습니다. 또한 전쟁 직전 제3차 세계대전으로 번질 것을 우려해 전쟁 억지력을 갖고 있는 전략 자산의 적극적 배치를 주저했을 수도 있습니다. 러시아·우크라이나 전쟁 이후에는 자유민주주의의 수호자로서 적극적으로 우크라이나를 지원한 측면도 있을 겁니다.

하지만 셰일 혁명Shale Revolution[2] 이후 미국은 셰일가스의 새로운 판로를 모색하고 있었습니다. 그런 측면에서 유럽은 미국에게 중요한 시장이 될 잠재력을 갖고 있었죠. 유럽도 신재생 에너지로 에너지 전환을 서두르고 있었지만 신재생 에너지는 자연환경에 따라 발전량이 들쑥날쑥하다는 한계가 있었기 때문에, 이를 보완하기 위해 그나마 환경오염이 적은 천연가스를 적극적으로 활용하고 있었습니다.

하지만 러시아산 천연가스가 완전히 시장을 장악하고 있었기 때문에, 미국의 셰일가스는 발조차 디딜 틈이 없었습니다. 러시아산 천연가스는 우크라이나나 북해를 잇는 가스관으로 유럽에 수출하고 있었기 때문에, 운송 비용이 거의 없었습니다. 그러나 미국산 셰일가스는 가스 상태의 셰일가스를 액화시켜 액화천연가스LNG로 만들고

201

3부. 전쟁_균열과 경쟁, 그리고 각자도생의 세계

선박으로 대서양을 건너 유럽 땅에서 다시 기화시켜야 쓸 수 있기 때문에, 값싼 러시아산 천연가스와는 경쟁조차 되지 못했습니다.

미국 입장에서 눈엣가시 같던 것은 흑해를 통해 러시아와 독일을 잇는 새로운 가스관인 노르트스트림 2 ^{Nord Stream 2}였습니다. 만일 러시아와 독일의 계획대로 이 가스관이 2022년에 개통됐다면, 유럽 천연가스 시장은 완전히 러시아의 손에 넘어갈 상황이었습니다. 이 때문에 미국은 유럽과 러시아의 갈등이 증폭되어 유럽이 더 이상 러시아에서 에너지를 수입하지 못하는 상황을 내심 바라고 있었다는 분석도 있습니다.

누가 경제적으로 큰 타격을 받았을까

실제로 러시아·우크라이나 전쟁 직후 유럽 국가들은 러시아의 원유와 천연가스 수입을 줄이거나 중단해서 러시아 경제에 타격을 줘야 한다고 주장했죠. 이 같은 서방의 제재가 본격적으로 시작되면 유럽은 에너지 수입원을 러시아에서 미국으로 바꾸게 되어 러시아 경제는 큰 타격을 받을 것이라는 전망이 많았습니다.

그러나 이 같은 전망과 달리, 러시아 경제는 최악의 상황을 피할 수 있었는데요. 국제 유가와 천연가스, 그리고 원자재 가격이 폭등하면서 에너지 수출 물량 감소에 따른 악영향을 상쇄할 수 있었기 때

문입니다. 심지어 러시아는 2022년 한 해 동안 2,000억~2,400억 달러에 이르는 경상수지 흑자를 기록할 전망인데, 이는 러시아 건국 이래 최고의 경상수지 흑자입니다.

이와 달리 미국과 유럽은 오히려 유가 급등으로 큰 고통을 겪기 시작했습니다. 2022년 6월 미국의 휘발유 가격은 전년 대비 무려 60%나 폭등했습니다. 이에 따라 소비자물가가 더욱 치솟아 오르면서 6월 미국의 소비자물가 상승률은 41년 만에 최고치인 9.1%를 기록하는 등 대부분의 서방 국가들이 7~9%에 이르는 심각한 인플레이션을 겪었습니다.

이처럼 물가 폭등이 시작되자, 오히려 러시아의 역공이 시작됐습니다. 러시아는 걸핏하면 서유럽에 천연가스 공급을 줄이거나 심지어 끊어버리겠다고 위협하기 시작했죠. 그 결과 러시아산 에너지에 의존해 왔던 유럽 국가들은 심각한 위협에 시달리기 시작했습니다. 급기야 유럽 경제를 이끌어왔던 독일마저 러시아의 천연가스 공급 중단으로 경기 침체 위협에 직면했습니다.

더구나 러시아가 원유를 무기로 삼으면서 세계가 분열 양상을 보였습니다. 러시아는 제재를 피해 석유를 팔기 위해 국제 유가보다 더 싼 값에 팔기 시작했습니다. 그 결과 중국이나 인도 등 러시아에 대한 제재에 동참하지 않은 나라들은 러시아산 원유를 값싸게 사들이기 시작했습니다. 덕분에 2022년에는 중국 같은 국가가 서방보다도 더 낮은 물가 상승률을 유지할 수 있었던 중요한 원인이 됐습니다.

게다가 2022년 하반기에는 우크라이나의 공세가 더욱 거세지면서 러시아가 점차 전선에서 밀리는 모습을 보이고 있는데요. 결국 러시아가 핵무기 사용까지 언급하면서 이제 우크라이나 전쟁의 향방은 한치 앞도 내다볼 수 없게 됐습니다. 만일 핵무기까지 등장할 경우 우크라이나 전쟁은 물론 국제 질서마저도 걷잡을 수 없이 요동치게 될 것입니다.

전쟁 이후,
예측 불가능한 세계 질서의 향방

이제 세계 질서는 유례없는 방향으로 변화하고 있습니다. 그 특징을 살펴보면 첫째, 패권 전쟁으로 인한 진영 대결이 시작됐지만, 진영 간 대결뿐만 아니라 진영 내에서도 갈등이 격화되고 있다는 점입니다. 그 결과 사실상 세계 각국은 각자도생各自圖生의 길로 가고 있는데, 이에 따라 국제 정세를 따라잡지 못하는 나라는 큰 어려움에 처할 수밖에 없는 상황이 됐습니다.

둘째, 미국이 주도해 온 패권에 중국과 같은 경쟁자가 등장하여 패권 구도에 균열이 가기 시작하면서 인도와 같은 지역 패권 국가들의 중요성이 커지고 있다는 점입니다. 특히 미국과 중국 등이 인도와 같은 지역 패권 국가나 지역 패권을 장악할 가능성이 큰 나라들을 자신들의 진영으로 끌어들이기 위한 구애에 나섰는데, 이 틈을 타서 지역 패권 국가들이 점차 국제사회에서 목소리를 높이고 있습니다.

셋째, 미국이 중국과의 패권 전쟁에 집중하면서 다른 지역에서는 점차 역할을 축소해 나가고 있는데, 이런 상황에서 뚜렷한 지역 패권 국가가 없는 중동 지역에서는 지역 패권을 둘러싼 경쟁이 격화되고 있다는 점입니다. 예를 들어 사우디와 이란 같은 나라는 중동 지역의 패권을 잡기 위해 물밑에서 치열한 신경전을 벌이고 있습니다. 게다가 튀르키예와 이스라엘 등 주변 국가들도 영향력을 행사하기 시작하면서 이들 지역의 정세는 더욱 복잡해지고 있습니다.

그렇다면 이 같은 변화는 앞으로 세계 패권의 향방을 어디로 가져갈까요? 그리고 이런 패권의 변화는 세계경제에 어떤 영향을 미칠까요? 이번 3부에서는 러시아·우크라이나 전쟁 이후 패권 전쟁이 격화되면서 세계 질서가 어떻게 바뀌고 있는지 짚어보겠습니다.

이는 앞으로 세계경제의 향방을 결정하는 중요한 요인이 될 뿐만 아니라, 자산시장에도 큰 영향을 미칠 수밖에 없습니다. 앞으로 돈의 흐름을 알고 싶다면 반드시 세계정세의 향방을 정확히 이해해야 합니다.

자이언트 임팩트

2. 중국의 성장과
초강대국 미국의 오판

미국 중심의 세계에 중국이 어떻게 이렇게 강력한 경쟁자로 등장하게 되었는지, 우선 그 이야기부터 풀어보겠습니다. 1960년대만 해도 세계 최빈국에 가까웠던 중국이 미국을 추격할 만큼 도약하게 된 결정적 계기는 바로 2001년 중국의 WTO 가입이었습니다. 당시에도 중국의 WTO 가입은 전 세계적인 논란의 대상이었습니다. 그런데 온갖 반대에도 불구하고 중국의 WTO 가입을 추진한 것이 바로 미국이었습니다. 그렇다면 미국은 왜 적대 관계였던 중국에게 추격의 발판을 마련해 준 걸까요?

미국과 중국은 한국전쟁에서 직접 총을 맞댄 적이 있을 정도로 초기부터 대립 관계를 유지했습니다. 게다가 뒤이어 일어난 베트남전쟁에서도 중국이 북베트남에 각종 전쟁 물자와 후방 기지를 제공하면서 첨예한 대결 구도를 이어나갔습니다. 그런데 1969년 미국 공화당의 리처드 닉슨이 대통령에 당선된 이후 탁구 경기를 통한 핑퐁외교 Ping-Pong Diplomacy를 추진하면서 미·중 관계가 극적으로 변하기 시작했습니다.

사실 닉슨 대통령 시절 핑퐁외교는 충격 그 자체였습니다. 미국 탁구단 15명이 1971년 중국 베이징을 방문해 친선경기를 펼쳤는데, 당시만 해도 베트남전쟁이 계속되고 있던 시기였기 때문에 미국인들과 중국인들 사이에는 상당한 적개심이 남아 있었습니다. 그러나 이 역사적인 탁구 경기를 계기로 미국과 중국, 양국 국민들 사이에 다소나마 우호적인 분위기가 형성됐습니다.

닉슨 대통령은 일단 스포츠를 동원한 핑퐁외교로 중국과 우호적인 분위기를 조성해 놓고 중국에 대한 무역 금지 조치를 전격 해제했습니다. 그리고 이듬해인 1972년 헨리 키신저 Henry Kissinger 당시 미국 국가 안보 보좌관과 함께 중국을 전격 방문했는데, 여기서 대만이 중국의 일부임을 인정하는 내용을 담은 상하이 공동성명을 발표했습니다. 사실상 혈맹이나 다름없던 대만과의 관계를 한순간에 저버린 겁니다.

미국은 왜 중국에게
손을 내밀었을까

그렇다면 미국은 왜 대만까지 버리면서 중국에게 손을 내밀었던 것일까요? 여러 가지 이유가 있겠지만 가장 큰 이유는 리처드 닉슨 전 대통령의 핵심 참모이자 국무장관까지 역임했던 헨리 키신저가 당시 냉전을 치르던 소련을 외교적으로 고립시키려 했기 때문입니다. 이미 1969년 국경분쟁으로 사이가 벌어진 중국과 소련 사이를 파고들어 두 진영을 분리시키려는 전략을 썼던 겁니다.

그러나 헨리 키신저의 친중 정책이 소련을 붕괴시키는 데 결정적 도움이 됐다고 보기는 어렵습니다. 게다가 중국이 필요했더라도 굳이 대만까지 버려야 했을까도 불분명한데, 사실 당시 미국과의 관계 개선이 더 시급했던 건 중국이었습니다. 중국은 1962년 인도와의 국경분쟁에 이어 1969년 소련과도 국경분쟁을 벌이면서 사실상 국제적으로 완전히 고립되어 버린 상태였기 때문입니다.

게다가 중국의 내부 상황은 더욱 심각했는데, 1966년 시작된 문화대혁명이 1976년까지 지속되면서 중국의 1인당 국민소득은 최빈국 수준으로 떨어진 상황이었습니다. 그야말로 1970년대 초반의 중국은 외교적·경제적으로 최악이었다고 해도 과언이 아닌데, 이런 상황에서 헨리 키신저가 제공한 미국과의 관계 개선 기회는 중국이 처한 절체절명의 난관을 넘어설 절호의 기회였던 셈입니다.

헨리 키신저 이후에도 미국은 계속해서 중국의 성장에 결정적인 계기를 마련해 주었습니다. 1979년 1월 중국과 정식 수교를 하는 것과 동시에 경제적으로는 최혜국 대우^{Most-Favored-Nation Treatment}(통상조약을 맺은 나라 중 가장 유리한 대우)라는 파격적인 선물을 제공했습니다. 이는 중국의 수출이 크게 증대되는 효과를 가져와서 중국의 초기 성장에 큰 밑거름이 됐습니다.

그 뒤 1991년 소련이 해체되면서 공동의 적이 사라지자 미국과 중국의 전략적 동반자 관계는 다소 후퇴하는 듯 보였습니다. 특히 소련 붕괴 이후 세계 유일의 패권 국가로 떠오른 미국은 세계 질서의 수호자 역할을 자처하기 시작했는데, 1989년 중국 베이징에서 민주화를 요구했던 시민들을 무력으로 진압한 '톈안먼天安門 사태'와 관련해 중국 당국에 책임을 물어야 한다는 목소리가 커지고 있었습니다.

게다가 1995년에는 리덩후이李登輝 대만 총통의 미국 방문으로 촉발된 3차 대만해협 위기가 일어났는데, 당시 중국은 대만 인근 해역에서 미사일 발사 훈련을 하는 등의 방식으로 대만을 지속적으로 압박했습니다. 게다가 이듬해인 1996년에는 대만 총통 선거에서 리덩후이 총통을 낙마시키기 위해 대만에 인접한 중국의 푸젠福建성에 중국군 12만 명을 집결시키기도 했습니다.

이에 맞서 클린턴 행정부가 미국의 항공모함 니미츠호와 인디펜던스호 등 두 개 항모전단을 대만해협에 급파했는데, 이처럼 군사적 대립이 격화되면서 대만해협에서는 극도의 긴장감이 계속됐습니다.

하지만 리덩후이를 낙선시키겠다는 중국의 목표와 달리 선거가 리덩후이 총통의 압승으로 끝나자, 중국이 푸젠성에서 조용히 병력을 철수시키면서 간신히 대만해협 위기를 넘겼습니다.

이처럼 미국과 중국의 첨예한 갈등이 계속됐는데도 민주당의 클린턴 행정부는 의외의 카드를 준비했죠. 바로 중국에 톈안먼 사태 관련자들의 책임을 묻기는커녕 중국의 WTO 가입을 위해 클린턴 행정부가 발 벗고 나선 겁니다. 톈안먼 사태 이후 격화된 중국 내 인권침해 논란과 대만해협 위기로 다양한 분야에서 외교적 마찰을 빚어왔던 터라 이 같은 클린턴^{Bill Clinton} 전 대통령의 정책 전환은 가히 충격적이었습니다.

중국의 WTO 가입,
미국의 위험한 선택

더구나 당시 미국의 여당이었던 민주당 의원들은 중국의 WTO 가입을 강력히 반대했는데, 중국이 WTO에 가입하면 더 이상 톈안먼 사태 이후 자행된 온갖 인권유린을 문제 삼을 수 없게 되고, 중국의 저가 제품이 대량으로 수입되어 미국 노동자들이 대량으로 실직할 것이라고 우려했습니다. 또 중국의 경제성장을 촉진시켜 동아시아 질서를 위협할 수 있다는 경고도 있었는데, 지금 돌이켜 생각해 보면 이들의 예측이 맞았던 셈입니다.

하지만 온갖 반대와 경고에도 불구하고 클린턴 전 대통령은 중국의 WTO 가입을 계속 밀어붙였습니다. 당시 야당이었던 미국 공화당이 중국의 WTO 가입을 적극 지지했기 때문에, 클린턴 전 대통령은 여당인 민주당이 아닌 공화당과 손을 잡고 민주당 의원들을 끈질기게 설득하는 진풍경까지 벌어졌습니다. 이 같은 노력 끝에 클린턴 대통령은 중국이 WTO에 가입하는 데 필수적인 법안들을 통과시켰고, 마침내 2001년 중국이 WTO에 가입했습니다.

그렇다면 당시 클린턴 대통령은 왜 이렇게까지 무리하면서 굳이 중국의 WTO 가입을 밀어붙였던 것일까요? 빌 클린턴 전 대통령이 내세운 이유는 중국이 경제적 자유를 누리게 되면 결국 정치적 자유의 길을 따를 것이라는 주장이었습니다. 20여 년이 지난 지금 중국은 경제적 자유를 얻었을 뿐, 정치적으로는 권위주의 국가로 회귀해 클린턴 전 대통령의 전망은 완전히 빗나간 것으로 나타났습니다.

클린턴 전 대통령이 겉으로 내세운 정치적 이유보다 더 컸던 것은 중국의 WTO 가입이 미국 경제에도 이득이 될 것이라고 기대했기 때문이라고 보는 것이 더 타당할 겁니다. 사실 당시 미국 경제는 2000년 3월 닷컴 버블 붕괴가 시작된 탓에 경기 불황을 겪고 있었는데, 가장 큰 문제는 신경제에 대한 기대가 환상이었음이 드러나면서 새로운 성장 동력이 필요한 상황이었습니다.

이런 상황에서 미국 경제의 새로운 도약을 위한 대안으로 떠오른 나라가 바로 중국이었습니다. 당시만 해도 중국이 WTO에 가입해 글로벌 가치사슬에 편입되면 미국 기업들은 중국의 풍부하고 값싼 노동력을 활용해 이윤을 극대화할 수 있을 것이라고 생각한 겁니다. 게다가 당시 13억 명의 인구를 자랑하던 중국의 소비시장을 선점하면 미국 기업들이 새로운 시장을 얻게 될 것이라는 기대도 컸습니다.

중국이 WTO 가입을 발판으로 미국의 패권에 도전할 만큼 성장한 지금의 상황을 고려하면, 당시 클린턴 행정부의 판단이 너무나 순진했다고 볼 수 있습니다. 클린턴 행정부 당시 미국이 세계 유일의 패권국으로 떠오른 상태여서 자신감에 차 있었고, 그 가난했던 중국이 미국의 새로운 경쟁자가 될 것이라고는 전혀 생각하지 못했기 때문에, 중국은 단지 미국의 성장을 위한 발판 정도로 여겨졌다고 할 수 있습니다.

이 같은 중국의 WTO 가입에는 미국의 테크 기업들과 월가의 입김이 크게 작용했는데, 당시 클린턴을 후원했던 테크 기업들은 닷컴 버블이 붕괴된 이후 새로운 성장 동력을 찾아 중국 시장 진출을 갈망하고 있었습니다. 당장의 주가를 끌어올리기 위해 눈앞의 수익만 극대화하는 데 급급했던 미국 테크 기업과 장기적인 성장 동력을 갈망했던 중국의 이해관계가 맞아떨어진 셈입니다.

게다가 공화당은 전통적으로 미국의 금융자본인 월가의 후원을 받아왔는데, 월가 역시 닷컴 버블 붕괴 이후 엄청난 손실을 본 탓에 이를 만회할 새로운 출구를 찾고 있었습니다. 이때 월가의 눈에 들어온 것이 바로 중국이라는 엄청난 시장이었죠. 이처럼 테크 기업과 월가의 이해관계가 일치하면서 클린턴과 공화당의 밀월이 시작되었고, 그 결과 중국의 WTO 가입이 성사됐다고 볼 수 있습니다.

클린턴이 중국의 WTO 가입을 지지했던 또 다른 이유는 미국의 노동시장에서도 찾을 수 있는데, 1995년 당시 미국에서 관리직이 아닌 일반 근로자들의 실질임금은 1972년보다 무려 18%나 하락한 상태였습니다. 1970년대 스태그플레이션이 시작된 이후 물가가 워낙 빠르게 치솟아 오른 탓에 근로자들의 실질임금이 하락한 데다 1980년대에는 레이건 행정부의 임금 억제 정책까지 더해졌기 때문입니다.

미국 경제의 지속적인 성장에도 불구하고 20여 년간 중산층 임금이 감소했던 현상은 1990년대 미국 정치권에 큰 골칫거리였는데, 이를 해소할 근본적인 방법은 미국 중산층의 도약을 이끄는 새로운 성장 메커니즘을 찾아내는 것이었습니다. 그러나 당시 미국은 중국을 자유무역 체제에 편입시켜 중국에서 수입한 값싼 제품으로 서민 물가를 낮추는 손쉬운 방법을 택했습니다.

이렇게 중국에서 대량으로 쏟아져 들어온 값싼 수입품 덕분에 미국의 물가는 지속적인 안정세를 보였습니다. 미국은 이렇게 쏟아져 들어오는 중국산 제품에 대해 대체로 관세도 부과하지 않았습니다. 중국은 이를 활용해 제조업 생산 경험을 축적하면서 막대한 부를 축적할 수 있었는데, 당장은 미국과 중국이 모두 이득을 보는 윈윈게임Win-Win Game인 것 같은 착시 현상을 일으켰습니다.

하지만 여기에는 미국의 위험한 오판이 숨어 있었습니다. 당시 미국은 3차 산업혁명 이후의 시대에는 제조업의 중요성이 크게 낮아질 것이라고 속단했습니다. 그래서 앞으로 더 큰 부가가치를 가져다줄 거라 믿었던 지적 서비스 산업 중심으로 산업구조를 재편하고, 제조업 설비는 인건비가 싼 이머징 국가, 특히 중국으로 옮기고 자본으로 통제하면 될 것이라는 섣부른 판단을 한 것입니다.

이 같은 클린턴과 공화당의 오판으로 2001년 중국은 미국의 후원을 받으며 WTO 가입에 성공했습니다. 중국이 WTO 가입 이후 매력적인 투자처로 떠오르자, 월가의 자본이 더 높은 수익률을 찾아 대대적인 중국 투자를 시작하면서 중국에는 값싼 자본이 넘쳐났습니다. 게다가 미국의 빅테크 기업들도 중국의 값싸고 풍부한 노동력을 활용하기 위해 중국으로 생산 기지를 옮기기 시작했습니다.

이는 중국 경제의 강력한 성장 엔진이 됐습니다. 1978년부터 추진했던 개혁 개방의 효과가 약화되면서 중국의 경제성장률은 1990년대 후반에 들어서며 7%대로 다소 둔화되기 시작했습니다. 그런데 2001년 중국의 WTO 가입 효과가 본격화된 2003년부터는 성장률이 다시 10%대로 올라서더니, 2007년에는 14.2%라는 경이적인 성장률을 기록하게 됩니다. WTO 가입이 중국 경제 도약에 날개를 달아준 셈이었죠.

중국으로 공장을 옮긴 글로벌 기업들은 생산 단가를 획기적으로 낮출 수 있었기 때문에, 제품 가격을 인하하고도 더 큰 이익을 내기 시작했습니다. 이로 인해 중국으로 생산 기지를 옮기지 않았던 기업들은 경쟁에서 밀려 결국 도태되거나 뒤늦게라도 중국으로 공장을 옮겨야 했습니다. 그 결과 중국이 전 세계 공장을 빨아들이며 전 세계 제조업에서 차지하는 비중은 2021년 무려 30%에 이를 정도가 됐습니다.

이 같은 놀라운 성장세에도 불구하고 미국은 적어도 2008년까지 중국에 대해 경각심을 갖지 않았는데, 그 이유는 중국의 패권 전략과도 연관이 있습니다. 중국은 개혁 개방이 시작된 이후 도광양회韜光養晦 전략으로 대응해 왔는데, 도광양회란 자신의 진짜 실력을 겉으로 드러내지 않고 안으로 조용히 힘을 키운다는 뜻입니다. 이 때문에 미국은 중국이 턱밑까지 추격했음에도 별다른 경각심을 갖지 못하고 지속적인 추격을 허용하고 말았습니다.

중국의 추격,
미국에 도전장을 내다

하지만 2008년 글로벌 금융 위기 이후 중국의 전략에 큰 변화가 생기기 시작했습니다. 미국이 세계 경제 위기의 진원지로 전락한 상황에서 중국이 세계 유일의 성장 동력으로 떠오르자, 중국이 과도한 자신감을 갖게 된 겁니다. 이에 따라 중국은 은밀하게 힘을 키우던 전략에서 다른 나라를 거칠게 밀어붙인다는 뜻을 가진 돌돌핍인咄咄逼人

전략으로 전환했습니다. 이때를 기점으로 중국은 세계 곳곳에서 정치적·경제적·군사적으로 대놓고 미국에 도전하기 시작했습니다.

물론 당시 중국의 약진은 그 어떤 나라와도 비교가 되지 않을 정도로 정말 놀라운 수준이었습니다. 1995년 중국의 GDP는 미국의 10분의 1밖에 되지 않았지만 2010년에는 미국의 2분의 1 수준까지, 또 2020년에는 미국의 70% 수준까지 따라잡았습니다. 그러자 이 속도로 중국이 계속 성장해 나간다면 2033년 중국의 GDP가 미국을 역전할 것이라는 전망까지 나오기 시작했습니다.

게다가 중국은 4차 산업혁명의 중요한 인프라 중에 하나인 5세대 이동통신^{5G} 기술에서 미국을 앞서나갔고, 내륙과 해상의 신실크로드를 만들겠다는 일대일로^{一帶一路} 사업으로 미국이 장악하고 있던 세계 물류망을 잠식해 나가기 시작했습니다. 게다가 미국의 견제에도 불구하고 위안화를 IMF 특별인출권^{Special Drawing Rights; SDR}에 편입시켜 달러 패권에 도전할 토대를 쌓았습니다.

물론 이 같은 도전에 중국인들은 큰 자부심을 느꼈을지 모릅니다. 하지만 중국이 아무리 빠르게 성장했다고 해도 여전히 미국이 세계 정치·경제 패권을 장악하고 있는 상황에서 돌돌핍인 전략은 대가가 따를 수밖에 없었습니다. 중국의 거침없는 도전이 미국을 자극하기 시작한 겁니다. 그 결과 미국의 정·관계와 일반 국민들은 물론 중국에 가장 우호적이었던 월가와 빅테크 기업들 사이에서도 중국을 경계하는 목소리가 커졌습니다.

이처럼 반중국 정서가 커진 상황에서 취임한 트럼프 전 대통령은 철강, 알루미늄 등으로 시작해 온갖 중국 제품에 대해 고율의 관세를 부과했습니다. 또 앞선 5G 기술을 자랑하던 화웨이는 물론 중국의 반도체 산업에 이르기까지 혁신 기술 분야에 대해서도 전방위적인 압박에 들어갔습니다. 영유권 분쟁 지역인 남중국해에서는 '항행의 자유 작전Freedom of Navigation Operation: FONOP'을 펼치면서 군사적 긴장이 고조되기도 했습니다.

이처럼 무역, 기술, 군사적 대립이 격화되면서 미국과 중국은 본격적인 패권 전쟁에 들어갔다고 할 수 있는데, 이제 미국과 중국의 승패가 확실히 결정되기 전에는 과거의 세계화 시대로 돌아갈 가능성이 매우 희박합니다. 기원전 5세기 그리스의 철학자 투키디데스Thucydides가 지적한 것처럼, 일단 신흥 강대국이 부상하면 반드시 패권 전쟁이 일어나는 '투키디데스의 함정'에 빠질 수밖에 없기 때문입니다.

물론 미국이 이대로 중국의 추격을 방치한 상태에서 시간이 흘러가면 세계 패권은 중국으로 넘어갈 수밖에 없을 겁니다. 하지만 아무리 중국이 미국을 바짝 추격했다고 해도, 지금 당장 세계 패권 국가는 미국입니다. 만일 지금부터라도 미국이 치밀한 전략으로 중국을 효과적으로 압박해 나간다면 승산은 여전히 미국에 있습니다. 문제는 이 같은 힘의 균형 때문에 미국과 중국의 패권 전쟁은 상당 기간 지속될 가능성이 크다는 점입니다.

미국과 중국 두 나라 사이의 패권 전쟁이 오래 지속될수록 자국 중심의 정책이 강화되면서 세계화는 결국 끝장날 수밖에 없습니다. 그리고 그 여파는 기존의 글로벌 공급망을 뒤흔들어 전 세계 물가와 각국의 경제성장률, 그리고 자산 가격까지 뒤흔들 가능성이 큽니다. 이 때문에 이 격변의 시대에 세계경제의 거대한 물결을 정확하게 파악하지 못한다면 국가든 개인이든 몰락의 길로 빠져들 수밖에 없을 겁니다.

3. 동맹 중심이라는 허울을 쓴 각자도생의 세계

트럼프 전 대통령은 임기 내내 아예 대놓고 미국 우선주의 정책으로 일관했습니다. 이 때문에 트럼프 행정부 시절에는 미국이 홀로 미·중 패권 전쟁을 치렀다고 해도 과언이 아닌데, 미국의 전통적 우방인 유럽이나 한국·일본·대만 등 아시아의 동맹국을 활용하는 경우는 많지 않았습니다.

그러나 바이든 대통령이 취임하자마자 중국과의 패권 대결에서 동맹을 강조하기 시작했는데, 중국과의 패권 전쟁을 위해 다양한 협의체나 기구를 만들기 시작했습니다. 게다가 러시아·우크라이나 전쟁까지 일어나자 패권 전쟁은 미·중 두 나라의 대결에서 서방과 중국·러시아의 진영 대결로 확대되기 시작했습니다.

〈그림 3-2〉는 바이든 대통령 취임 이후 미국이 강조하고 있는 협

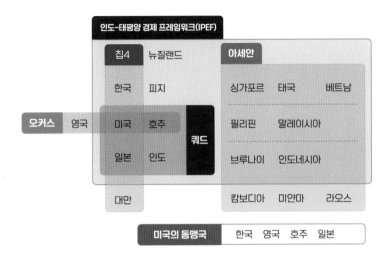

<그림 3-2> 미국 주도의 중국 견제망

인도-태평양 경제 프레임워크(IPEF)			

칩4 / 뉴질랜드 / 아세안

오커스 / 영국 / 미국 / 호주 / 퀴드 / 일본 / 인도

한국 / 피지 / 싱가포르 / 태국 / 베트남 / 필리핀 / 말레이시아 / 브루나이 / 인도네시아

대만 / 캄보디아 / 미얀마 / 라오스

미국의 동맹국 한국 영국 호주 일본

의체들입니다. 바이든 대통령이 필요에 따라 잊혔던 협의체를 부활시키거나 새로 만드는 경우까지 있는데, 언뜻 보기에는 촘촘한 구조를 갖고 있는 것처럼 보이지만 정작 제대로 작동하지 않거나 동맹국들이 소극적이어서 벌써 유명무실해진 경우도 많기 때문에 면밀히 살펴볼 필요가 있습니다.

중국을 견제하기 위한
미국의 동맹 전략

일단 바이든 대통령이 취임 직후 가장 먼저 내세웠던 퀴드QUAD는 미국과 호주, 인도, 일본의 안보 회의체입니다. 사실 퀴드의 시작은 네

나라가 2004년 인도네시아 대지진 구호를 위해 모인 데서 시작되었지만, 상당 기간 모임이 중단될 정도로 유명무실한 회의체였습니다.

그런데 2020년 트럼프 대통령이 쿼드를 공식화하고 첫 모임을 가졌습니다. 사실 그 모임은 대선을 앞둔 트럼프 대통령이 동맹을 이끌어 중국을 견제하고 있다는 것을 보여주기 위한 행사나 다름없었습니다. 트럼프 대통령은 중국을 겨냥한 공동성명을 내려 했지만, 인도는 물론 심지어 일본마저 반대하는 바람에 중국을 언급조차 하지 못했습니다.

바이든 대통령은 취임하자마자 트럼프 대통령의 유산이라고 할 수 있는 쿼드를 전면에 내세웠습니다. 동맹을 강조하는 바이든 대통령답게 외무장관 수준의 회담을 정상회담으로 격상시키고 참가국을 늘려 쿼드 플러스로 확대할 계획이었는데, 인도·태평양판 나토를 만들겠다는 속내를 은근히 드러내기 시작했습니다.

그러나 바이든 대통령의 기대와 달리 쿼드의 결속력은 형편없는데, 분명히 안보 협의체를 내세우고 있는데도 러시아·우크라이나 전쟁 이후 인도는 유엔에서 러시아 규탄 성명에 기권하는 등 친러시아에 가까운 독자 노선을 걷고 있습니다. 게다가 쿼드 참가국을 확대하려는 쿼드 플러스 계획도 차질을 빚으면서 인도·태평양판 나토로 성장하기는 쉽지 않은 상황입니다.

이처럼 쿼드가 지지부진하자 2021년 9월에는 미국, 영국, 호주가 참여하는 새로운 안보 동맹 오커스AUKUS가 등장하는데, 오커스는 호주AU, 영국UK, 미국US 세 나라의 약칭에서 따온 이름입니다. 오커스라는 이름에서도 알 수 있듯이, 애초에 동맹국 확대를 염두에 두지 않았던 것을 짐작할 수 있습니다.

게다가 이름만 다를 뿐이지 기존의 앵글로 색슨계 군사동맹인 파이브 아이즈Five Eyes와 큰 차이가 없습니다. 미국, 영국, 호주, 뉴질랜드, 캐나다 다섯 개 국가로 구성된 파이브 아이즈는 '혈통, 언어, 역사, 정치체제까지 공유하는 미국의 진정한 동맹이다'라는 말이 있을 정도인데, 여기서도 뉴질랜드와 캐나다를 제외하고 더 추려서 만든 게 오커스인 셈입니다.

오커스는 사실 혈통이나 언어, 문화 등을 공유하는 '그들만의 리그'에서 간추린 탓에 중국과의 패권 전쟁에서 진영을 확대했다고 보기는 어렵습니다. 게다가 워낙 비밀리에 추진한 탓에 오커스 출범 당시 프랑스와 독일이 강력히 반발하기도 했습니다. 미국이 겉으로는 진영과 동맹의 확장을 강조하고 있지만, 오히려 핵심 안보 측면에서는 동맹국을 축소하고 있는 셈입니다.

바이든 대통령은 다자간 경제 협력체도 내세웠는데, 대표적인 것이 바로 2022년 5월 출범한 인도-태평양 경제 프레임워크Indo-Pacific Economic Framework: IPEF입니다. 〈그림 3-2〉에서 볼 수 있는 것처럼, 쿼드와 오커스 같은 안보 동맹국은 물론 아세안ASEAN까지 일부 포함하고 있다는 점이 특징입니다. 공식적으로는 아니지만 사실상 중국을 제외한 글로벌 공급망을 만들기 위한 경제 협의체라고 할 수 있습니다.

그러나 IPEF에는 결정적인 약점이 있습니다. 중국을 대체하기 위해서는 인도와 아세안 국가들이 매우 중요한데, 특히 인도는 중국을 대신할 새로운 생산 기지이자 중국과 맞먹는 인구를 바탕으로 한 소비시장의 잠재력이 있기 때문에 중국에 맞서는 경제 협의체에서 빼놓을 수 없는 중요한 국가입니다.

문제는 인도가 흔쾌히 참여할 의사가 없다는 점입니다. 물론 글로벌 기업들을 유치해 중국처럼 도약을 할 수 있다면 인도로서도 절호의 기회이지만, 과연 미국이 주도하는 새로운 협의체에서 그런 역할을 할 수 있을지 강한 의구심을 갖고 있습니다. 특히 중국에 첨단 설비를 넘겼다가 불이익을 봤던 미국이 과연 인도에 첨단 설비를 설치해 줄지 의심하고 있습니다.

인도가 가장 걱정하는 것은, 미국 등 서방 국가들이 희토류 정제 산업처럼 환경 파괴 위험이 큰 산업이나 노동 집약적인 산업만 인도로 떠넘기는 겁니다. 만일 미국이 중국을 글로벌 공급망에서 배제하는 데 성공한다면, 그 뒤에는 IPEF가 강조하고 있는 탈탄소와 청정 에너지를 빌미로 인도 경제를 제재할 수도 있다고 우려하며 소극적인 태도를 보이고 있습니다.

한편 바이든 대통령은 반도체 패키징Packaging[3] 등 중국이 담당하고 있는 핵심 산업을 동남아시아로 옮기는 등 동남아시아 국가들이 중국 견제에 한몫을 해주기를 기대하고 있습니다. 그러나 정작 동남아시아 국가들은 중국 경제에 대한 의존도가 워낙 높기 때문에 IPEF에 참여했다고 해도 중국을 견제하기 위해 적극적인 행동을 하기가 어려운 상황입니다.

특히 디지털 전환과 신재생 에너지를 앞세우고 있는 IPEF는 동남아시아 국가들에게 불리한 측면이 많습니다. 이 때문에 IPEF 참가국들이 과연 단합된 모습을 보일지, IPEF를 통한 글로벌 공급망 개편이 과연 성공할 수 있을지, 세계의 공장으로 자리 잡은 중국에 맞설만한 대안이 될 수 있을지가 모두 미지수입니다.

게다가 IPEF는 의회 비준이 필요한 조약에 기초한 것이 아니라 행정협정 수준의 협약이기 때문에, 대통령만 바뀌면 언제든 백지화될 수 있습니다. 물론 바이든 대통령은 조약이 아닌 행정협정이 중국에 더 기민하게 대응할 수 있다고 주장하고 있습니다. 하지만 그건 어디까지나 미국의 입장일 뿐, 과연 IPEF 참가국들이 대통령만 바뀌면 정책 기조가 송두리째 바뀌는 미국을 상대로 고작 행정협정 수준의 합의를 믿고 협력을 해나갈 수 있을지 의문입니다.

새로운 구심점 NATO, 위태로운 연대

이처럼 각국의 이해관계가 엇갈리면서 바이든 대통령이 동맹을 강조하며 내세웠던 쿼드나 IPEF 등의 각종 협력체들이 기대에 미치지 못하고 있습니다. 이에 따라 또 다른 구심점으로 떠오른 것이 바로 나토인데, 나토는 이름 그대로 북대서양을 중심으로 한 기구였지만 최근 서방 국가들의 중요한 모임이 됐습니다.

하지만 나토조차 안에서는 크게 삐걱거리고 있는데, 이미 트럼프 전 대통령 시절 방위비 분담금을 놓고 미국과 유럽 나토 회원국들이 큰 갈등을 겪은 바 있습니다. 그리고 최근에는 러시아가 에너지를 무기화하자 나라마다 다른 대응에 나서면서 회원국 간의 공조가 흔들리고 있는데, 앞으로도 이 같은 균열 문제는 나토를 흔드는 위험 요소가 될 수 있습니다.

이 같은 나토의 움직임에 맞서 중국과 러시아는 브릭스^{BRICs}를 중심으로 느슨하게나마 협력해 나가고 있습니다. 브릭스는 2001년 미국의 투자은행인 골드먼삭스의 짐 오닐^{Jim O'neil}이 2000년대 성장 잠재력이 높은 나라로 브라질^{Brazil}, 러시아^{Russia}, 인도^{India}, 중국^{China} 등을 꼽으면서 처음 만들었던 단어입니다.

이 단어가 워낙 인기를 끌자 2009년 브릭스 각국 지도자들이 실제로 러시아에서 정상회의를 하고 아예 브릭스를 정례 회의로 만들었습니다. 그리고 2010년에는 남아프리카공화국^{South Africa}이 합류하면서 'BRICs'는 'BRICS'가 됐습니다. 덕분에 브릭스라는 단어를 만든 짐 오닐은 골드먼삭스 자산운용 회장까지 역임하면서 그야말로 승승장구했습니다.

하지만 2010년대 중반으로 들어서면서 브릭스는 점점 유명무실해졌는데, 그 이유는 2012년 이후 시작된 원자재 가격 급락에 이어

2014년에는 유가 하락까지 겹치면서 브릭스 경제가 차츰 힘을 잃었기 때문입니다. 그 결과 브릭스 경제는 몰락하고 브릭스 정상회담도 당연히 세계인들의 관심에서 멀어져 갔습니다.

그러나 러시아·우크라이나 전쟁 이후에 미국과 서방이 나토를 중심으로 모이기 시작하자, 중국과 러시아는 브릭스를 그 대항마로 키우기 시작했습니다. 특히 러시아·우크라이나 전쟁 이후 처음 열린 2022년 6월 브릭스 플러스 정상회담에는 브릭스 5개국뿐만 아니라 아시아, 아프리카, 중남미 13개국 정상까지 모두 18개 나라로 대상을 크게 확대됐습니다.

브릭스 경제 규모는 전 세계 GDP의 24%를 차지하고 있기 때문에 무시하기 어렵지만, 사실 그중에 3분의 2를 중국이 차지할 정도로 치중되어 있습니다. 게다가 최근 브릭스 국가들의 성장률이 높았던 것은 맞지만, 워낙 출발점이 달랐던 탓에 여전히 서방 선진국들과는 격차가 큽니다. 이 때문에 브릭스 국가들이 서방과 경쟁하기는 매우 어려운 상황입니다.

그런데 2021년 들어 이 같은 상황에 큰 변수가 하나 발생했습니다. 에너지 가격이 급등하고 원자재 가격이 급등락을 거듭하면서 브릭스 진영에도 자원의 무기화라는 하나의 카드가 생긴 셈입니다. 특히 러시아와 카자흐스탄 같은 친러 진영, 브라질, 남아공 등의 자원을 모두 고려한다면, 그야말로 세계 자원 시장과 식량 시장을 뒤흔들 영향력을 갖고 있다고 할 수 있습니다.

다만 브릭스 국가들의 구심점이 없다는 점이 큰 약점인데, 사실 브릭스의 핵심이라고 할 수 있는 러시아와 인도는 중국과 잦은 군사적·경제적 충돌을 빚어왔습니다. 이 때문에 당장은 나토와 서방에 맞서 뭉치는 것처럼 보일지 몰라도, 조금만 틈이 생기면 언제든 깨질 수 있는 위태로운 사이이기도 합니다.

결국 미국이 주도하는 다양한 군사·경제 협력체나 중국·러시아 진영 모두 각국의 다양한 이해관계 때문에 내부적으로도 언제 충돌할지 모르는 상황입니다. 이 때문에 미·중 패권 전쟁이 겉으로는 진영 간의 전쟁으로 보일 수 있지만, 실제로는 진영 안에서 각국의 이해관계에 따라 각축전을 벌일 가능성이 큽니다. 그야말로 중국의 춘추전국시대처럼 서로 끊임없이 이합집산離合集散을 하면서 각자도생을 추구하는 시대가 찾아왔다고 할 수 있습니다.

이 때문에 아무리 우방이라고 해도 국익에 따라 우리에게 유리한 협력체를 선택하고 그 안에서도 최대한 국익을 지키려는 노력이 그 어느 때보다 중요합니다. 진영 간 전쟁이라는 겉모습에 현혹되어 자국의 이익을 지켜내지 못하는 나라는 이번 패권 전쟁의 소용돌이에서 영원히 낙오될 수 있습니다. 따라서 앞으로는 그 무엇보다도 국가의 전략이 가장 중요한 시기가 도래했다고 할 수 있습니다.

4. 기술 전쟁의 시대,
반도체를 둘러싼 뜨거운 격전

미·중 패권 전쟁은 이제 전방위적으로 확산되고 있습니다. 이 중에서도 세계경제와 우리 경제에 가장 큰 영향을 미치는 것은 반도체와 배터리 등 기술 전쟁, 그리고 통화 전쟁을 포함한 금융 전쟁, 군사력이 동원된 무력 충돌 등으로 나눌 수 있습니다.

이 장에서는 반도체 패권 전쟁을 살펴볼 것입니다. 사실 반도체 패권 전쟁은 2018년 트럼프 전 대통령이 5G 기술 분야에서 선두를 달리던 중국의 화웨이가 미국의 국가 안보를 침해했다며 미국은 물론 동맹국 기업들과의 거래를 전면 금지하면서 시작됐습니다. 이 제재로 화웨이는 해외에서 첨단 반도체 조달이 어렵게 되면서 5G 사업 확장에도 애로를 겪었습니다.

그 뒤 트럼프 행정부는 그 제재 대상을 반도체로 넓혀나갔는데,

2020년에는 중국 최대로 비메모리 반도체(시스템 반도체)를 수탁 생산하는 파운드리^{Foundry} 업체인 SMIC를 수출규제 대상에 포함시켰습니다. 이에 따라 SMIC는 미세 공정에 필수적인 장비를 도입하는 데 큰 어려움을 겪게 됐습니다. 뒤이어 미 상무부는 10나노미터 이하 첨단 기술 제품의 중국 수출을 제한했습니다.

이 같은 기술 전쟁의 현주소를 살펴보려면 역사 속의 기술 패권 전쟁을 되돌아보는 것이 중요한데, 그 대표적인 사례가 바로 1980년대 미국과 일본 간에 벌어졌던 반도체 패권 전쟁입니다. 당시 미국과 일본도 경제 패권을 둘러싸고 치열한 전쟁을 치렀는데, 지금 미·중 패권 전쟁 못지않게 치열했습니다.

1980년대 미국과 일본의
치열한 기술전

사실 반도체 종주국은 미국입니다. 그리고 적어도 1980년대 초반까지는 미국이 월등히 앞서 있었다고 할 수 있습니다. 그런데 1980년대 중반 이후 일본의 반도체 제조 기술혁신으로 D램 반도체 수율(투입량 대비 합격된 완성품 비율)이 미국의 2배 수준으로 높아지면서 일본의 반도체 산업이 미국을 압도하기 시작했습니다.

게다가 일본에서 반도체가 쏟아져 나오면서 과잉 공급이 심화되자 반도체 가격이 폭락했습니다. 이때 일본 기업들은 높은 반도체 수율을 통해 확보한 원가 경쟁력으로 미국 반도체 가격보다 훨씬 싼 가격으로 덤핑 공세를 시작했습니다. 그 결과 미국의 주요 반도체 기업들이 경영 위기에 빠지자, 미국은 일본을 압박해 1986년 '미·일 반도체 협정'을 체결했습니다.

이 협정은 일본에게 너무나도 불리했는데, 미국은 일본 반도체에 대해 관세를 100%로 높였습니다. 게다가 일본 시장에서는 일본이 알아서 미국산 반도체 점유율을 6년 안에 기존의 10%에서 20%로 끌어올려야 했습니다. 그야말로 미국에 팔 수는 없고 자국 안방은 내주어야 하는 불리한 협정이었습니다.

일본이 왜 스스로 이런 협정에 서명을 했는지는 확실하지 않은데, 당시 미국이 자국 시장을 볼모로 협정을 강요했다지만 너무나 불리한 협정이다 보니 일본 정계의 과도한 친미 성향에서 이유를 찾는 경우도 있습니다. 결과적으로 이 협정으로 일본의 반도체 산업은 몰락의 길을 걷게 됐는데, 일본 반도체 기업들이 하나둘씩 무너지면서 반도체 산업의 기반을 송두리째 잃어버렸습니다.

1차 반도체 전쟁은 미국의 완승으로 끝났습니다. 그러나 여기서 미국 정부는 중대한 오판을 하나 했습니다. 미국 정부는 당연히 미국이 반도체 산업을 탈환할 것이라고 생각했지만, 일본의 빈자리를 무섭게 파고든 것은 미국이 아니라 한국과 대만 기업들이었습니다. 한국이 메모리 반도체, 그리고 대만은 비메모리 반도체의 생산을 담당하는 파운드리 산업으로 양분해서 시장을 지배하기 시작한 겁니다.[4]

미국은 이 같은 미·일 반도체 전쟁의 교훈으로 반도체 패권 전쟁에서 이기는 것만이 중요한 게 아니라 전리품, 즉 반도체 산업을 확실히 챙겨야 한다는 뼈저린 교훈을 얻은 셈입니다. 그래서 최근 벌어진 미국과 중국 사이의 2차 반도체 전쟁에서는 이 교훈을 철저히 적용해 중국을 이기는 것뿐만 아니라 첨단 반도체 설비를 자국에 끌어들이는 정책을 쓰는 바람에 우리 경제에 큰 위협이 되고 있습니다.

강력한 미국의 규제, 놀라운 중국의 약진

반도체 패권 전쟁이 한창이지만 지금 중국의 반도체 시장 점유율이나 기술 수준은 사실 1980년대 일본과 비교할 때 한참 못 미치는 게 사실입니다. 물론 그렇기 때문에 미국이 중국의 반도체 산업 경쟁력을 너무 쉽게 봤던 측면이 있는데, 미국은 중국에 첨단 반도체 제조 장비만 수출하지 못하도록 규제하면 중국 반도체 산업의 성장을 쉽게 통제할 수 있을 것이라고 본 것입니다.

그러나 미국의 생각과 달리 트럼프 대통령과 바이든 대통령의 연이은 반도체 규제에도 중국의 반도체 산업은 빠르게 성장했습니다. 미국의 반도체 규제 대상 1호였던 중국 SMIC는 미국의 강력한 규제에도 불구하고 2020년 4분기 4%였던 세계 파운드리 시장 점유율을 2022년 1분기에 5.6%로 늘렸습니다. 이에 따라 2022년 SMIC,

화훙그룹, 넥스칩 등 중국 3대 파운드리 기업의 세계 시장 점유율은 10.2%를 기록해 사상 처음으로 10%를 넘어섰습니다.

이와 관련해 《블룸버그Bloomberg》는 2021년 세계에서 가장 빨리 성장한 반도체 기업 20곳 중에서 19곳이 중국 기업이라는 충격적인 뉴스를 전했습니다.[5] 미국의 온갖 규제에도 불구하고 중국 기업들의 약진이 심상치 않습니다. 게다가 중국에는 반도체 설계 회사가 무려 2,810곳이나 되는데, 대부분 빠르게 성장하고 있습니다. 중국은 파운드리는 물론 반도체 설계 측면에서도 미국과 그 동맹국들을 따라잡기 위해 안간힘을 쓰고 있는 셈입니다.

가장 큰 문제는 미국이 10나노미터 이하의 기술 개발을 하지 못하도록 중국에 대해 온갖 규제를 해왔는데도 불구하고 중국이 7나노미터 공정에 성공했을 가능성이 매우 크다는 것입니다. 《블룸버그》통신은 캐나다의 반도체 정보 업체인 테크인사이츠를 인용해 중국의 SMIC가 7나노미터 공정에 성공했고, 심지어 1세대가 아닌 2세대일 것이라고 보도했습니다.[6] 그리고 미국의 제재를 뚫고 7나노미터 공정에 성공했다면, 미국과 한국 반도체 시장에 큰 위협이 될 것이라고 진단했습니다.

그렇다면 미국의 온갖 제재에도 불구하고 중국은 어떻게 반도체 산업을 육성하고 첨단 반도체까지 생산할 수 있었던 것일까요? 중국은 자국의 거대한 시장을 활용해 자국산 반도체를 우선적으로 구매하는 전략으로 반도체 산업을 키워왔습니다. 또 대만 등 중화권 국가의 기업인들과는 인맥人脈은 물론 혼맥婚脈으로 연결된 경우도 많은데, 이 같은 인적 네트워크를 활용해 7나노미터 제품 생산의 물꼬를 텄을 것이라는 분석도 있습니다.

이처럼 미국의 반도체 제재가 큰 효과를 거두지 못하자, 바이든 대통령은 중국 반도체 시장을 압박하기 위해 칩4CHIP4(미국 공식 명칭은 FAB4) 동맹을 결성하려 하고 있습니다. 미국과 일본, 대만에 이어 우리나라까지 참여하면 반도체 4대 강국, 즉 칩4 동맹이 되는 것이죠. 이 네 나라가 세계 반도체 장비의 73%, 파운드리의 87%, 설계 및 생산의 91%를 장악하기 때문에 함께 제재를 가하면 중국 반도체에 심각한 위협이 될 수 있습니다.

게다가 미국은 과거 미·일 반도체 패권 전쟁에서 승리하고도 반도체 제조 산업을 잃었던 쓰디쓴 교훈을 바탕으로, 중국의 반도체 산업을 고사시키는 것에 그치는 것이 아니라 미국 영토 안에 반도체 산업의 설계부터 생산과 제조 장비, 소재까지 망라하는 복합 생태계를 만들고, 앞으로 반도체 산업을 미국 홀로 주도하겠다는 계획을 갖고 있습니다. 이를 위해 칩4 동맹, 반도체 지원법 등 외교적·경제적 모든 수단을 동원할 것으로 보입니다.

칩4 동맹과 각자도생, 한국의 전략은?

만일 미국의 의도대로 흘러가면 우리 기업들은 앞으로 신규 첨단 반도체 생산설비를 대부분 미국에 건설하게 될 텐데, 이는 한국 경제 전체적으로 엄청난 손실입니다. 당장 우리 청년들은 혁신 사업이 창출하는 수많은 고부가가치 일자리를 잃어버리게 됩니다. 이런 일자리는 단지 임금이 높은 일자리에 그치는 것이 아니라 새로운 스타트업 기업을 만들어내는 거대한 용광로가 되는데, 그 미래의 가능성까지 다 사라집니다.

게다가 새로운 혁신 산업이 창출되려면 이런 혁신 기업들이 모여 서로 활발하게 교류하는 혁신 생태계가 너무나 중요한데, 이런 생태계 자체가 실종되어 앞으로 우리나라는 혁신 산업에서 뒤처질 가능성이 커집니다. 이 때문에 반도체 전쟁의 성패에 따라 국가의 미래가 완전히 달라질 수밖에 없는데, 지금과 같은 각자도생의 시대에는 우리 정부가 우리 자신과 청년 세대의 미래를 지키기 위해 모든 노력을 기울여야 합니다.

가장 큰 문제는 미국이 칩4 동맹을 앞세워 중국에 대한 수출규제를 강화하는 겁니다. 실제로 미국 정부는 2022년 미국의 대표적 반도체 업체인 엔비디아에 기계적 학습 능력을 강화할 수 있는 최신 반도체 칩인 A100과 H100, MI250의 중국 반출을 금지했습니다. 아직까지는 미국 반도체 회사에 그쳤지만, 앞으로 칩4 동맹이 강화되면 우리 주력 반도체의 대중국 수출도 제약을 받을 수 있습니다.

문제는 우리나라의 대중국 반도체 수출이 전체 반도체 수출에서 차지하는 비중이 무려 40%에 이른다는 점입니다. 만일 일부 품목이라도 중국 수출이 금지될 경우, 반도체 장비 수출까지 영향을 미치면서 우리나라 반도체 산업이 전반적으로 큰 타격을 받을 수 있습니다. 이 때문에 칩4 동맹 등 앞으로 수많은 외교 현안에서 국익을 지킬 수 있느냐 없느냐가 중요한 문제로 떠오르게 될 것입니다.

중국의 추격도 큰 문제입니다. 아무리 중국의 반도체를 제재해도 중국의 추격 속도를 늦추지 못하고 있습니다. 특히 10나노미터 이상의 중저가 반도체 시장에서 중국 기업들의 약진이 계속되고 있는데, 만일 중국이 10나노미터 이상의 중저가 반도체 시장에서 많은 경험을 축적하고 우리나라를 본격 추격한다면 우리가 과연 중국을 언제까지 막아낼 수 있을지 불투명한 상황입니다.

또 다른 문제는 미국의 제재가 시작된 이후 중국은 반도체 장비와 소재가 언제든 제재 대상이 될 수 있다고 보고 빠르게 중국화하고 있다는 점입니다. 2022년 8월 한국의 대중국 반도체 장비 수출은 전년 대비 절반으로 급감한 것으로 나타났습니다. 물론 중국의 경기 둔화가 주요 원인이지만, 중국이 빠른 속도로 반도체 장비를 대체하고 있는 것도 한 원인이 되었습니다.

중국은 앞으로 비메모리 반도체 설계 회사인 팹리스Fabless와 생산업체인 파운드리의 밀접한 협력을 통해 미국처럼 자국 영토 안에 반도체 생태계를 완성한다는 계획을 갖고 있습니다. 비록 미국이 목표하고 있는 반도체 생태계와 비교해 기술 수준은 훨씬 낮겠지만, 일단 독자적인 반도체 생태계를 완성하면 우리 반도체와 반도체 장비에 대한 의존도는 크게 낮아질 수밖에 없습니다.

《블룸버그》는 미국반도체산업협회Semiconductor Industry Association: SIA의 보고서를 인용해 중국 기업의 세계 반도체 시장 점유율이 2020년 9%에서 2024년에는 17%로 성장할 것이라고 내다봤습니다.[7] 그 결과 불과 4년 만에 현재 20% 수준인 한국의 반도체 시장 점유율을 잠식해 들어갈 것이라고 전망했습니다.

게다가 유럽과 일본도 반도체 생산설비를 자국에 유치하기 위해 총력전을 펼치고 있습니다. 우리가 지금 당장은 뛰어난 반도체 경쟁력을 가지고 있다고 하더라도, 아무런 대응도 하지 않고 손을 놓고 있다가는 애써 만든 반도체 혁신 생태계를 송두리째 잃어버릴 수도 있습니다. 우리 영토 안에서 반도체 산업이 계속해서 강력한 생태계를 유지할 수 있도록 모든 정책적 노력을 기울여야 할 것입니다.

자이언트 임팩트

5. 미국이 금융을 흔들면 중국의 부동산이 무너질까

트럼프 대통령은 무역 전쟁으로 시작해서 기술 전쟁으로 확대해 나갔는데, 중국산 수입품에 고율의 관세를 부과한 무역 전쟁은 중국에 별다른 타격을 주지 못했습니다. 게다가 앞서 살펴본 것처럼 기술 전쟁의 일환으로 중국 반도체 산업이 성장하지 못하도록 온갖 기술 제재를 가했는데도 중국의 반도체 산업은 계속 성장했습니다.

중국 제품에 아무리 관세를 부과해도 소용이 없었던 이유는 그동안 중국 쏠림이 너무 심해졌기 때문입니다. 지난 30여 년간 미국의 생산설비가 상당 부분 중국으로 옮겨간 탓에, 중국에 아무리 관세를 물려도 다른 나라로 수입처를 바꿀 수가 없었기 때문입니다. 결국 중국의 수출은 전혀 줄어들지 않았고, 오히려 수입물가만 자극해 미국 소비자들의 부담만 커졌습니다.

물론 미국이 해외로 나간 공장을 불러들여 제조업을 부활시키려 하고 있지만, 제아무리 미국이라도 자국에 생산설비를 갖추고 생산 경험을 축적할 때까지는 시간이 걸릴 수밖에 없습니다. 이 때문에 지금 당장 미국이 쓸 수 있는 카드는 중국과 무역 전쟁을 벌이는 것보다 미국이 월등한 위치에 있는 기술과 금융을 활용하는 것이라고 할 수 있습니다.

특히 기축통화인 달러화를 보유한 미국의 금융은 정말 막강한 힘을 갖고 있습니다. 미국은 달러의 강력한 지위와 월가의 금융자본을 활용해 미국이 주도해 온 국제 질서를 거부하거나 위협이 되는 국가의 경제를 뒤흔들어 놓는 것은 물론, 심지어 패권 경쟁을 하던 상대 국가를 무너뜨리거나 곤경에 빠뜨린 적이 한두 번이 아닙니다.

1980년대 미국과 경제 패권 전쟁을 벌였던 일본이 그 대표적인 사례입니다. 미국은 1985년 플라자 합의Plaza Accord를 통해 일본의 엔화 가치를 끌어올렸는데, 결과적으로 일본에 버블 경제를 만들고 붕괴를 이끌어내면서 한때 미국에 도전했던 일본 경제를 오랜 기간 불황에 빠뜨렸습니다. 그 뒤 일본 경제는 지금까지도 과거의 영광을 되찾지 못하고 있습니다.

미국의 또 다른 무기,
금융자본의 힘

중국과의 패권 전쟁에서 미국이 아직 쓰지 않은 대표적인 무기가 바로 '금융'입니다. 중국과의 패권 전쟁이 격화되어 모든 무기를 다 써야 하는 순간이 온다면, 미국은 달러화의 기축통화 지위와 월가의 금융자본, 그리고 금융 관련 국제기구들까지 총동원해 중국을 압박할 가능성이 있습니다. 그리고 군사 대결까지 가지 않는 한, 이것은 가장 치열한 싸움이 될 가능성이 큽니다.

다만 중국도 이를 잘 알고 있는 만큼, 혹시 모를 금융 전쟁에 대비해 철저히 준비해 왔습니다. 중국은 일본의 플라자 합의에서 일본이 어떤 오판을 했는지, 그리고 왜 버블이 붕괴됐는지를 철저히 연구해 왔습니다. 또 1997년 한국의 외환위기를 교훈 삼아 해외 금융자본의 먹잇감이 되지 않도록 대비해 왔습니다.

게다가 중국은 개혁 개방 초기부터 금융시장에 강력한 방화벽을 쌓아놨습니다. 즉, 해외 자본이 중국의 금융 시스템을 뒤흔들 수 없도록 온갖 규제 장치를 마련해 놓은 것은 물론, 일단 중국에 투자하기는 쉬워도 투자한 돈을 현금화한 뒤 중국 시장에서 빠져나가는 것은 매우 어렵게 해놓았습니다.

또한 중국은 지속적인 무역수지 흑자를 통해 3조 달러가 넘는 외환 보유고를 쌓아놓았고, 지금도 여전히 무역수지 흑자를 보고 있습니다. 서구의 투기 자본이 중국의 외환시장을 공격할 경우 이를 버틸 충분한 대비를 해놓은 셈입니다. 물론 글로벌 금융시장이 흔들릴 경우 3조 달러의 외환 보유고가 과연 충분한지는 의문의 여지가 있습니다.

이처럼 언제 벌어질지 모를 금융 전쟁에 대비해 중국도 만반의 준비를 해온 것은 맞습니다. 하지만 중국이 아무리 대비를 해두었다고 해도 미국 금융자본의 힘은 워낙 막강하기 때문에 중국이 과연 잘 버틸 수 있을지는 확실하지 않습니다. 더 큰 문제는 중국이 개혁 개방 이후 지난 40여 년 동안 한 번도 경제 위기를 겪지 않고 장기 호황을 누려왔던 탓에 금융 부실이 누적되어 왔다는 점입니다.

이 때문에 금융 부실 문제가 발생했을 때 미국이 막강한 자본을 동원해 중국을 공략한다면, 중국이 아무리 철저히 대비를 해놓았다고 해도 중국으로선 쉽지 않은 싸움이 될 수 있습니다. 중국의 기업 부실도 심각한 문제이지만, 중국 경제에서 가장 약한 고리를 꼽자면 역시 부동산 버블을 들 수 있습니다.

중국의 약한 고리는
부동산 버블이다

중국의 부동산 버블은 우리나라와는 비교도 할 수 없을 만큼 정말 심각합니다. 케네스 로고프^{Kenneth S.Rogoff} 하버드대 교수와 유안첸 양

Yuanchen Yang 칭화대 교수의 공동 연구에 따르면, 중국의 평균 주택 가격은 1992년만 해도 1제곱미터에 평균 756위안(약 14만 원)에 불과했지만, 2018년에는 평균 8,544위안(약 164만 원)으로 12배 가까이 폭등했습니다.[8]

더 큰 문제는 사실 전국 주택 가격이 동일하게 오른 것이 아니라 베이징, 상하이, 선전, 광저우 등 1선 도시라고 불리는 대도시 주택 가격이 주택 가격 급등을 주도했다는 점입니다. 지난 30여 년 동안 중국 1선 도시 주택 가격은 중국 평균보다 3배 이상 더 빠르게 치솟아 올랐습니다.

로고프와 양 교수의 연구 결과, 중국 베이징의 소득 대비 주택 가격 지수Price to Income Ratio: PIR는 2018년에 이미 48을 넘어 소득 대비 집 값이 세계에서 가장 비싼 것으로 나타났습니다. 이는 48년 치 임금을 한 푼도 빼놓지 않고 모아야 집을 살 수 있다는 뜻인데, 소득 대비 주택 가격 지수가 18인 서울의 3배에 가까운 수치였습니다. 게다가 상하이 42, 홍콩 41, 선전 40 등 중국 도시들이 상위권을 휩쓸었습니다.

문제는 이렇게 고공행진을 계속해 왔던 중국 신규 주택 가격이 2021년 4분기부터 하락세로 돌아섰다는 겁니다. 게다가 2022년 상반기에는 중국 100대 부동산 기업의 신규 주택 판매액이 전년도 같은 기간보다 절반 수준으로 감소했습니다. 그동안 중국은 일시적인 부동산 가격 조정은 겪어봤어도 부동산 장기 침체는 겪어본 적이 없기 때문에 부동산 가격 하락이 상당 기간 지속될 경우 큰 타격을 받을 수 있습니다.

중국 가계는 자산의 70%가 부동산에 묶여 있기 때문에, 만일 부동산 시장 침체가 시작되면 큰 어려움을 겪을 수밖에 없습니다. 그렇지 않아도 제로 코로나 정책으로 소득이 줄어든 상황에서 중국의 소비는 더욱 위축될 가능성이 큽니다. 게다가 중국 경제에서 부동산이 갖고 있는 의미는 다른 나라와 차원이 다르기 때문에, 중국 경제에 더 큰 타격을 줄 수 있습니다.

우선 중국의 경우에는 부동산 관련 산업이 GDP에서 차지하는 비중이 무려 29%나 되는데, 이는 미국이 17%, 독일이 16%, 한국이 15%인 것과 비교하면 거의 2배 정도 큰 편입니다. 이 때문에 중국에서 부동산 시장 침체가 시작되면 다른 나라에 비해 경제성장률에 미치는 타격이 훨씬 더 클 수밖에 없습니다.

더 큰 문제는 부동산 시장이 지방정부 재정과 연관되어 있다는 점입니다. 중국 지방정부는 경제개발 책임을 떠맡아 왔는데, 심지어 경제성장률로 지방정부 관료들을 평가해 왔습니다. 경제성장률을 높이기 위해서는 인프라 투자 등에 엄청난 자금이 필요했는데, 지방정부는 이를 대부분 부동산 개발로 충당해 왔습니다.

중국의 부동산 개발 수익은 중국 토지 소유의 특수성 때문인데, 중국은 원칙적으로 모든 토지가 국가 소유이고 이를 일정 기간(주택지의 경우 최대 70년) 동안 민간에 빌려주는 조건으로 토지 사용 수수

료(토지출양금)을 받았습니다. 토지 사용 수수료는 한때 전체 지방정부 세수의 40%를 차지할 정도로 중요한 수입원이었는데, 부동산 시장이 얼어붙으면 지방정부 세수에 큰 타격이 불가피한 실정입니다.

게다가 지방정부는 부동산 개발을 촉진하기 위해 부동산 개발 회사들의 보증을 서주거나 자금을 지원하는 경우도 많습니다. 만일 지금처럼 주택시장이 얼어붙은 극심한 불황이 지속되면, 부동산 개발 회사들이 자금난에 빠져 줄도산을 하는 것은 물론, 빚보증을 선 지방정부도 천문학적인 빚더미에 오를 위험이 큰 상황입니다.

이미 2021년 중국의 2위 부동산 개발 회사인 헝다가 파산했습니다. 당장은 중국 정부의 강력한 지원과 시장 통제로 부도 위기를 넘기기는 했지만, 그 뒤에도 부동산 시장 불황이 계속되면서 이미 부동산 개발업계 전체로 위기가 확산된 상황입니다. 이 때문에 2022년 7월에는 중국 정부가 1조 위안(약 193조 원)에 이르는 구제금융 대책을 내놨습니다.

그러나 부동산 시장의 불안을 잠재우기에는 여전히 역부족입니다. 이 대책으로 당장의 자금난은 완화할 수 있을지 몰라도, 부동산 가격이 다시 치솟아 오르지 않는다면 결국 또다시 부실 사태에 빠져들 수밖에 없습니다. 게다가 부동산 시장이 더 악화되면 구제금융에 나선 국영 은행들까지 더 많은 부실자산을 떠안을 수 있습니다.

성장이 둔화되면
부실자산이 드러난다

중국 금융시장의 또 다른 위협 요인은 갑자기 멈춰서기 시작한 경제성장률입니다. 중국은 지난 40년 동안 단 한 번도 위기를 겪지 않고 전 세계에서 가장 빠른 속도로 성장한 탓에, 제대로 된 구조조정을 한 번도 하지 않았습니다. 그 결과 엄청난 규모의 부실자산이 제대로 해소된 적이 없이 계속 쌓여만 왔습니다.

그러나 그동안은 부실자산이 문제가 되지 않았습니다. 그동안 경제성장 속도가 워낙 빨라서 부실자산이 늘어나는 속도보다 전체 자산이 더 빨리 늘어났기 때문입니다. 덕분에 전체 자산에서 부실자산이 차지하는 비중은 오히려 축소되어 왔던 거죠. 이런 상황에서 성장률이 급격히 둔화되면 부실자산 문제가 겉으로 드러날 수밖에 없습니다.

실제로 우리나라도 고성장 시대가 끝나고 경제성장률이 하락하자 전체 자산에서 부실자산이 차지하는 비중이 급격히 늘어난 시기가 있었는데, 이것이 1997년 외환위기를 겪는 근본적인 원인이 됐습니다. 이처럼 빠르게 성장하던 나라에서 성장률이 급격히 악화되는 것은 심각한 금융 불안을 야기하는 원인이 될 수 있습니다.

중국이 그동안 해외 자본의 공격으로부터 자국의 금융시장을 지키기 위해 아무리 강력한 방화벽을 쌓아놨다고 해도, 안으로부터의 붕괴까지 막을 수 있는 방화벽은 존재하지 않습니다. 중국 특유의 통제 수단을 동원해 당장의 붕괴 위험은 막고 있지만, 조만간 과도한 부채와 부실자산 문제가 수면 위로 떠오를 가능성이 큽니다.

중국과 패권 전쟁을 벌이고 있는 미국 입장에서 이 같은 상황은 다시 찾아오기 힘든 마지막 기회가 될 수 있습니다. 만일 중국의 경제성장률이 저하되면서 부실 문제가 불거지고 금융시장에서 위험신호가 나타나는 경우, 미국은 온갖 첨단 금융·통화 기법으로 중국을 압박해 들어갈 가능성이 큽니다.

우리나라의 경우 수출의 30%를 중국(홍콩 포함)에 하고 있기 때문에, 중국 금융시장이나 부동산 시장이 흔들릴 경우 우리나라 증시는 물론 외환시장, 심지어 부동산 시장까지도 영향을 받을 수 있습니다. 이 때문에 앞으로 1~2년은 중국의 부동산 시장과 성장률 전망을 예의 주시해야 합니다.

6. 유럽, 패권 전쟁의
가장 큰 희생양 될까

러시아·우크라이나 전쟁 이후 가장 큰 타격을 받은 지역은 유럽이라고 할 수 있습니다. 2022년 유럽의 경제 상황은 정말 최악이라고 할 수 있습니다. 영국은 7월 소비자물가지수가 전년보다 10%나 치솟아 올랐고, 독일의 경우 7월 생산자물가지수가 전년보다 37% 폭등하는 충격적인 지표가 나온 겁니다. 그야말로 물가 쇼크라고 할 만큼 심각한 위기에 직면했습니다.

미국과 함께 대표적인 선진국으로 꼽혀온 유럽 국가들은 왜 이렇게 러시아·우크라이나 전쟁에 취약한 모습을 보인 걸까요? 그 원인은 그동안 세계화가 가져온 혜택에 취해 다가오는 패권 전쟁과 탈세계화에 미처 대비하지 못한 탓이라고 할 수 있습니다. 특히 러시아·우크라이나 전쟁 이후 러시아가 에너지를 무기화하면서 러시아 에너지에 의존해 왔던 유럽이 큰 타격을 받은 겁니다.

러시아의 침공이
독일 경제를 뒤흔들다

유럽의 경제 강국으로 불렸던 독일은 노르트스트림 1^{Nord Stream 1}과 같은 가스관으로 러시아산 천연가스를 수입했는데, 액화나 재기화再氣化 과정을 거치지 않고 가스 상태 그대로 수입할 수 있었기 때문에 에너지 비용을 크게 절감할 수 있었습니다. 그 결과 제조업 생산 비용을 낮춰 수출 경쟁력을 한층 끌어올렸습니다.

독일은 이렇게 러시아에서 수입한 값싼 에너지를 활용했을 뿐만 아니라 임금이 싼 동유럽으로 공장을 대거 이전했는데, 여기서 생산한 제품을 중국에 내다 팔아 막대한 이익을 얻었습니다. 덕분에 2000년대 초반까지만 해도 '유럽의 병자'로 불렸던 독일은 놀라운 회복세를 보이며 유럽을 대표하는 경제 강국으로 거듭났던 겁니다.

독일 경제의 부활은 세계화를 가장 잘 활용한 대표적인 모범 사례였다고 할 수 있습니다. 문제는 세계화가 영원히 지속될 것이라고 착각하고 탈세계화와 패권 전쟁이라는 새로운 패러다임의 변화에 대한 대비를 소홀히 했다는 점입니다. 결국 러시아·우크라이나 전쟁이 패권 전쟁의 방아쇠가 되면서 세계화를 적극 활용해 왔던 독일의 성장 모델은 심각한 위기에 빠지고 말았습니다.

독일은 그동안 대부분의 천연가스를 러시아에서 가스관을 통해 가스 상태로 수입해 왔습니다. 그런데 러시아가 천연가스 등 주요 에너지 자원을 무기화하자 독일은 심각한 에너지 위기에 처했습니다. 독일이 러시아가 아닌 다른 나라에서 천연가스를 수입하려면 LNG 상태로 들여와야 하는데, 이를 수입해 와도 기화할 설비가 턱없이 부족한 상황입니다.

물론 독일이 LNG 터미널을 서둘러 건설하고 있지만, 당장 독일 전 지역에 공급하기에는 역부족입니다. 이 때문에 러시아가 천연가스 공급을 끊는다면 당장은 심각한 에너지난을 피하기 어렵습니다. 게다가 앞으로 재기화 설비를 완비한다고 해도, 러시아에서 가스관으로 수입할 때보다 에너지 수입 비용이 크게 상승할 우려가 있습니다.

이 같은 상황은 정도의 차이만 있을 뿐 다른 유럽 국가들도 마찬가지인데, 유럽연합의 러시아산 천연가스 의존도가 36%나 되기 때문입니다. 더구나 러시아산 천연가스를 공급받지 못하게 되면 에너지원을 다른 나라 천연가스나 석유로 대체해야 하는데, 이 과정에서 전 세계 천연가스나 원유 시장을 자극해 에너지 가격을 끌어올릴 우려도 있습니다.

게다가 유럽 경제에는 고질적인 문제들이 산적해 있기 때문에, 에너지 문제가 해소된다고 해도 쉽게 회복되기 어렵습니다. 유럽 경제는 심각한 고령화 현상과 천문학적인 양적 완화, 유럽연합 탈퇴 움직임 등 많은 문제를 갖고 있습니다. 그나마 세계화를 통해 이 같은 문제를 잠시 뒤로 미뤄둘 수 있었지만, 세계화가 끝난 지금은 경제를 위협하는 심각한 요인이 될 수 있습니다.

그중에서 고령화는 유럽이 풀기에 가장 어려운 난제라고 할 수 있습니다. 일본이 고령화로 '잃어버린 30년'을 겪은 것처럼, 고령화를 겪게 된 유럽도 이를 반전시킬 카드가 마땅치 않기 때문입니다. 일본의 경우 1995년부터 생산연령인구(15~64세)가 감소하기 시작했는데, 이 시기를 전후해 일본은 장기 불황을 겪기 시작했습니다.

독일도 1998년부터 생산연령인구가 감소하기 시작하면서 경기가 급격히 둔화되기 시작했는데, 당시 독일은 유럽 통합을 통해 조금 더 젊은 국가들과 경제통합을 하면서 생산연령인구 감소에 따른 악영향을 잠시나마 늦출 수 있었습니다. 그러나 2012년부터는 유로존 전체로도 생산연령인구가 감소하기 시작했는데, 당시 유로존은 극심한 경기 불황을 겪어야 했습니다.

유로화 가치 하락과
흔들리는 유럽 경제

두 번째 문제는 ECB의 천문학적인 양적 완화입니다. 유럽 경제가 2012년 이후 장기 불황에 빠지자, ECB는 양적 완화를 통해 미국 연준보다도 훨씬 더 많은 돈을 시중에 풀어왔습니다. 2020년 말 기준 미 연준의 자산은 GDP 대비 34%인 데 반해 같은 시기 ECB의 자산은 59%나 됐습니다. 그만큼 더 많은 돈을 풀었다는 뜻입니다.

이렇게 많은 돈을 푼 탓에, 유럽 물가는 미국보다도 훨씬 불안한 상황입니다. 그렇다고 ECB가 미국처럼 대대적인 양적 긴축에 나서기도 어렵습니다. 유럽 국가들의 국채는 미국만큼 안전자산으로 보기 어려운데, 이미 자금경색이 시작된 상황에서 ECB가 보유한 국채를 대량으로 내다 팔았다가는 자칫 유럽 국채 시장에 큰 혼란을 초래할 수 있습니다.

미국만큼 빨리 금리를 올리거나 양적 긴축을 할 수 없는 상황이 이어지면서 달러화 대비 유로화 가치가 지속적인 하락세를 보이고 있는데, 이는 수입물가의 상승으로 이어져 유럽 국가들의 인플레 상황을 더욱 악화시키고 있습니다. 이대로 방치할 경우 유럽 경제 상황은 더욱 악화될 수밖에 없습니다.

이제 유럽은 미국과 같은 속도로 금리를 올려 인플레를 잡고 유로화 가치를 끌어올리는 대신 자산 버블 붕괴와 이에 따른 부도 사태를 용인하느냐, 아니면 저금리 기조와 양적 완화 수준을 유지하면서 유로화 가치 급락과 인플레이션을 용인하느냐를 결정해야 하는 중대한 기로에 서 있다고 해도 과언이 아닙니다. 유럽이 어떤 선택을 하든지 간에 유럽 경제는 한동안 더 악화될 가능성이 큰데, 세계경제에도 심각한 악영향을 미칠 수 있습니다.

EU 탈퇴라는 원심력,
혼돈의 유럽

또 다른 문제는 유럽연합에서 탈퇴하려는 강력한 원심력이 작용하고 있다는 점입니다. 유럽 경제가 계속 악화되다 보니, 유럽인들은 경제적 어려움의 원인을 난민이나 유럽연합에서 찾고 있습니다. 유럽 통합으로 사실상 회원국 간의 국경이 사라진 탓에 더욱 난민을 막지 못하고 있다는 불신이 강합니다. 게다가 이렇게 유입된 난민 탓에 자신들의 일자리가 사라졌다는 분노가 강한데, 이는 유럽연합 탈퇴를 요구하는 목소리로 이어지고 있습니다.

게다가 유럽연합 창설 이후 독일과 남유럽의 격차가 더 커지면서 남유럽 국가들은 독일이 유럽 통합의 혜택을 혼자 독차지하고 있다고 분노하고 있고, 반대로 독일은 게으른 남유럽 사람들 때문에 자신들의 세금이 새고 있다며 비난하고 있습니다. 이 때문에 유럽 각국에서는 유럽연합 탈퇴를 주장하는 정당이 점차 지지율을 높여나가고 있는 형국입니다. 물론 당장은 유럽연합 탈퇴로 이어지지 않겠지만, 앞으로 유럽연합에 큰 변수가 될 가능성이 큽니다.

이처럼 유럽연합은 경제성장을 가로막는 다양한 문제들을 갖고 있는데, 이 같은 문제를 풀어낼 방법을 모색하는 것도 쉬운 일이 아닙니다. 유럽연합의 주요 결정은 다수결을 넘어 만장일치를 요하는 경우가 많은데, 이 같은 의사결정 과정 때문에 개혁적인 방안이 신속하게 통과되기 어려운 구조를 갖고 있습니다. 이 때문에 만일 유럽연합에 위기가 닥쳐온다면 유럽의 분열을 가속화시켜 더욱 어려운 상황에 처할 수 있습니다.

이미 유럽은 2012년에 이 같은 이유들로 심각한 재정 위기를 맞았던 적이 있습니다. 당시만 해도 미국 경제가 호황 초입이었던 데다 중국이 세계경제를 이끄는 성장 엔진 역할을 하고 있었기 때문에, 그나마 재정 위기를 봉합할 수 있었습니다. 하지만 2023년 이후 세계 경제에는 이렇다 할 성장 엔진이 남아 있지 않기 때문에, 유럽이 또다시 경제 위기나 금융 위기를 맞을 경우에는 심각한 위험에 처할 가능성도 있습니다.

이 때문에 유럽 경제의 향방은 단순히 투자처를 찾는 것을 넘어 우리의 생존을 가르는 중요한 문제가 될 수도 있으므로 유럽 경제의 향방을 면밀히 살필 필요가 있습니다. 또한 우리나라도 유럽과 상황이 크게 다르지 않은데, 우리 역시 생산연령인구가 급감하기 시작한 데다 재정 여력이 크지 않기 때문입니다. 따라서 유럽을 반면교사로 삼아 유럽과 같은 실패를 되풀이하지 않도록 철저히 대비해야 할 것입니다.

7. 신패권 전쟁의 한복판,
인도를 주목하라

최근 미중 패권 전쟁과 유럽의 쇠퇴 속에 주목을 받는 국가가 있습니다. 바로 인도입니다. 인도는 중국 다음으로 인구수가 많은데, 14억이 넘는 엄청난 인구와 잠재력에도 불구하고 오랫동안 가난에서 벗어나지 못한 대표적인 나라입니다. 그런데 이제 글로벌 패권 전쟁에서 인도가 지역 패권 국가로 떠오르고, 미국과 중국 양 진영에서 인도에 대한 러브콜을 보내기 시작하면서 인도가 성장할 수 있는 새로운 가능성이 점점 커지고 있습니다.

물론 현재 인도의 모습을 보면 도약의 가능성을 찾기가 참 어렵습니다. 하지만 1970년대만 해도 세계 최빈국에 가까웠던 중국이 G2를 자처하며 미국에 도전할 만큼 성장한 것이나 1980년대만 해도 아시아에서 가장 가난한 나라에 속했던 베트남이 중진국까지 성장한 것을 고려해 보면 인도의 가능성을 무시하기는 어렵습니다.

가장 놀라운 투자 기회는 후진국에서 벗어나 중진국으로 달려 나가는 나라에 있다고 해도 과언이 아닌데, 최근의 중국과 베트남은 물론 과거 우리나라도 후진국에서 중진국으로 도약할 때 가장 높은 주가 상승률을 기록한 경험이 있습니다. 이 때문에 투자 측면에서도 인도의 도약 가능성을 살펴볼 필요가 있습니다.

모디 총리는
인프라 부족을 해결할 수 있을까

인도의 상황은 우리의 상상을 초월할 정도로 정말 열악합니다. 인도 특파원을 지냈던 선배는 뉴델리에 거주할 당시 전기와 수도가 수시로 끊겨서 가족들이 너무 힘들어했다는 얘기를 자주 했습니다. 특히 겨울밤에는 10도 이하로 내려가서 꽤 추운데도 난방이 끊겨서 가족이 모두 껴안고 오들오들 떨었다는 일화도 있었습니다.

사실 전기, 수도, 도로, 항만 등 인프라 부족은 인도의 고질적인 문제입니다. 그나마 도시는 전기가 들어오는 시간이 더 많지만, 시골은 오히려 전기가 나가 있는 시간이 훨씬 많을 정도입니다. 전국 평균 전기가 들어오는 시간은 하루 24시간 중 4시간이 안 될 정도인데, 이렇게 인프라가 열악하다 보니 공장을 세우고 산업을 키운다는 게 그리 만만한 일이 아닙니다.

그러면 인프라를 확충하면 되는 게 아닐까 생각하는 분들이 계실 텐데, 인도의 경우에는 "바보만이 세금을 낸다"라고 할 정도로 세금을 내는 사람이 없기 때문에 결코 쉬운 일이 아닙니다. 인도의 소득세율이 낮은 편은 아닌데, 탈세가 만연한 데다 힘이 있는 사람들은 온갖 세금 공제 제도를 멋대로 적용받고 있기 때문에 소득세를 내는 사람은 성인 인구의 1.6%에 불과합니다.

게다가 저축률이 워낙 낮기 때문에, 민간 자금을 활용해서 인프라 투자를 하기도 어렵습니다. 인도에서는 정부가 금리를 인위적으로 끌어내려 왔기 때문에, 은행에 예금을 하는 것보다는 현금을 집에 보관하거나 금 같은 귀금속을 사는 경향이 강합니다. 이 때문에 민간 자본이 형성되지 않아 경제성장에도 악영향을 미치고 있습니다.

더구나 인도는 전통적으로 해외 자본에 대해 매우 강한 반감을 갖고 있습니다. 이는 영국의 오랜 지배 속에서 수탈을 당해왔기 때문일 수도 있지만, 더 근본적인 문제는 인도인들이 해외와의 경쟁을 꺼리고 자국 내에서 안주하기를 원하는 특성을 갖고 있기 때문입니다. 이 때문에 중국이 거대한 시장을 미끼로 해외 자본을 유치했던 것과 달리, 인도는 해외 자본을 배격해 왔습니다.

이 같은 구조가 굳어지면서 인도 경제는 좀처럼 빠져나올 수 없는 함정에 갇히고 말았습니다. 과거 인도는 항상 세수와 자본 부족에 시달리다 보니 전기, 수도, 도로 등 필수 인프라를 건설할 돈이 턱없이 모자랐습니다. 인프라가 부족하다 보니 기업들이 설비투자를 꺼렸고, 그 결과 세금을 걷을 곳이 없어 다시 세수 부족에 시달리는 악순환의 고리에 빠진 겁니다.

그런데 2014년 나렌드라 모디Narendra Modi 총리의 취임 이후 인도에서도 변화의 가능성이 나타나기 시작했습니다. 모디 총리는 자본 부족이라는 악순환의 고리를 깨기 위해 취임과 동시에 외국인 투자에 대한 규제를 완화해 해외 자본을 대거 유치했습니다. 그 결과 2013년 280억 달러에 불과했던 외국인 직접 투자액은 2021년 810억 달러로 불어났습니다.

2014년 9월에는 모디 총리를 대표하는 경제정책인 "메이크 인 인디아Make in India"를 발표하고, 중국을 제치고 세계의 공장 역할을 차지하겠다고 공언했습니다. 또 2016년에는 부정부패와 탈세에 따른 만성적인 세수 부족의 악순환을 끊기 위해 500루피와 1,000루피 지폐 사용을 폐지하고 불법 자금 추적에 나섰는데, 그 결과 2017년에는 세수가 25%나 급증했습니다.

인도의 고질적인 문제 중에 하나는 5,100만여 개나 되는 중소기업이 대부분 현금으로만 거래하면서 판매 기록조차 제대로 남기지 않아 탈세의 온상이 되고 있었다는 점이었습니다. 그런데 2017년부터는 일정 규모 이하의 중소기업들도 모든 거래를 디지털화해서 자료를 남기도록 의무화했습니다. 탈세의 고리를 끊어 세수를 확보하겠다는 계획이었습니다. 이 같은 개혁 조치로 모디 총리 취임 이후 4년 동안 인도의 연평균 경제성장률이 7%대를 넘기자, 모디 총리의 개혁 성과라는 평가가 나오기 시작했습니다.

개혁은 실패했지만
가능성은 무한하다

그런데 2019년 다시 성장률이 4.2%로 추락하고 2020년 코로나 위기까지 발생하자 세계은행 통계를 기준으로 −8%라는 최악의 경제 성장률을 기록하면서 모디 총리의 개혁 성과에 대한 의구심이 커졌습니다. 특히 2020년 9월에는 국가가 관리하던 농산물 가격과 유통을 시장에 개방하는 '농업개혁법'이 통과됐는데, 이는 농민들의 거센 반발을 불러왔습니다. 농민들은 국가가 아닌 시장에서 농산물 가격을 결정할 경우 농산물 가격이 급락할 것을 우려한 겁니다. 결국 농민들의 시위가 계속되고 인도 대법원의 법안 보류 판결까지 나오면서 개혁 법안은 폐기되고 말았습니다.

이처럼 모디 총리의 개혁이 실패하는 일까지 생기자 인도가 과연 변할 수 있는가에 대한 의구심은 더욱 커졌는데, 그럼에도 불구하고 인도가 과거와 달리 변화하고 있다는 것만은 분명한 사실이라고 할 수 있습니다. 특히 모디 총리가 추진한 '클린 인디아Clean India' 정책은 인도의 변화 가능성을 보여준 대표적인 사례 중에 하나입니다.

인도의 보건·위생과 관련해 가장 심각한 문제 중에 하나는 바로 화장실이 없다는 겁니다. 2014년 인도의 화장실 보급률은 고작 40%

에 불과했습니다. 인도인들의 상당수가 화장실이 아닌 들판이나 해변 등에서 볼일을 보고 있었던 겁니다. 이 같은 악습을 고치기 위해 2014년 모디 총리는 1억 1,000만 개의 화장실을 보급하는 것을 주요 목표로 하는 클린 인디아 캠페인을 발표했습니다. 그 결과, 인도의 화장실 보급률은 캠페인을 시작한 지 불과 8년 만인 2022년 5월에 81%까지 올라갔습니다.

물론 클린 인디아 정책이 바꾸고 있는 것은 인도의 작은 부분에 불과합니다. 더구나 기껏 화장실을 만들어놓고 여전히 들판에 나가 용변을 보는 사람도 많습니다. 하드웨어는 금세 바꿀 수 있어도 문화가 바뀌는 데는 시간이 걸리기 때문입니다. 그러나 우리는 이 지점에서 중국을 떠올려볼 필요가 있습니다. 사실 중국도 2000년대 전까지 도시 기반 시설, 청결과 위생 문제 등 인도가 처한 상황과 크게 다르지 않은 지역들이 대다수였습니다.

또한 인도의 성장 가능성을 생각해 보게 되는 것은, 과거 중국이 인구로 엄청난 특수를 누렸던 것처럼 인도 역시 중국과 맞먹는 14억 명의 인구를 갖고 있다는 점 때문이죠. 게다가 이미 고령화가 시작된 중국의 경우에는 2021년에 평균연령이 38세를 넘어선 반면, 같은 시기 인도의 평균연령은 29세밖에 되지 않았습니다. 이는 인도 경제의 성장 가능성을 보여주는 중요한 지표라고 할 수 있습니다.

인도는 1인당 평균 GDP가 매우 낮은 편에 속하지만 워낙 인구가 많다 보니 세계 GDP 순위에서 무려 6위를 차지하고 있는데, 그만큼 시장 규모가 크다는 뜻이 됩니다. 게다가 인도의 IT^{Information Technology}
인재들은 세계 최고 수준입니다. 이미 실리콘 밸리는 물론 금융계까
지 인도공과대학^{Indian Institute of Technology:IIT} 출신이 장악하고 있습니다.
지금은 미국에 인재를 수출하는 역할에 그치고 있지만, 만일 인도가
그들을 담을 수 있는 그릇만 제공할 수 있다면 인도의 가능성은 무
한히 열려 있습니다.

더구나 미국과 중국의 패권 전쟁이 격화되면서 인도에는 새로운
기회를 제공한 셈이 됐습니다. 미국이 중국을 대체할 새로운 생산 기
지로 인도를 꼽고 있는데, 모디 총리도 이 절호의 기회를 놓치지 않
기 위해 해외 자본이 꺼리는 인도의 복잡한 제도를 정비하고 있습니
다. 대표적으로 300개가 넘는 노동법을 정비해 인도 시장에 대한 예
측 가능성과 투명성을 높이려고 하고 있습니다.

다만 투자 측면에서는 주의할 점이 있는데, 인도의 가능성에 대한
높은 기대로 이미 인도의 주가는 다른 어떤 선진국보다도 훨씬 비싸
다는 점입니다. 2022년 9월 3일을 기준으로 우리나라 코스피^{KOSPI} 시
장의 평균 PER는 11.3, 미국 S&P500은 15.9, 일본 니케이는 15.3에
머물러 있는 반면 인도 센섹스^{SENSEX}는 무려 22.7이나 됩니다. 인도
시장에 대한 기대가 아무리 커도 미국이나 일본을 압도하는 PER는
설명이 되지 않습니다.[9]

이 때문에 인도 경제가 기대만큼 성장성을 보여주지 못한다면
증시는 다른 시장보다 더 큰 폭으로 조정받을 수 있습니다. 특히

2022~2023년까지 이어질 미국의 금리 인상 기조와 이에 따른 후폭풍까지 생각할 경우, 2024년까지는 인도 시장 접근에 주의할 필요가 있습니다. 하지만 인도 시장에서 본격적인 조정이 시작될 경우, 그동안 너무 고평가되어 접근할 수 없었던 인도 시장에 본격적으로 투자할 수 있는 시기가 열릴 가능성도 있습니다.

다만 인도에 아무리 젊은 인구가 많다고 해도 인도 역시 출산율이 점점 하락하고 있기 때문에, 결국 인도도 고령화를 겪을 수밖에 없습니다. 그런 측면에서 인도에 남아 있는 시간은 30년 정도입니다. 인도가 그사이에 의미 있는 변화를 이끌어내지 못한다면 인도는 다시 후진국으로 주저앉을 수도 있습니다. 비록 위험성이 있지만 인도는 아직 희망이 남아 있는 지구상에 몇 안 되는 기회의 땅이기 때문에, 앞으로 인도의 행보를 유심히 지켜볼 필요가 있습니다.

8. 패권 전쟁이 가져올
변동성에 올라타는 법

영국의 독일계 유대인인 로스차일드^{Rothschild} 가문은 막강한 재력을 바탕으로 오랫동안 유럽 경제는 물론 정치적 영향력까지 행사해 온 탓에, 이 가문을 둘러싸고 온갖 전설 같은 이야기가 전해 내려오고 있습니다. 로스차일드가를 둘러싼 이야기 중에 가장 대표적인 것은 네이선 로스차일드^{Nathan Rothschild}가 정보력을 활용해 큰돈을 벌었다는 '워털루 신화'라고 할 수 있습니다.[10]

1815년 6월, 워털루에서 나폴레옹^{Napoléon}이 이끄는 프랑스군과 영국·프로이센 연합군의 운명을 건 전투가 시작됐습니다. 워털루 전투는 유럽 패권의 향방을 가르는 중요한 전투였기 때문에, 그 결과에 따라 경제적으로 큰 파장을 몰고 올 수도 있었습니다. 이 때문에 영국의 투자자들도 전투의 향방에 촉각을 곤두세울 수밖에 없었습니다.

만일 워털루 전쟁에서 영국이 승리하면 더 이상 전쟁 비용을 마련하기 위해 국채를 발행할 필요가 없어지기 때문에 국채금리가 폭락하고 금리와 반대로 움직이는 국채 가격은 폭등할 가능성이 컸습니다. 반대로 영국이 패배하면 전쟁이 장기화될 가능성이 커지기 때문에 불안 심리가 확산되면서 금값이 폭등할 상황이었습니다.

당시 영국의 투자자들에게 국채와 금은 중요한 투자 수단이었기 때문에, 어디에 투자했느냐에 따라 한순간에 큰 부를 거머쥐거나 빈털터리가 될 수도 있는 상황이었습니다. 이 때문에 영국 투자자들은 남보다 먼저 전쟁의 향방을 아는 것이 중요하다고 생각하고, 이를 위해 정부에 줄을 대거나 전장戰場을 잘 아는 소식통을 찾기 위해 혈안이 되어 있었습니다.

이 패권 전쟁의 향방이 갈리는 중요한 순간에 네이선 로스차일드는 남보다 한발 앞서 나갔습니다. 전장을 따라 자신이 직접 운영하는 정보망을 촘촘히 깔아놓고, 이를 재빨리 전달하는 통신체계까지 만들었죠. 덕분에 나폴레옹의 패배가 확실해지는 순간, 네이선은 영국 정부보다 먼저 자신의 정보원들로부터 영국의 승리 소식을 전달받을 수 있었습니다.

적어도 네이선이 자신만의 정보망을 활용해 전장의 상황을 누구보다도 먼저 파악했다는 것까지는 사실입니다. 그런데 네이선 로스차일드가 승전 소식을 전해 들은 순간부터 믿기 힘든 전설이 덧붙여졌습니다. 네이선이 마치 패전 소식을 들은 것처럼 국채를 투매해 국채 가격을 20분의 1 가격으로 폭락시켰다가 다시 승전 소식을 전하면서 천문학적인 돈을 벌었다는 주장입니다.

극적인 스토리이지만 신뢰가 무엇보다 중요했던 당시 유럽 재계 상황을 고려하면 사실일 가능성은 매우 낮습니다. 누구나 다 알 수 있는 비열한 수법으로 다른 투자자를 속이고 사기를 쳐서 돈을 번 사람이 영국 금융시장을 쥐락펴락할 수는 없었을 것입니다. 네이선이 영국 금융시장을 주도하게 된 것은 단순히 돈이 많아서가 아니라 그만큼 금융계의 신뢰를 얻었기 때문이었음을 고려한다면, 이는 사실이 아닐 가능성이 훨씬 큽니다.

니얼 퍼거슨Niall Ferguson 같은 세계적인 역사학자가 보는 역사적 진실은 이 같은 확인되지 않은 전설과는 많은 차이가 있습니다.[11] 애초 네이선은 워털루 전쟁에서 영국이 패배할 것이라고 생각하고 국채보다 금을 더 많이 사두었는데, 승전 소식을 입수한 뒤 금을 손절매하고 국채를 사들여서 금 투자 손실을 만회하고도 남을 정도로 큰돈을 벌었다는 겁니다.

네이선이 패권 전쟁의 향방을 누구보다도 먼저 찾아내고 이를 활용해 큰 부를 쌓는 기회로 삼았던 것만은 분명한 사실인데, 이를 위해서는 남보다 먼저 패권 전쟁의 향방을 알아내는 것만이 아니라 그 파장이 금융시장에 미치는 영향을 정확히 파악하고 이를 적절히 활용할 수 있어야 합니다. 그 분석 능력이 떨어진다면 어떤 중요한 신호도 노이즈가 될 뿐입니다.

세계화로 성장한
국가들에 주의하라

그렇다면 패권 전쟁은 향후 세계 금융시장에 어떤 영향을 미칠까요? 안타깝지만 패권 전쟁이 격화되는 동안에는 전 세계 자산시장에 엄청난 변동성을 가져올 가능성이 큽니다. 어느 쪽이든 승자가 결정되어 패권을 장악하거나 패권 전쟁이 잦아들어야 자산 가격이 안정될 수 있습니다. 그리고 더 나아가 지난 30년과 같은 자산 가격의 지속적인 상승세가 다시 시작되려면, 패권 국가가 세계화 시대의 미국처럼 포용적인 정책을 펼쳐야 합니다.

그러나 변동성이 커졌다고 해서 투자할 곳이 사라졌다는 뜻은 아닙니다. 오히려 주가와 국채 가격, 그리고 금과 원자재 가격은 물론 환율까지 급등락을 거듭하면서 수없이 많은 투자 기회를 제공할 가능성이 큽니다. 다만 변동성이 워낙 크기 때문에, 과거처럼 언제든 주식이나 부동산 등 위험자산을 무조건 사두기만 하면 끝없이 오르기만 하던 시대는 패권 전쟁이 마무리될 때까지 쉽게 돌아오지 않을 겁니다.

특히 패권 전쟁이 격화되면 가장 주의해야 할 나라는 그동안 세계화를 통해 많은 이득을 봤던 나라들입니다. 그 대표적인 나라로는 중국과 독일, 그리고 우리나라를 들 수 있습니다. 이 책에서 설명한 것처럼 중국은 세계화를 토대로 빠른 성장을 해왔습니다. 이제 세계화가 퇴조하고 있는 만큼 중국이 이 같은 시대 변화에 대응하려면 세계 시장을 대신할 내수 시장을 키울 수 있느냐가 관건이 될 것입니다.

유럽의 경제적 버팀목이었던 독일도 사실 따지고 보면 세계화 덕에 부활했던 대표적인 나라인데, 1990년대 '유럽의 병자'라고 불렸던 독일이 다시 성장을 시작한 것은 유럽 통합을 통한 시장 확대가 중요한 역할을 했습니다. 게다가 세계화 덕분에 값싼 러시아산 천연가스를 사서 중국에 중간재를 수출해 그동안 엄청난 이득을 누려왔죠. 이제 독일의 부활을 이끌었던 세계화가 끝난 만큼 독일 경제의 향방을 지켜볼 필요가 있습니다.

우리나라도 세계화로 큰 이득을 본 나라 중에 하나인데요. 세계화로 혜택을 본 중국이 급속도로 성장하자 중국에 대한 수출이 폭발적으로 늘어나면서 성장률을 끌어올렸습니다. 이로 인해 중국에 대한 의존도가 높아지면서 우리나라 전체 수출의 30%를 중국과 홍콩이 차지할 정도가 됐습니다. 지금까지는 세계화가 성장의 원동력이었지만, 앞으로는 세계화의 퇴조가 시작되면서 자칫 족쇄가 될 가능성도 있습니다.

성장하는 내수 시장,
자원 부국에 주목하라

반대로 패권 전쟁에서 몸값을 높여가는 나라들도 있는데, 아직 본격적인 고령화가 시작되지 않아 성장하는 내수 시장을 가진 인도, 인도네시아, 나이지리아, 케냐 같은 나라들이 대표적인 사례입니다. 물론 이런 나라들은 인프라 시스템과 산업 생태계가 낙후되어 있기 때문에 과연 패권 전쟁이 가져다줄 기회를 자신들에게 유리하게 활용할 수 있을지는 불확실하지만, 이제 세계에서 얼마 안 남은 기회의 땅이기 때문에 관심을 기울일 필요가 있습니다.

또한 패권 전쟁의 한 수단으로 자원의 무기화가 가속화되면서 자원 부국들도 관심의 대상이 되고 있는데, 뒤에 설명할 카자흐스탄이 대표적 사례이지만 영미권 국가들 중에서도 캐나다나 호주처럼 풍부한 자원을 갖고 있는 국가들에 관심을 가질 필요가 있습니다. 미국이 자원의 무기화를 내세우는 중국·러시아와 상대하려면 결국 호주나 캐나다와의 협력을 강화할 수밖에 없기 때문입니다.

앞으로 패권 전쟁의 시대에는 자산 가격 변동에 철저히 대비해야 하는데, 이를 위해서는 네이선과 같이 세계정세를 보는 눈을 갖는 것이 가장 중요합니다. 앞으로 세계경제와 금융시장의 흐름을 따라잡으려면 국제 정세의 변화를 함께 파악해야 하는데, 그 배경에 있는 지정학적·역사적 원인들을 알아야 현재의 국제 정세를 정확히 이해

할 수 있다는 점을 명심해야 합니다.

　만일 이렇게 급변하는 국제 정세의 변화에 대한 선제적 대응이 어렵다면, 포트폴리오를 잘 짜서 대응하는 방법이 필요합니다. 이를 위해서는 국내 원화 표시 자산에만 머무르지 말고 전 세계를 무대로 철저히 분산해서 투자를 하는 것이 중요합니다. 제가 이전에 출간했던 책들에서 누누이 강조해 온 것처럼 달러를 위시해 외화 표시 자산을 확보해 두는 것이 가장 중요한데, 그렇게 잘 짜인 포트폴리오는 패권 전쟁의 위기를 기회로 바꾸어주는 결정적 계기가 될 것입니다.

GIANT
IMPACT

4부.

에너지

탈세계화와 기후 위기 속
떠오르는 패권의 무기

1. 지금 에너지 패권 경쟁이
뜨거워진 까닭

제2차 세계대전 당시 독일군이라고 하면 대전차 부대를 자랑하는 기계화 사단이 떠오르실 겁니다. 그러나 이 같은 상상과 달리, 실제로 독일군의 주력부대는 전쟁 내내 말과 마차에 의존해 전쟁을 치렀습니다. 제2차 세계대전 기간에 독일은 무려 275만 마리의 말을 동원했는데, 당시 미국이 5만 2,000마리, 영국이 한 마리도 없었던 것과는 상당한 차이가 있죠.[1]

막강한 대전차부대를 가진 독일이 도대체 왜 말을 동원해 전쟁을 치러야 했을까요? 당시 독일은 세계 최고 성능의 탱크와 로켓, 그리고 잠수함 등을 만들 탄탄한 제조업 생산 기반을 갖추고 있었습니다. 그런데 문제는 이를 운용할 석유가 턱없이 부족했다는 것이죠. 전쟁 초반 전차를 앞세운 신속한 기동으로 초기에 끝내고자 했던 독일의 전격전電擊戰, Blitzkrieg이 사실은 석유가 부족했던 독일의 어쩔 수 없는 선택이었던 것입니다.

제2차 세계대전 직전 세계 최대의 산유국은 미국이었고, 멕시코와 카리브해 등 북미 지역이 세계 전체 원유 생산량 중 63%의 비중을 차지하고 있었습니다. 소련과 루마니아는 각각 12%를 차지했고, 인도네시아와 중동 지역에서도 원유 개발이 시작됐지만 세계 시장에서 차지하는 비중은 미미한 상황이었습니다.[2]

당시 전 세계 원유 시장은 미국과 영국이 장악하고 있었다고 해도 과언이 아니었으니, 독일이 전쟁을 치르려면 자국의 풍부한 자원인 석탄을 액화Liquefaction시켜야 했습니다. 하지만 이 방법은 에너지 효율이 너무나 낮았습니다. 그나마 전쟁 초기에는 점령지에서 탈취한 석유와 루마니아 유전으로 간신히 버틸 수 있었는데, 석유가 점점 부족해지면서 막강한 독일군의 전력에 금이 가기 시작했습니다. 매일같이 영국을 공습하던 독일 공군도 연료 부족 앞에 무릎을 꿇었고, 세계 최강의 전차 군단을 이끌던 로멜Erwin Rommel 장군도 유류 부족으로 고전해야 했습니다.

그러다가 독일군에게 사형선고나 다름없던 일이 일어났습니다. 1944년 5월 독일의 석탄 액화 공장이 연합군의 폭격으로 파괴된 겁니다. 파괴된 생산 시설을 돌아보던 독일의 군수장관 알베르트 슈페어Albert Speer는 일기에 "이날을 잊지 못할 것이다. 전쟁은 사실상 끝났다"라고 적었습니다. 사실 제2차 세계대전의 뒤에는 치열한 에너지

전쟁이 있었던 셈입니다.[3]

석탄, 석유, 천연가스……
에너지는 패권의 핵심

18세기 영국에서 산업혁명이 시작된 이후 인류는 에너지에 대한 의존도가 높아지기 시작했습니다. 특히 18세기 1차 산업혁명이 석탄의 시대라면, 20세기 시작된 2차 산업혁명은 석유의 시대였다고 할 수 있습니다. 그 결과 제2차 세계대전 중 독일의 사례에서 볼 수 있듯이 제아무리 막강한 군대를 갖고 있어도 석유가 없으면 무용지물이 된 것입니다.

제2차 세계대전 이후 미국이 세계 패권을 장악하고 유지하는 데에는 에너지가 핵심적인 역할을 해왔습니다. 일찌감치 사우디 왕가와 손잡고 석유를 개발해 세계 에너지 시장에서 막강한 영향력을 발휘해 온 데다 사우디 원유를 달러로만 거래하도록 사우디와 협정을 맺은 덕분에 오랫동안 달러의 기축통화 지위를 지켜왔다고 할 수 있습니다.

사실 인공지능, 양자컴퓨터, 자율주행차 등 아무리 혁신적인 기술을 개발한다고 해도 이를 가동시킬 에너지가 없으면 기술은 아무런 소용이 없습니다. 게다가 에너지가 없다면 우리가 생존하기 위해 필요한 기본적인 것조차 흔들릴 수밖에 없죠. 그런 측면에서 에너지는 우리 문명을 유지하는 데 가장 필수적인 요소라고 할 수 있습니다.

이 때문에 불과 20~30년 전까지만 해도 이처럼 소중한 에너지가 고갈되는 것을 걱정하는 목소리가 컸습니다. 지질학자 킹 허버트^{King Hubbert}가 주장한 '피크 오일 이론^{Peak Oil Theory}'이 대표적인 사례입니다. 1956년 킹 허버트는 석유 생산량이 2000년까지 급증하다가 그 이후에는 급감하는 종 모양의 곡선을 그리며 고갈될 것이라고 주장했습니다.

그러나 그의 예측과 달리 2020년대에도 석유는 여전히 고갈되지 않고 있습니다. 이 때문에 킹 허버트의 '피크 오일' 주장은 종종 웃음거리로 취급되곤 합니다. 하지만 석유와 천연가스의 미래를 정확히 이해하려면 왜 킹 허버트의 주장이 틀렸는지를 꼼꼼히 따져볼 필요가 있습니다.

사실 피크 오일 주장은 한 지역만 놓고 보면 너무나 당연한 얘기입니다. 어떤 유전이든 석유를 캐낼 수 있는 기간에는 한계가 있기 때문입니다. 그런데도 그의 피크 오일 주장이 틀린 이유는, 추가적인 탐사로 새로운 유전이 끊임없이 개발됐기 때문입니다. 그렇다면 우리는 어떻게 새로운 유전을 계속해서 개발할 수 있었던 것일까요?

첫 번째는 이 책 1부에서부터 얘기한 세계화 덕분입니다. 킹 허버트의 시대에는 냉전이 한창이었기 때문에 서구의 자본으로 개발할 수 있는 유전에 한계가 있었습니다. 그러나 1990년대 이후 시작된 세계화로 서구의 자본과 기술로 구소련이나 제3세계였던 국가에서 새로운 유전을 대거 개발할 수 있게 된 것입니다.

두 번째는 석유를 찾기 위한 끝없는 기술 개발과 탐사 덕분입니다. 킹 허버트 시대에는 유가가 지금과 비교할 수 없을 정도로 쌌기 때문에 투자에 한계가 있었지만, 1970년대 오일쇼크 이후로 석유 가격이 폭등하자 활발한 유전 탐사와 기술혁신이 일어난 겁니다. 2009년 유가 폭등이 셰일오일 혁명으로 이어진 것도 같은 맥락이라고 할 수 있습니다.

신재생 에너지로의 전환, 급변하는 에너지 전쟁

그러나 이제 이 두 가지 요인에 큰 변화가 생겼는데, 앞서 설명한 것처럼 패권 전쟁과 탈세계화 현상이 가속화되면서 예전처럼 경제적 효율성만 놓고 자원을 개발하기가 쉽지 않게 됐습니다. 심지어 자원을 무기화하는 현상까지 나타났는데, 이는 과거 세계화 시대처럼 국경을 넘어 얼마든지 자원을 개발하던 시대와 비교할 때 큰 제약이 될 가능성이 큽니다.

또 다른 문제는 바로 신재생 에너지로의 전환입니다. 물론 당장 내일부터 모든 에너지가 신재생 에너지로 바뀐다면 문제가 없겠지만, 신재생 에너지로 전환할 때까지는 상당한 시간이 걸릴 수밖에 없

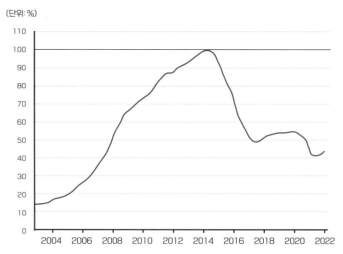

<그림 4-1> 미국 원유 기업들의 오일 생산에 대한 투자 추이

(단위: %)

참고: 세로축은 2014년을 100으로 한 자본적 지출 비율.
자료 : Longview Economics, Macrobond.

습니다. 문제는 신재생 에너지로의 전환이 확실시된 상황에서 산유국이나 원유 회사가 굳이 많은 돈을 들여서 기술혁신이나 유전 탐사에 나설 이유가 없다는 점입니다.

〈그림 4-1〉은 원유 회사들의 자본적 지출Capital Expenditure:CAPEX, 즉 기업이 미래에 이윤을 창출하기 위해 지출한 비용을 나타낸 그래프입니다. 2004년부터 2022년까지 자본적 지출이 최고치를 찍었던 2014년을 100으로 잡고 자본적 지출의 변화를 나타낸 겁니다. 그런데 2022년에 유가가 폭등했음에도 자본적 지출은 2014년 투자의 절반도 안 되는 43.9%에 머물러 있는 것을 확인할 수 있습니다.

이처럼 자본적 지출이 줄어들면 신규 유전 개발이나 기술혁신이 정체될 수밖에 없는데, 이는 신재생 에너지로 전환되는 과도기에 기존 유전에 대한 의존도를 높일 가능성이 큽니다. 게다가 기존 유전은 시간이 갈수록 생산량이 줄어들 수밖에 없기 때문에, 앞으로 신재생 에너지로 전환하는 과정에서 원유 가격이 요동칠 가능성이 더욱 커질 수밖에 없습니다.

특히 원유 수출이 전체 경제에서 차지하는 비중이 높은 산유국들은 신재생 에너지 전환 전까지 최대한 이윤을 확보해야 신재생 에너지 전환 이후를 대비할 수 있습니다. 이 때문에 산유국들과 선진국들 사이에 치열한 신경전이 벌어질 가능성이 큽니다. 이는 향후 원유와 천연가스 등 화석 에너지 시장 전체를 뒤흔드는 중요한 요인이 될 수 있습니다.

가장 큰 문제는 패권 전쟁이 격화되면서 에너지 자원이 무기화되는 건데, 제2차 세계대전 당시 에너지가 승패를 갈랐던 전례가 있었던 만큼 에너지 자원을 두고 치열한 각축전이 벌어질 수 있습니다. 이 경우 우리나라처럼 경제적으로 미국과 중국의 경계에 위치해 있으면서 자원이 빈약한 나라가 가장 큰 타격을 받을 수 있기 때문에 더욱 유의해야 합니다.

우리는 지난 30년 동안 세계화의 물결 속에서 싼값에 풍부한 화석 에너지를 마음껏 쓰면서 살아왔기 때문에, 그 풍요 속에서 에너지의 소중함을 잊고 살아왔습니다. 그러나 다시 시작된 패권 전쟁 속에서 화석 에너지의 중요성은 다시금 높아질 겁니다. 이 에너지 위기를

어떻게 넘기느냐에 국가의 미래는 물론 투자의 향방이 달려 있다고
해도 과언이 아닙니다.

2. 미국이 믿었던 '셰일 혁명'은
왜 무너지고 있을까

제2차 세계대전 이후 에너지의 중요성을 절감한 미국은 다른 어떤 지역보다 중동 정세에 유독 깊숙이 관여해 왔습니다. 중동 지역에는 세계 전체 매장량의 47%에 이르는 엄청난 원유가 매장되어 있기 때문인데, 미국은 사우디아라비아의 안보를 보장해 주거나 상황에 따라서는 이라크를 직접 침공하기도 하는 등 온갖 외교적·군사적 역량을 쏟아부었습니다.

그런데 2010년대 들어 미국에서 '셰일 혁명'이 일어나면서 상황이 달라지기 시작했습니다. 2010년만 해도 하루 100만 배럴에도 미치지 못했던 셰일오일 생산량이 폭발적으로 증가하면서 2019년에는 하루 800만 배럴로 급증했습니다. 이는 세계 원유 생산량의 8%에 이르는 엄청난 물량이었습니다.

미국은 어떻게
석유 부국이 되었는가

이렇게 원유 생산량이 급증한 탓에 2014년 100달러를 돌파했던 국제 유가는 2016년 30달러 선으로 주저앉았습니다. 결국 유가 폭락으로 위기에 빠진 오펙 13개 회원국은 러시아 등 10개 비회원국을 끌어들여 오펙플러스OPEC⁺로 확대하고 파격적인 원유 감산에 들어가 간신히 유가를 끌어올리는 데 성공했습니다.

그러나 이 같은 감산은 단기적으로는 유가를 떠받쳤을지 몰라도 장기적으로는 오히려 오펙 회원국들에게 불리한 결과를 가져왔습니다. 중동 지역에 비해 생산 비용이 높아 좀처럼 개발을 하지 못했던 미국의 셰일오일 업자들이 대대적인 투자를 시작하는 바람에, 결국 미국 셰일오일 생산량만 늘어난 겁니다. 그 결과 미국이 오펙플러스 회원국들이 감산한 물량을 채워나가면서 세계 최대의 산유국으로 떠올랐습니다.

이처럼 미국이 석유 부국으로 떠오르자, 오바마 행정부에서는 중동 지역에 대한 관심이 크게 줄어든 모습을 보이기 시작했습니다. 중동 지역에 대한 미국의 개입을 축소하는 전략으로 선회한 겁니다. 이제 더 이상 비용 대비 효과가 떨어지는 중동에 천문학적인 비용을 지출할 필요가 없게 됐다고 판단했는지 정치적·군사적으로 중동에서 점점 발을 빼는 전략으로 선회했습니다.

그러나 중동에 대한 개입을 축소하기 전에 반드시 풀어야 할 숙제가 하나 있었습니다. 어떤 방식이든 이란과의 관계를 정리해 놓아야 한다는 점이었습니다. 당시 핵무기 개발을 하고 있던 이란은 이스라엘뿐만 아니라 사우디아라비아 같은 수니파 왕정 국가를 타도 대상으로 삼고 있었기 때문에, 이란과의 대결 국면을 풀지 못한 채 미국이 중동에 대한 개입을 축소할 경우 중동 지역에서 불안을 야기할 수도 있었기 때문입니다.

그래서 2015년 오바마 행정부는 이란과의 핵 합의(포괄적 공동행동계획, JCPOA)를 타결했는데, 당시 오바마 행정부는 중동 지역의 두 강국 사우디와 이란이 서로 견제하는 구조를 만든 뒤 자신들은 조금씩 중동에서 발을 빼려 했던 것으로 보입니다. 또 이란이 국제 무대로 복귀해 원유를 팔 수 있게 되면 유가가 장기적으로 안정세를 보일 것이라는 기대도 한몫을 했습니다. 이에 대해서는 뒤에서 자세히 알아보겠습니다.

문제는 이 같은 핵 합의에 대해 이스라엘은 물론 사우디 등 대부분의 수니파 국가들이 강력히 반발한 것입니다. 특히 이듬해인 2016년 오바마Barack Obama 대통령의 사우디 방문 당시 살만 빈 압둘아지즈 알 사우드Salman bin Abdulaziz Al Saud 사우디 국왕이 평소와 달리 마중을 나오지 않은 것은 물론, 사우디 국영 TV들도 오바마 대통령의 방문을 생중계하지 않았습니다. 이와 관련해서 이란 핵 합의에 대해 사우디의 불편한 심기를 나타낸 것이라는 분석이 많았습니다.

게다가 사우디를 방문한 오바마 대통령은 이란 지도자들에 대해 전향적 태도를 가지라고 압박했죠. 때마침 미국 의회가 오바마 대통령의 거부권 행사에도 불구하고 9·11 테러 연관설이 제기된 사우디 정부에 희생자 가족들이 민사적 책임을 물을 수 있는 '테러 지원국에 맞서는 정의 법^{JASTA}'을 끝내 통과시켰습니다. 이에 대해 사우디는 자신들이 보유한 7,500억 달러어치의 미국 국채를 한꺼번에 투매할 것이라며 경고하기도 했습니다.

이 같은 오바마 대통령의 중동 정책을 취임 전까지 거칠게 비판했던 트럼프 대통령은 2017년 취임 후 오바마 대통령보다 더한 고립주의 정책을 펴기 시작했습니다. 그 대표적인 사례가 바로 2019년 시리아 철군에 이어 쿠르드족에 대한 튀르키예의 군사작전을 눈감아 준 것이죠. 이로써 미국을 철석같이 믿고 IS$^{Islamic State}$(수니파 이슬람 극단주의 무장단체) 격퇴 작전에서 선봉에 섰다가 1만 명이 넘는 병력을 잃었던 쿠르드족은 사실상 미국에게 버림받은 셈이 됐습니다.

당시 트럼프 대통령은 트위터에 "쿠르드족은 우리와 같이 싸웠지만, 그러기 위해 그들에게 엄청난 돈과 장비가 들어갔다"라고 철군 이유를 밝혔습니다. 미국의 철군으로 중동의 주도권은 이란과 러시아에게 기울었고, 이란과 앙숙인 이스라엘과 사우디에는 극심한 불안감을 안겨주었습니다. 가장 큰 문제는 친미 성향의 아랍인들에게 과연 미국의 약속을 신뢰할 수 있는가에 대한 근본적인 불신을 안겨주었다는 점입니다.

바이든 대통령은 한술 더 떠서 사우디 언론인 자말 카슈끄지^{Jamal} Khashoggi 피살 사건의 배후로 무함마드 빈 살만^{Mohammed bin Salman} 왕세자를 지목하고, 사우디를 국제사회에서 '왕따'시키겠다는 발언까지 했습니다. 더구나 예멘 반군 세력의 위협에서 사우디 영공을 지키는 데 필요한 패트리어트 미사일 판매까지 중단시켜 사우디의 분노를 샀습니다. 이 같은 역대 미국 대통령들의 정책 기조로 중동에서 미국의 영향력은 약화되고 중국과 러시아의 영향력만 커지고 말았습니다.

중동의 반격,
미국이 사면초가에 처하다

미국이 이렇게 중동에서 자꾸 발을 빼려고 하는 배경에는 셰일 혁명으로 인한 자신감이 자리 잡고 있다고 해도 과언이 아닙니다. 셰일 혁명 이후 세계 최대 산유국의 지위를 되찾은 미국이 스스로를 에너지 독립국가라고 보고 더 이상 중동에 에너지를 의존할 필요가 없다고 생각하게 된 것입니다. 그 결과 투입되는 비용 대비 성과가 불확실한 중동 개입이 더 이상 실익이 없다고 판단한 것이라고 볼 수 있습니다.

그러나 러시아·우크라이나 전쟁이 일어나면서 이 같은 생각이 섣부른 판단이었음이 드러났습니다. 러시아에 대한 서방의 제재가 시작되자 유가와 천연가스 가격이 폭등했고, 그 결과 미국과 유럽은 인플레이션의 함정에 빠지고 말았습니다. 더구나 러시아가 유럽으로 향하는 천연가스 공급을 끊으면서 반격을 시작하자 유럽은 극심한 전력난에 난방 위기까지 겪게 되었는데, 오히려 러시아는 제재 이후 사상 최대의 무역 흑자를 기록했습니다.

다급해진 바이든 대통령이 2022년 7월, 사우디를 직접 찾아가 그토록 무시했던 무함마드 빈 살만 왕세자에게 원유 증산을 요청했지만, 이미 마음이 돌아선 사우디는 오히려 감산으로 응수했습니다. 이 때문에 에너지 문제가 좀처럼 풀리지 않고 있습니다. 그렇다면 그동안 미국에게 자신감을 불어넣었던 셰일 혁명은 이 같은 에너지 위기 속에서 왜 제 역할을 하지 못하고 있는 것일까요?

첫 번째 이유는 바이든 대통령이 취임과 동시에 국유지에서 신규 셰일오일 개발을 제한하고 캐나다와의 송유관 사업을 취소하는 등 강력한 규제 정책으로 규제 리스크를 키웠기 때문입니다. 셰일오일을 개발해서 원유를 생산할 때까지 상당한 투자위험을 감수해야 하는데, 정부가 언제 규제를 강화할지 모른다는 정부 리스크까지 우려해야 하는 상황이 되면서 셰일오일 개발이 크게 위축된 겁니다.

두 번째 이유는 바이든 행정부가 전기차 확대와 태양광발전 등 강력한 탈탄소 정책을 내놓으면서 미국의 월가가 화석연료와 관련된 투자를 거의 중단하다시피 했기 때문입니다. 새로운 셰일오일을 탐사해서 개발하고 생산하기까지는 몇 년씩 걸리는 경우가 많은데, 지

금 셰일가스에 투자했다가 신재생 에너지로 전환되고 나면 원유 가격이 폭락해 낭패를 당할 수도 있기 때문입니다.

마지막 이유는 새로운 탐사나 개발이 줄어든 상태에서 기존의 셰일오일 유전에 남은 자원이 급격히 줄어들고 있다는 점입니다. 이와 관련해서는 2022년 2월 《월스트리트 저널The Wall Street Journal》에 실린 〈셰일 시추 업체들은 셰일 붐이 끝날 것에 대비하고 있다Oil Frackers Brace for End of the U.S. Shale Boom〉라는 제목의 기사 내용에 주목할 필요가 있습니다.[4]

《월스트리트 저널》은 지금까지 미국의 셰일 업체들이 빠른 성장을 추구하면서 해마다 생산량을 크게 늘려왔지만, 만일 앞으로 생산량을 한 해 30%씩 늘려나간다면 불과 몇 년 안에 원유가 바닥날 수 있다고 보도했습니다. 그리고 지금의 생산량을 그대로 유지한다면 10~20년 동안 계속 시추할 수 있다는 겁니다.

대형 셰일오일 업체들이 생산량을 유지하기 위해서는 해마다 수백 곳에 시추 장비를 설치해야 합니다. 셰일 유전은 엄청난 압력으로 뿜어져 나오기 때문에 초기에 많은 양의 원유를 생산할 수 있지만, 시간이 가면서 압력이 줄어들어 생산량이 급감하는 특성이 있습니다. 이 때문에 셰일오일 생산량은 예측치를 크게 밑돌고 있다고 합니다.

이러한 까닭에 바이든 대통령이 셰일 업자들에게 석유 생산을 늘려달라고 아무리 호소해도 조만간 셰일오일이 고갈될 것을 우려해 생산을 늘리지 못하고 있습니다. 게다가 최근 인플레이션으로 원자재 가격과 노동비용이 크게 뛰어올랐고, 금리 인상으로 자금 조달이 어려워졌기 때문에 시추 설비를 늘리는 데도 어려움을 겪고 있습니다.

성급했던 미국, 그리고 앞으로의 세계

이처럼 여러 가지 원인들이 복합적으로 작용하면서 셰일오일 생산이 기대치를 밑돌고 있는데, 당장은 생산량을 유지하겠지만 과거와 같은 셰일 혁명의 열풍이 계속될 수 있을지는 불확실한 상황이 됐습니다. 게다가 그동안 미국이 셰일 혁명에 대한 과도한 자신감으로 성급하게 중동에서 발을 빼려다 그만 미국에 매우 불리한 정치 지형을 만들어놓았습니다.

그 결과 2022년 7월 바이든 대통령이 자존심을 버리고 사우디와 오펙의 주요 회원국들에게 원유 증산을 요청했음에도 불구하고, 9월 오펙플러스 회의에서는 증산은커녕 하루 10만 배럴 감산을 결정했습니다. 이제 국제 유가는 미국의 통제를 완전히 벗어난 만큼, 한 치 앞도 내다볼 수 없는 불확실한 상황이 펼쳐질 가능성이 큽니다.

앞으로 국제 유가를 좌우할 요소는 크게 네 가지로 나눠볼 수 있습니다. 첫째, 연준과 각국 중앙은행의 금리 인상 속도와 이를 유지하는 기간입니다. 만일 연준이 빠르게 금리를 올린 다음 경기 침체 우려에도 아랑곳하지 않고 상당 기간 고금리를 유지할 경우 경기 침체는 피하기 어렵습니다. 이 경우에는 경제 활동이 위축되어 유가를 끌어내리는 강력한 요인이 될 수 있습니다.

둘째, 오펙플러스 회의에 대한 미국의 영향력이 크게 줄어든 탓에, 앞으로 세계 원유 시장에서 1~2위 수출국인 사우디와 러시아의 입김이 더욱 강해질 수밖에 없습니다. 그런데 만일 사우디와 러시아가 손잡고 에너지를 무기화할 경우 서방, 특히 유럽의 어려움이 계속 가중될 수 있습니다. 이 경우 에너지 사용이 늘어나는 북반구의 겨울

철이 취약해질 가능성이 큽니다.

셋째, 아무리 석유를 무기화한다고 해도 유가가 계속 높게 유지되는 것이 산유국들에게 달가운 일만은 아닙니다. 고유가가 계속되면 대체 에너지 전환을 가속화시켜 장기적으로는 원유 수요를 끌어내리는 원인이 될 수도 있기 때문입니다. 이 때문에 지속적으로 고유가를 유지하기보다는 서방 경제가 취약한 결정적인 타이밍을 노려 시장을 흔들 가능성이 더 큽니다.

넷째, 당장 유가에 가장 큰 영향을 미칠 요인은 중동의 숙적이라고 할 수 있는 사우디와 이란의 관계라고 할 수 있습니다. 사우디가 과연 지금처럼 동맹인 미국과 계속 거리를 둘지, 미국은 이란과의 핵합의 복원에 성공할지, 그리고 이런 상황 속에서 사우디와 이란은 어떤 관계를 형성해 나갈지가 유가에 큰 영향을 미칠 수 있습니다. 다음 장에서 에너지 패권 경쟁의 핵심 축 중에 하나이며 향후 중동 패권의 향방을 가를 사우디와 이란의 관계를 더 살펴보겠습니다.

3. 중동 자원 전쟁의 향방: 이란과 사우디

미국이 세계 패권을 장악했던 시기에는 좋든 싫든 미국이 주도하는 세계 질서에 순응할 수밖에 없었습니다. 물론 이때도 미국의 패권에 반기를 든 이라크나 베네수엘라 같은 나라가 있었지만, 결국 미국의 군사적 침공이나 경제제재로 몰락의 길을 걸어야 했습니다. 이처럼 미국이 세계 패권을 장악한 시기에는 지역 패권이라는 게 큰 의미가 없었습니다.

하지만 미국과 중국의 패권 전쟁이 격화된 이후에는 상황이 완전히 달라졌습니다. 미국과 중국·러시아가 지역 패권 국가들을 서로 자기 진영으로 끌어들이려고 하면서 인도와 같은 지역 패권 국가의 위상이 크게 높아졌습니다. 또한 미국의 패권에 틈새가 벌어지기 시작하면서 각 지역에서는 지역 패권을 놓고 더욱 치열한 경쟁이 벌어지고 있습니다.

중동,
미국 중심 패권에 반기를 들다

가장 먼저 치열한 지역 패권 전쟁이 벌어진 곳은 바로 중동 지역입니다. 신재생 에너지 전환이 시작되었다고 해도 아직까지는 화석연료에 의존하고 있기 때문에 중동 지역은 여전히 중요한 지역입니다. 중동 지역의 패권을 장악할 경우 세계 에너지 질서를 좌우할 큰 영향력까지 갖게 됩니다.

그런 측면에서 사우디아라비아의 실권자인 무함마드 빈 살만 왕세자의 행보를 주목해야 합니다. 특히 중동 지역의 질서를 뒤흔드는 그의 야심 찬 도전은 정체되어 있던 사우디아라비아에 새로운 기회가 될 수도 있지만, 자칫 잘못하면 사우디뿐만 아니라 전 세계를 뒤흔드는 위험한 미래를 가져올 수도 있기 때문입니다.

사우디가 석유 시장에서 강력한 힘을 행사하는 이유는 원유 매장량이 베네수엘라에 이어 2위를 차지할 정도로 풍부할 뿐만 아니라, 필요에 따라 얼마든지 증산과 감산을 할 수 있는 탄력적인 생산구조를 갖고 있기 때문입니다. 더구나 원유 생산 단가는 1배럴에 10달러 수준으로, 미국이나 러시아의 절반도 되지 않기 때문에 마음만 먹으면 석유 시장을 쥐락펴락할 수 있습니다.

그러나 1970년대 오일쇼크 때를 제외하면 지금까지 사우디아라비아가 세계 에너지 시장을 뒤흔드는 일은 극히 드물었습니다. 오히려 원유 수급이 불안해지거나 국제 유가가 급등할 때마다 세계 패권 국가인 미국과의 긴밀한 협력 속에서 원유 생산량을 조절해 국제 유가를 안정시키는 역할을 해왔습니다.

그러나 무함마드 빈 살만이 2017년 32살의 나이로 우여곡절 끝에 사우디의 실권을 장악한 뒤에는 완전히 상황이 달라졌습니다. 2022년 국제 유가가 급등하자 바이든 대통령이 원유 증산을 요청했는데도 이를 거부했는데, 이처럼 이전의 사우디와는 달라진 행보 때문에 앞으로 중동 질서에도 큰 변수가 될 가능성이 있습니다.

무함마드 빈 살만, 사우디의 부흥을 꿈꾸다

그렇다면 무함마드 빈 살만은 어떤 인물일까요? 왕위 계승자가 아니었던 무함마드 빈 살만은 비교적 자유분방한 유년 시절을 보냈는데, 2017년 제1왕세자였던 무함마드 빈 나예프Mohammed bin Nayef를 폐하고 실권을 잡았습니다. 그 뒤 친·인척인 왕족들을 부정부패 명목으로 호텔에 감금하고 위협해 그들의 재산을 국고로 몰수하는 과격한 행보를 보이기도 했는데, 심지어 이 과정에서 왕족들을 고문했다는 얘기까지 나돌았습니다.

게다가 사우디를 공식 방문한 사드 하리리$^{Saad\ Hariri}$ 레바논 총리를 납치해 사임하라고 협박하기까지 했습니다. 사우디가 레바논을 지원하고 있는데도 총리가 자신의 말을 잘 듣지 않는다는 이유에서였는데, 결국 무함마드 빈 살만 왕세자의 강압으로 사우디 TV를 통해 총리직에서 사임하겠다고 발표한 뒤에야 풀려났습니다. 그러나 레바논으로 돌아가 사임을 철회하는 바람에 물의만 일으키고 실익은 전혀 없는 일이 됐습니다.

이런 과격한 돌출 행동에도 불구하고 서방은 그를 여전히 젊은 개혁가의 이미지로 보고 있었습니다. 그도 그럴 것이, 무함마드 빈 살만이 실권을 잡은 이후 사우디 최초로 여성이 운전하는 것과 직장에서 남녀가 함께 근무하는 것을 허용하는 등 파격적인 개혁을 단행했기 때문입니다. 게다가 석유 의존적인 경제구조에서 벗어나 사우디를 첨단 기술의 중심지로 만들겠다는 국가 개발 프로젝트 '비전 2020'은 전 세계적으로 큰 관심을 받았습니다.

그러나 서방이 갖고 있던 긍정적인 이미지를 한 번에 무너뜨리는 사건이 일어났습니다. 2018년 10월 사우디 언론인 자말 카슈끄지 피살 사건의 유력한 배후로 무함마드 빈 살만 왕세자가 지목된 겁니다. 카슈끄지는 무함마드 빈 살만 왕세자를 강력하게 비판해 온 사우디의 언론인이자 미국 《워싱턴 포스트$^{The\ Washington\ Post}$》의 칼럼니스트였는데, 튀르키예에 있는 사우디 영사관을 방문했다가 피살당한 겁니다.

사우디도 아닌 튀르키예에서 언론인을 국가가 잔인한 방식으로 살해한 사건으로 부각되면서 전 세계적으로 큰 파장을 일으켰습니다. 이로 인해 무함마드 빈 살만 왕세자는 서방에서 인권을 탄압하는 잔혹한 독재자로 낙인이 찍혔고, 그가 야심 차게 내세웠던 '비전 2020'도 서방 투자자에게 외면받기 시작했습니다.

당시 트럼프 대통령은 카슈끄지 문제에 대해 갈팡질팡하는 모습을 보여줬는데, 서방의 비난이 계속되자 사우디에게 책임을 묻겠다고 했다가 다시 흐지부지 넘어가는 모습을 보였습니다. 이 같은 행보는 예측 불허에 일관성 없는 트럼프 대통령의 독특한 정치 스타일로도 볼 수 있지만, 사우디 석유의 막강한 힘을 고려했다고 보는 것이 더 타당할 것 같습니다.

그러나 바이든 대통령이 당선된 이후 미국의 태도가 완전히 달라졌는데, 바이든 대통령은 경선 당시에도 사우디에는 미국의 무기를 팔지 않고 사우디를 '왕따Pariah (버림받은 자)' 시키겠다고 공언했습니다. 그리고 대통령이 된 뒤에는 이를 실제로 행동에 옮기기 시작했는데, 사우디가 요청한 패트리어트 미사일 등의 판매를 사실상 중단시킨 겁니다.

이런 강경책으로 무함마드 빈 살만 왕세자의 영향력이 급격히 축소되나 싶었는데, 이 모든 것을 한 번에 뒤집는 사건이 일어납니다. 러시아가 우크라이나를 침공한 이후 러시아에 대한 원유 수출 제재 조치가 시작되면서 국제 유가가 폭등한 겁니다. 그 여파로 세계 물가가 폭등하자 원유 수출 1위 국가인 사우디의 원유 증산이 세계 물가 안정에 중요한 열쇠가 되었습니다.

결국 앞서 언급한 것처럼, 바이든 미국 대통령이 원유 증산을 부탁하기 위해 사우디까지 찾아가 무함마드 빈 살만 왕세자와 정상회담을 가졌습니다. 바이든 대통령은 원유 증산에 대한 긍정적인 반응을 얻어냈다고 주장했지만, 사우디는 원유 증산 논의 자체가 없었다며 바이든 대통령의 말을 무시하는 촌극이 빚어졌습니다.

그 대신 바이든 대통령은 무함마드 빈 살만 왕세자에게 엄청난 선물만 안겨준 셈이 됐는데, 무함마드 빈 살만 왕세자가 국가 정상이 아니라며 무시했던 바이든 대통령과 정상회담을 한 덕분에 무함마드 빈 살만 왕세자의 위상이 크게 강화됐습니다. 게다가 사우디의 안보를 계속 지켜주겠다는 약속을 받아냈고, 패트리어트 미사일 등 필요한 무기를 공급받을 수 있게 됐습니다.

이란 핵 합의 복원,
뇌관이 될 것인가

게다가 바이든 대통령은 무함마드 빈 살만 왕세자와 만나기 전부터 이란에 대한 강경 발언을 쏟아냈는데, 사실 사우디 입장에서는 이란이 가장 중요한 문제였을지 모릅니다. 아시다시피 중동 패권을 노리는 이란은 사우디의 강력한 경쟁자입니다. 만일 이란 핵 합의가 복원되고 다시 석유를 수출할 수 있게 되어 경제력까지 갖춘다면, 이란은 사우디에 큰 위협이 될 수 있기 때문입니다.

사우디와 이란은 중동 지역 패권을 놓고 치열한 경쟁을 하고 있는데, 사우디의 힘은 석유로 벌어들인 막강한 자금력과 중동에서 여전히 다수를 차지하고 있는 수니파 동맹국들이라고 할 수 있습니다. 이에 반해 이란은 중동에서 보기 드문 8,600만 명의 인구를 바탕으로 한 막강한 군사력과 친이란 무장단체들까지 갖춰 사우디와 팽팽한 맞대결을 펼치고 있습니다.

이런 상황에서 만일 이란이 국제 무대에서 자유롭게 석유를 팔아 막대한 오일 머니를 확보한다면, 중동 지역 힘의 균형은 이란에게 쏠릴 수밖에 없습니다. 또 반대로 핵 합의 복원에 실패해 이란이 끝내 핵 개발을 완료한다면, 중동 지역에 연쇄 핵무장 사태를 가져올 수도 있습니다. 이 때문에 핵 합의 복원은 중동의 지역 패권을 바꿀 수 있는 매우 중요한 문제가 될 것입니다.

그렇다면 핵 합의는 어떻게 시작된 것일까요? 사실 이란은 1950년대부터 미국과 원자력 협정을 체결해 일찍부터 원전 개발을 시작한 나라인데, 1979년 이란혁명이 일어나면서 미국과 적대적 관계로 바뀐 이후 끊임없이 핵무기 개발을 시도했습니다. 이 과정에서 국제사회로부터 엄청난 경제제재를 받았습니다. 그러다가 결국 2014년 이란이 우라늄을 농축하는 가스 원심분리기 개발에 성공하면서 핵 개발이 가속화되기 시작했습니다.

이처럼 이란의 핵 개발이 점점 가시화되자, 주변 중동 국가들은 물론 서방 국가들도 크게 긴장하기 시작했습니다. 이에 2015년 오바마 전 대통령이 영국, 프랑스, 독일, 러시아, 중국과 함께 이란의 핵 개발을 일정 기간 동결시키는 대신 이란을 국제 무대로 복귀시키기로 약속한 이란 핵 협상을 타결했습니다.

하지만 이 협상은 타결 당시부터 많은 비판에 직면했습니다. 가장 큰 문제는 이란의 핵 개발을 완전히 포기시킨 게 아니라 10년간 동결시킨 데 그쳤다는 겁니다. 그 결과 이란은 2025년부터 다시 핵 개발을 시작할 수 있게 됐습니다. 결국 세계 무대로 복귀한 이란이 석유를 팔아 부유해진 다음 2025년에 다시 핵 개발을 시작하는 것 아니냐는 지적이 나왔습니다.

결국 오바마의 뒤를 이어 당선된 트럼프 대통령은 오바마가 타결한 이란 핵 협상이 핵 개발을 막지 못하고 있다고 강하게 비판했습니다. 게다가 2018년에는 이스라엘의 정보기관인 모사드Mossad가 이란의 비밀 핵 개발 정보를 획득했다고 주장하는 자료를 만들어 배포하자, 트럼프 대통령은 이를 계기로 이란 핵 합의에서 일방적으로 탈퇴했습니다.

그러나 2021년 바이든 대통령은 취임하자마자 이란 핵 합의를 복원하려는 시도를 했습니다. 2022년 2월 17일에는 미국 국무부 대변인이 며칠 안에 이란 핵 합의가 타결될 수 있을 것이라 밝혔고, 다음 날에는 아야톨라 알리 하메네이Ayatollah Ali Khamenei 이란 최고지도자도

이에 대해 긍정적인 답변을 내놓으면서 그야말로 핵 합의 복원은 초읽기에 들어갔죠.

하지만 러시아·우크라이나 전쟁이 일어나면서 협상은 일단 무기한 연기됐습니다. 미국 입장에서는 당장 급한 불인 러시아·우크라이나 전쟁에 집중할 수밖에 없었기 때문입니다. 그러다가 2022년 하반기에 들어서면서 핵 합의 복원 협상이 다시 가속도를 내기 시작했습니다. 앞으로 이란 핵 협상은 그 진행 방향에 따라 국제 에너지 가격은 물론 세계 경제 질서와 미·중 패권 전쟁에까지 복합적으로 영향을 미칠 가능성이 크기 때문에, 그 향방을 예의 주시할 필요가 있습니다.

불안한 연대, 불확실한 미래

사실 이란 핵 합의는 복원이 되든 안 되든 간에 세계 질서의 불안 요인이 될 위험성이 있는데, 이란 핵 합의가 복원되면 이란은 핵 개발을 일시적으로 동결하는 대신 석유를 수출할 길이 열립니다. 그 결과 원유 공급이 늘어날 것이라는 기대로 당장은 유가를 하락시키는 요인이 될 수 있습니다.

그러나 이는 사우디와 이스라엘 등의 강력한 반발을 불러와 중동 질서가 더욱 요동칠 가능성도 큽니다. 특히 이란이 석유를 팔아 부유해진 이후 유예됐던 핵 개발까지 허용되어 핵무장을 하게 된다면 이스라엘로서는 생존을 위협받는 상황에 내몰릴 수 있는데, 앞으로 이스라엘은 모사드를 동원한 첩보전과 군사력까지 동원해 필사적으로 이를 막으려고 할 것입니다.

또 다른 변화는 이스라엘과 수니파 국가들의 연대 가능성입니다. 이미 이란에 맞서기 위해 2020년 이스라엘은 아랍에미리트^{United Arab} ^{Emirates:UAE}, 바레인과 서로 정식 외교 관계를 수립하는 아브라함 협정^{Abraham Accord}에 서명했습니다. 그리고 2021년에는 이스라엘과 아랍에미리트의 정상회담도 열렸습니다. 게다가 이들 중동 국가들이 이스라엘의 인공지능과 방위사업체에 막대한 자금을 투자하기 시작했습니다.

사우디와 이스라엘의 국교 정상화는 아직 이뤄지지 않고 있습니다. 하지만 국가와 자신의 이익을 위해서는 과감한 행보를 보여왔던 무함마드 빈 살만 왕세자가 이스라엘과의 협력에 관심이 있을 가능성이 매우 높습니다. 당장은 사우디의 보수적인 수니파 종교 지도자들 때문에 수교까지는 어렵지만, 이란이 부상할수록 사우디와 이스라엘의 협력은 강화될 수도 있습니다.

하지만 이 같은 움직임은 자칫 사우디 안팎의 수니파 원리주의자들을 자극해 중동 질서에 새로운 불안 요인이 될 수도 있습니다. 수니파 극단주의자들인 IS가 중동 질서를 크게 뒤흔들었던 것처럼, 일부 수니파 국가들과 이스라엘의 관계가 본격적으로 개선되기 시작

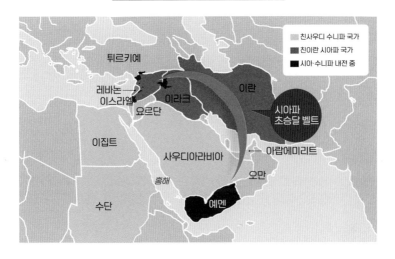

〈그림 4-2〉IS 붕괴 이후 중동 세력 분포

지도 범례:
- 친사우디 수니파 국가
- 친이란 시아파 국가
- 시아·수니파 내전 중

지도 내 지명: 튀르키예, 레바논, 이스라엘, 요르단, 이라크, 이란, 시아파 초승달 벨트, 이집트, 사우디아라비아, 아랍에미리트, 오만, 홍해, 예멘, 수단

하면 수니파 내에서 또 다른 역풍이 일어날 가능성도 배제하기 어렵습니다.

이에 맞서 이란은 이라크, 시리아, 레바논, 그리고 예멘의 반군 세력까지 이어지는 '초승달 벨트'를 적극 활용할 가능성이 큽니다. 시아파는 전체 무슬림의 15%에 불과해 나머지 85%를 차지하는 수니파에 비해 수적으로는 열세인데, 수니파 국가들과 달리 이란을 중심으로 강한 연대감을 갖고 있습니다.

이런 상황에서 이란이 경제력까지 갖추고 부상하게 되면 지역 패권 전쟁이 더욱 격화되어 중동 지역의 질서가 요동칠 수밖에 없습니다. 이미 시리아와 예멘에서는 수니파와 시아파가 끝없는 내전을 벌이고 있는 상황에서 자칫 진영 간의 대결로 확전될 가능성을 배제하기 어렵습니다. 이 때문에 이란 핵 합의 복원에 성공하더라도 장기적 전망을 예측하기 어려운 상황입니다.

반대로 이란과의 핵 합의 복원이 실패해도 문제인데, 이란은 핵 개발을 눈앞에 두고도 국제사회에서 더욱 고립될 것을 우려해 핵 개발을 완료하지 않고 있다는 분석이 많습니다. 그런데 만일 이란이 미국과 서방의 제재를 돌이킬 수 없는 상황이라고 판단하면 핵무장이라는 극단적인 선택을 할 수도 있다는 것이죠. 그렇게 되면 중동 질서에 큰 파장이 일어날 수밖에 없습니다.

가장 큰 문제는 중동 지역에 연쇄적인 핵무장을 불러오는 최악의 사태를 일으킬 수 있다는 겁니다. 사우디가 파키스탄에 핵 개발 자금을 대준 것은 이미 공공연한 비밀인데, 만일 이란이 핵무장을 하면 사우디 역시 파키스탄에서 핵무기를 들여와 핵무장을 선언할 가능성도 있습니다.

또 다른 문제는 이스라엘인데, 이란의 핵무기 완성에 앞서 이스라엘이 이란을 선제적으로 공격할 가능성도 있습니다. 실제로 이스라엘의 주요 언론들은 이스라엘이 2022년 이란에 대규모 공격을 하는 시뮬레이션 군사훈련을 네 차례나 실시했다고 보도했는데, 이는 이스라엘군 창군 이래 최대 규모의 장거리 공습 훈련이라고 소개하기도 했습니다.

이처럼 미국과 사우디, 이란, 이스라엘 등 지역 강국들이 어떤 선택을 하느냐에 따라 앞으로 중동 지역 패권과 세계 에너지 시장은 요동칠 수밖에 없습니다. 게다가 신재생 에너지 전환 문제까지 맞물리면, 에너지 시장은 그 어느 때보다도 큰 변동성을 보일 가능성이 큽니다.

4. 신재생 에너지 가속,
선진국의 오판인가

2022년 8월, 바이든 대통령은 향후 미국 에너지 전략의 방향성을 보여주는 인플레이션 감축법Inflation Reduction Act에 서명했습니다. 이 법안은 물가 상승 압력을 누르기 위한 인플레이션 감축법이라는 이름과 달리, 사실상 전기차와 배터리 산업에 대한 지원이 주된 내용이라고 할 수 있습니다. 실제로 이 법안의 전체 예산 4,330억 달러 가운데 86%에 이르는 3,690억 달러가 기후 대응과 에너지 보안에 쓰이는 예산입니다.

인플레이션 감축법,
왜 통과됐을까

이 법안의 가장 큰 특징은 바로 전기차 보조금 그 자체인데, 전기차 보급 확대를 위해 전기차 중고차는 4,000달러, 새 차는 최대 7,500달러(약 1,000만 원)의 세액공제 혜택을 주는 겁니다. 바이든 대통령은 2021년에 당시 2%였던 미국 내 전기차 판매 비중을 2030년까지 50%로 늘린다는 행정명령에 서명했는데, 이 같은 목표를 달성하기 위해 파격적인 보조금을 내건 셈입니다.

그런데 세액공제를 받으려면 까다로운 조건이 붙어 있었습니다.

첫 번째 조건은 미국 내에서 생산된 전기차에만 세액공제 혜택을 주겠다는 겁니다. 그러다 보니 미국 자동차 브랜드만 큰 혜택을 보게 됐습니다. 실제로 세액공제 대상 28개 차종 가운데 22개 차종이 테슬라·GM·포드 등 미국 브랜드 모델이었고, 나머지 6개 차종은 독일과 일본의 전기차였습니다.

이에 반해 우리나라 현대·기아차의 전기차는 세액공제를 받을 수 있는 차종이 단 하나도 없었습니다. 이 법안이 통과되기 직전인 2022년 1분기 현대·기아차의 미국 전기차 점유율은 전년 같은 기간의 4%에서 9%로 2배가 넘게 급증하면서 미국 내 2위를 차지할 정도로 급성장 중이었습니다. 따라서 초기 시장이 중요한 전기차 시장에서 우리가 가장 큰 타격을 받은 나라가 됐습니다.

두 번째 조건은 배터리에 대한 것입니다. 북미에서 생산한 배터리 부품 비중이 2023년까지는 50%, 2029년까지는 100%여야 세액공제를 받을 수 있습니다. 게다가 배터리에 사용된 광물까지 제한을 뒀는데, 2023년까지는 미국 또는 미국과 자유무역협정Free Trade Agreement: FTA을 맺은 국가에서 생산한 핵심 배터리 광물 비중이 40%, 2027년까지는 80%여야 세액공제 대상이 됩니다.

중국산 배터리 부품과 광물 의존도가 매우 높은 우리나라 배터리 기업들은 경쟁하기가 매우 어려운 환경이 된 것입니다. 설령 앞으로 미국산 부품이나 광물로 바꾸는데 성공하더라도 이 과정에서 비용이 크게 늘어나 가격 경쟁력 측면에서는 불리해질 수도 있습니다.

그런데 이 같은 인플레이션 감축 법안은 단지 시작일 뿐이고, 앞으로 미국뿐만 아니라 중국·유럽·일본 등에서 차세대 에너지 산업을 선점하려는 온갖 시도가 등장할 가능성이 큽니다. 이 때문에 미래 에너지 패권 구도를 가늠해 보려면, 이 법안을 이해하는 것을 넘어 이런 법안이 나오게 된 배경을 정확히 파악할 필요가 있습니다.

앞서 살펴본 것처럼, 세계 최대 산유국인 미국이 에너지 측면에서도 강국임에는 틀림없지만 셰일 혁명 이후 너무 마음을 놓았던 탓에 지금의 에너지 패권 구도는 미국에게 유리하다고만은 할 수 없습니다. 미국이 중동의 중요성을 간과하는 바람에 사우디 등 전통적인 중동의 우방 국가들과 멀어졌고, 그 사이를 중국과 러시아가 파고들었기 때문입니다.

러시아·우크라이나 전쟁이 터진 이후에야 그 사실을 깨달은 미국이 뒤늦게나마 중동 지역 달래기에 나섰지만 쉽지 않은 상황입니다. 바이든 대통령은 2022년 7월 산유국 모임인 'GCC+3 정상회의'[5]에 참석해 중동에서 미국이 떠난 자리를 중국과 러시아가 채우지 않도록 하겠다며 앞으로는 중동 문제에 적극 관여하는 파트너로 남겠다고 강조했습니다. 하지만 오바마 대통령 때부터 일관되게 중동에서 발을 빼려 했던 미국이 다시 중동 국가들의 신뢰를 얻기는 쉽지 않아 보입니다.

이 때문에 바이든 대통령은 중동에서 미국의 영향력을 회복하려는 노력은 계속 유지하되 신재생 에너지 전환을 더욱 가속화해서 중동에 대한 의존도를 낮추는 양면작전兩面作戰을 구사하고 있는 것이 죠. 전기차 전환을 가속화시키고 태양광·풍력 등을 적극 활용해 원유 소비를 줄이겠다는 계획입니다.

문제는 전기차 전환의 길목에 중국이 기다리고 있다는 점입니다. 중국은 전략적으로 전기차·배터리 산업을 육성해 온 것은 물론, 배터리 산업에 필수적인 광물까지 대거 선점해 놓았습니다. 2021년 승용차 기준 전 세계 전기차 판매량은 657만 대였는데, 나라별 비중을 살펴보면 중국이 50.7%, 독일이 10.4%, 미국이 9.6%를 차지했습니다.[6]

배터리도 중국의 약진이 두드러지고 있는데, 2022년 중국의 배터리 기업들은 전년보다 생산량을 2배 이상 늘리며 엄청난 속도로 성장했습니다. 그 결과 2022년 상반기 국내 배터리 3사(LG에너지솔루션, SK온, 삼성SDI)의 세계 시장 점유율은 전년도 34.9%에서 25.8%로 뚝 떨어진 반면, 중국 6개 기업의 시장 점유율은 같은 기간 39.6%에서 55.5%로 급증했습니다.[7]

게다가 최근에는 기술력 측면에서도 약진하고 있는데, 세계 최대의 배터리 기업인 중국의 CATL은 1회 충전할 때 무려 1,000킬로미터를 주행할 수 있는 '기린 배터리'를 공개하고 2023년부터 양산할 계획입니다. 우리나라 배터리 기업들도 이에 맞대응을 계획하고 있지만, 이 같은 중국의 약진이 계속되면 시간이 갈수록 중국에 밀릴 위험이 있습니다.

물론 우리나라의 주력 제품인 삼원계 배터리가 중국이 주력으로 삼은 LFP 배터리보다 기술적으로 더 우위에 있다고는 합니다.[8] 하지만 제조업에서는 '경험의 축적'도 중요한데, 제조업은 IT 기업과 달리 제조 경험이 축적되어야 공정혁신과 기술혁신 속도가 더 빨라지기 때문입니다. 그런 측면에서 거대한 내수 시장을 갖고 있는 중국이 유리할 수밖에 없습니다.

배터리 핵심 소재도 마찬가지인데, SNE리서치의 조사를 보면 중국은 세계 시장에서 배터리 양극재는 58%, 음극재는 66%, 분리막은 55%, 전해액은 72%를 장악하고 있습니다. 게다가 리튬, 니켈, 코발트 등 배터리 안에 들어가는 광물도 광산과 가공, 유통까지 모두 장악했는데, 중국이 전 세계 시장에서 리튬의 60%, 코발트의 80%를 정제하고 있습니다.

이 같은 시장 여건 때문에 미국이 아무런 대비 없이 전기차 전환 속도를 가속화하면 자칫 중국만 이득을 볼 가능성이 커질 수밖에 없습니다. 이 때문에 바이든 대통령은 앞으로 미국이 주도할 전기차·배터리 공급망에서 중국을 완전히 배제하려고 하는 겁니다. 자국산 전기차와 배터리만 우대하는 인플레이션 감축 법안은 그런 배경에서 나왔다고 할 수 있습니다.

미국 우선주의가 불러올
거대한 파장

그렇다면 미국의 전기차·배터리 전략은 앞으로 세계 에너지 시장을 어떻게 바꾸게 될까요? 일단 미국이 자국에서 생산된 전기차와 배터리에만 세액공제 혜택을 주는 것은 WTO 규범에 위배될 가능성이 큽니다. 특히 우리나라처럼 미국과 FTA를 맺은 경우에는 명백한 협정 위반일 수도 있습니다.

이처럼 미국이 주도해서 만든 세계화 시대의 규범을 미국 스스로 깨면서까지 자국산 전기차·배터리에만 세액공제를 해주는 것은, 그만큼 전기차와 배터리 산업을 차지하는 것이 차세대 에너지 패권에서 중요하다는 겁니다. 하지만 이 인플레이션 감축 법안은 자국 산업을 우선적으로 보호하려는 미국의 의도와 달리 엄청난 나비효과를 일으킬 가능성이 큽니다.

이 같은 미국의 조치는 반드시 다른 나라의 반격이나 맞대응을 불러올 수밖에 없습니다. 2035년부터 내연기관이 탑재된 차량 판매를 사실상 금지하고 전기차 등으로의 전환을 가속화하려던 유럽의 경우, 역내 자동차 산업을 보호하기 위해 상응하는 조치를 취할 가능성이 큽니다. 이는 글로벌 전기차·배터리 공급망의 분열을 가져오게 될 것입니다.

미국의 인플레이션 감축법은 1929년 미국에서 시작된 대공황을 전 세계로 확산시켰던 스무트·홀리 관세법Smoot-Hawley Tariff Act을 연상시킵니다. 이 법안은 공화당의 상원의원이던 리드 스무트Reed Smoot와 하원의원 윌리스 홀리Willis Hawely가 발의한 법안인데, 미국의 2만여 개 수입품에 평균 59%, 최고 400%의 관세를 부과하는 법안이었습니다.

이 법안은 상대국의 즉각적인 보복을 불러왔습니다. 캐나다가 미국산 농산물과 철강 제품에 보복관세를 부과한 것은 물론, 프랑스, 스페인, 이탈리아, 멕시코 등 미국의 주요 교역 상대국들이 차례로 보복관세를 부과하는 바람에 세계 무역 규모가 급격히 축소되면서 대공황을 크게 악화시켰던 측면이 있습니다.

사실 전기차·배터리 산업은 전 세계가 새로운 성장 동력에 목말라 있는 현재 상황에서 가장 빠르게 성장하는 신성장 산업이라고 할 수 있습니다. 따라서 이를 포기하면 미래 성장 동력은 물론, 이로 인해 파생되는 수많은 신산업 생태계 자체를 영원히 잃어버릴 수 있습니다. 이 때문에 유럽과 일본 모두 사활을 걸고 자국 산업을 지키기 위한 조치에 나설 수밖에 없습니다.

특히 유럽과 인도처럼 내수 시장이 큰 나라들은 미국을 따라 자국 영토 안에서 전기차나 배터리를 생산한 경우에만 보조금을 지급할 가능성이 있습니다. 이 같은 현상이 확산되면 전기차·배터리 산업에서 배타적인 자국 중심주의가 만연하게 될 텐데, 이는 이제 막 태동하고 있는 전기차·배터리 산업의 효율성을 크게 악화시키고 성장의 발목을 잡는 요인이 될 수 있습니다.

인플레이션 감축법이 겉으로는 중국을 겨냥했다고 하지만 오히려 중국은 상대적으로 여유로운 편인데, 세계 1위 배터리 업체인 중국의 CATL은 미국 현지에 공장을 지어 대응하겠다는 방침입니다. 또 테슬라에 배터리를 공급하게 된 중국의 배터리 업체 비야디^{BYD}는 "우리의 좋은 친구인 일론 머스크^{Elon Musk}가 대응할 것"이라는 식으로 여유를 보이고 있습니다.

인플레이션 감축법이 미국과 동맹국의 광물이나 소재를 사용하도록 제한한 것도 양날의 검이 될 수 있습니다. 리튬이나 코발트, 니켈 등 배터리의 주요 광물시장은 물론, 음극재와 양극재, 전해질 등 중간재 시장까지 중국이 장악한 상황에서 중국산 제품을 사용하지 않으려면 비용이 크게 올라갈 수밖에 없기 때문입니다.

이처럼 유럽과 중국은 각자의 방법으로 지금 가장 유망한 신성장 산업인 전기차·배터리 산업을 지키기 위해 온갖 해법을 동원하고 있습니다. 결국 지금 이 법안으로 가장 큰 타격을 받은 것은 다름 아닌 우리나라라고 할 수 있습니다. 만일 이 법안이 지속될 경우, 중국과 같은 내수 기반이 없는 우리나라로서는 지금 막 성장하고 있는 전기차·배터리 산업 생태계를 송두리째 미국에 넘겨줘야 할지도 모르는 상황입니다.

이 때문에 정부의 대응이 그 어느 때보다 중요한데, 우리는 미국과 FTA를 맺은 나라인 만큼 협정 당사국으로서 우리의 정당한 권리를 내세울 필요가 있습니다. 그리고 전기차·배터리 산업 생태계가 우리나라에서 지속적으로 유지될 수 있도록 지금 우리나라의 특성을 살린 우리만의 산업정책으로 철저히 무장해야 할 것입니다.

5. 탄소중립은
정말 가능한가

지금까지 인류는 기후 위기가 오더라도 수십 년 뒤에나 올 것이라고 생각해 왔습니다. 그러나 최근 미국, 유럽, 남아시아 등에서 홍수와 가뭄 등 온갖 이상기후가 반복적으로 발생하기 시작하면서 기후위기에 대한 경각심이 커지고 있습니다. 일단 기후 위기가 걷잡을 수없이 가속화되는 것을 막기 위한 마지노선은 2050년까지 이산화탄소의 실질적 배출을 0으로 만드는 '탄소중립'을 달성하는 것입니다.

또한 중동 등 주요 산유국에 대한 영향력을 크게 상실한 미국 입장에서는 어떻게든 신재생 에너지 전환을 서두르려 하고 있는데, 문제는 미국이나 유럽연합이 목표한 신재생 에너지로의 전환이 생각보다 쉽지 않다는 겁니다. 그 이유는 첫째, 이미 이상기후가 지구를 위협하면서 신재생 에너지의 생산에 위협이 되고 있고, 둘째, 신재생 에너지 전환의 길목에 중국과 러시아가 버티고 서 있기 때문입니다.

기후 위기가
탄소중립의 걸림돌이 되다

2022년 8월 유럽에는 500년 만에 최악의 가뭄이 닥쳤습니다. 이로 인해 한때 프랑스의 루아르강이 완전히 말라 걸어서 강을 건널 수 있게 됐고, 세르비아 다뉴브강에서는 제2차 세계대전 때 강바닥에 침몰했던 군함들이 드러났습니다. 독일 라인강에서는 과거 선조들이 최악의 가뭄 당시 "나를 보면 울어라"라는 문구를 새겼던 헝거스톤Hunger Stone이 발견되기도 했습니다.

이처럼 가뭄이 극심해지자 수력발전에 심각한 영향을 미치기 시작했습니다. 현재 수력발전은 전 세계 전력의 6분의 1을 담당하고 있을 정도로 재생 에너지 중에서는 최대 공급원이라고 할 수 있습니다. 그런데 이탈리아의 경우 수력발전 생산량이 전년보다 40% 감소했고, 노르웨이도 댐 수위가 25년 만에 최저치를 기록하면서 전력 생산에 비상이 걸렸습니다.

더욱 심각한 문제는 강이 마르면서 강을 통한 물류 운송이 마비된 겁니다. 이로 인해 유럽 내륙의 화력발전소에 석탄이나 석유 등을 실어 나를 수 없게 되자 화력발전에도 비상이 걸렸습니다. 독일 최대의 에너지 기업인 우니퍼는 라인강을 통해 충분한 양의 석탄을 실어 나를 수 없게 됐다며 화력발전소 두 곳의 생산량을 낮췄습니다.

프랑스의 경우에는 원자력발전소의 비중이 높은데, 가뭄이 워낙 심각했던 탓에 물 부족과 수온 상승으로 원전 56곳 중 절반가량이 가동을 멈춰야 했습니다. 원전을 가동하려면 냉각수가 필수적이므로, 물이 없으면 가동할 수가 없습니다. 게다가 수온이 올라간 물을 냉각수로 사용한 뒤 방류하면 뜨거워진 물 때문에 강의 생태계가 파괴될 위험이 있습니다.

태양광도 마찬가지였는데, 태양광발전은 25도가 넘어가면 전력 생산의 효율성이 낮아지는 특징이 있습니다. 그런데 당시 유럽에서는 40도가 넘는 폭염과 함께 가뭄이 찾아왔기 때문에, 태양광도 제 역할을 하지 못했습니다. 결국 이상기후로 신재생 에너지와 화력발전, 원자력발전이 모두 큰 타격을 받으면서 유럽은 심각한 전력 위기를 겪어야 했습니다.

사실 이런 기후 위기가 아니더라도 태양광이나 풍력, 수력 등 자연을 이용하는 재생 에너지는 간헐성(변동성)의 한계를 극복하지 못하고 있습니다. 예를 들어 태양광의 경우 낮에만 발전을 할 수 있는 데다 날이 흐리거나 비가 오면 거의 발전을 할 수 없기 때문에 날씨에 따른 발전량 편차도 매우 큰 편입니다.

이 같은 신재생 에너지의 간헐성을 극복하기 위해서는 보조 수단이 필요합니다. 첫 번째 방법은 발전량이 많을 때 에너지 저장 시스템Energy Storage System:ESS에 에너지를 저장해 두었다가 발전량이 적을 때 이를 꺼내 쓰는 겁니다. 그러나 기존의 배터리 방식 에너지 저장은 저장 비용이 워낙 크기 때문에 효율성이 떨어집니다.

이를 극복할 수 있는 방법으로 수소 에너지가 떠오르고 있는데, 발전량이 충분할 때 물을 전기분해해서 수소로 저장해 두었다가 필요할 때 활용하는 방식입니다. 이 수소를 수송해 전력이 필요한 곳으로 운반할 수도 있기 때문에, 꿈의 에너지 저장 방식이라고 할 수 있습니다. 하지만 아직까지는 개발 단계여서 상용화까지는 갈 길이 먼 상황입니다.

현재 수소 생산량의 95%는 천연가스나 석탄, 석유 등에서 뽑아내고 있어 이 과정에서 탄소가 배출되는 문제가 있기 때문에 지금 우리가 수소 자동차 등에 사용하고 있는 수소는 사실 클린 에너지Clean Energy(환경오염이 발생하지 않는 에너지)라고 보기 어렵습니다. 결국 물을 효율적으로 전기분해하는 기술이 개발되어야만 신재생 에너지를 보완하는 에너지 저장 및 운송 방법이 될 수 있을 겁니다.

두 번째 방법은 인위적으로 발전량을 조절할 수 있는 기존의 에너지원을 활용해 신재생 에너지를 보완하는 겁니다. 그런데 이를 화력발전으로 보완할 경우, 2050년까지 탄소중립을 달성하기가 매우 어렵습니다. 이 때문에 단기적으로라도 원전을 늘려야 하는 것이 아니냐는 주장이 나오고 있습니다.

신재생 에너지 길목마다
중국이 버티고 있다?

하지만 원전에도 큰 문제가 있습니다. 일본의 후쿠시마 원전 사고 이후 독일 등 유럽 주요 국가에서는 원전에 대한 공포와 우려가 여전합니다. 그래서 에너지 위기 때문에 그동안 중단됐던 원전 건설을 재개하자고 의견이 모아진다고 해도 막상 원전 부지를 선정할 때는 지역 주민들의 결사적인 반대에 부딪쳐 어려움을 겪게 될 가능성이 큽니다.

또 다른 문제는 원전의 원료인 우라늄의 경우 러시아에 대한 의존도가 너무 높다는 점입니다. 미국의 경우 전체 농축우라늄의 절반 정도를 러시아에 의존하고 있습니다. 바이든 행정부가 러시아·우크라이나 전쟁 이후 러시아 원유와 가스에 대한 전면 수입 금지 등 강력한 제재를 가하면서 우라늄만 제외한 것도 바로 이 때문입니다.

현재 세계 우라늄 생산량의 40% 정도를 카자흐스탄에서 생산하고 있는데, 이 우라늄 중에 대부분은 러시아 국영기업인 로사톰^{Ros} ^{Atom}의 자회사가 개발하고 있습니다. 여기에 러시아와 친러 국가들의 우라늄 생산량까지 고려하면 로사톰이 전 세계 우라늄 시장의 절반 이상을 통제하고 있다는 분석이 많습니다.

물론 우라늄 매장량만 놓고 보면 호주와 캐나다도 만만치 않지만, 이들 나라의 경우에는 환경 규제 때문에 생산 시설을 늘리는 것도 어려울 뿐더러 러시아의 생산 단가를 따라잡기가 쉽지 않습니다. 이 때문에 지금 당장은 러시아가 원전으로 가는 길목을 장악하고 있다고 해도 과언이 아닙니다. 우리나라 역시 러시아산 우라늄 의존도가 높기 때문에 대안이 필요한 상황입니다.

원전으로 가는 길목에 러시아가 있다면, 신재생 에너지로 가는 길목은 중국이 장악하고 있다고 할 수 있습니다. 미국은 2020년 76기가와트^{GW}인 태양광 전력 공급량을 2050년까지 1,600기가와트 수준으로 무려 20배나 끌어올릴 계획입니다. 이에 따라 전체 미국 전력 공급에서 고작 3%밖에 되지 않는 태양광 비중은 2050년에는 무려 45%로 확대됩니다.

그러나 바이든 행정부의 야심 찬 계획에는 큰 문제가 하나 있는데, 태양광발전의 가치사슬을 모조리 중국이 지배하고 있다는 겁니다. 〈그림 4-3〉은 국제에너지기구International Energy Agency: IEA가 분석한 2021년 태양광 가치사슬 단계에 따른 국가별 시장 점유율인데, 폴리실리콘부터 웨이퍼, 셀, 모듈과 패널에 이르기까지 모든 단계를 중국이 독점하고 있다고 해도 과언이 아닙니다.

더 큰 문제는 숨어 있는 중국산 태양광 모듈이 많다는 점입니다. 실제로 2022년 미국이 수입하는 동남아산 태양광 모듈이 중국산이라는 사실이 드러나면서 318곳의 태양광 프로젝트가 취소되거나 지연됐습니다. 미국은 중국산 태양광 모듈에 대해 고율의 관세를 부과하고 있는데, 이를 피하기 위해 동남아시아산으로 위장한 겁니다. 이

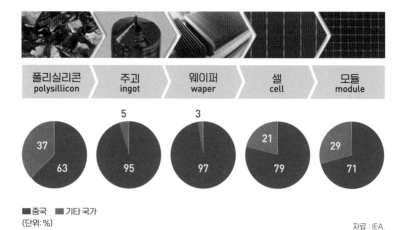

〈그림 4-3〉 2021년 태양광 가치사슬 단계에 따른 국가별 시장 점유율

| 폴리실리콘
polysillicon | 주괴
ingot | 웨이퍼
waper | 셀
cell | 모듈
module |

폴리실리콘: 37 / 63
주괴: 5 / 95
웨이퍼: 3 / 97
셀: 21 / 79
모듈: 29 / 71

■ 중국 ■ 기타 국가
(단위: %)

자료 : IEA.

에 따라 미국 태양광산업협회^{Solar Energy Industries Association: SEIA}는 2023년까지 미국에 설치될 태양광 패널 수가 예정보다 46% 감소할 것으로 전망했습니다.

풍력 산업도 마찬가지인데, 2021년 풍력발전용 터빈 제조사 현황을 보면 글로벌 상위 10개 기업 중에 6개가 중국 기업이었습니다. 다만 풍력의 경우에는 덴마크, 스페인, 미국 기업이 상위권에 있기 때문에 태양광처럼 중국이 완전히 독점하고 있는 것은 아닌데, 풍력 발전도 중국 정부의 막강한 보조금에 힘입어 계속 시장을 확대해 나가고 있습니다.

결국 미국은 에너지 전환 과정에서 상당한 도전에 직면해 있다고 할 수 있는데, 화석 에너지 시장에서 통제력을 잃어버린 미국이 신재생 에너지로의 전환을 가속화할 경우 기존에 시장 지배력을 갖고 있는 중국이 약진할 가능성이 큽니다. 그렇다고 자국 산업을 육성할 때까지 기다렸다가는 자칫 신재생 에너지 전환의 주도권을 잃어버릴 수도 있습니다.

이 때문에 앞으로 미국의 신재생 에너지 전환 계획은 큰 난관에 봉착할 우려가 있습니다. 이로 인해 미국은 차세대 전략 산업인 신재생 에너지 산업에서 자국 기업을 보호하고 중국을 견제하기 위해 끝없이 새로운 전략을 펼칠 가능성이 큽니다. 이 과정에서 차세대 성장 동력이라고 할 수 있는 신재생 에너지 시장은 크게 요동칠 가능성이 큽니다.

태양광과 배터리 산업은 앞으로 퀀텀점프Quantum Jump(비약적 도약)가 이루어질 수 있는 몇 안 되는 산업입니다. 이 때문에 이를 둘러싸고 치열한 에너지 패권 전쟁이 벌어질 가능성이 큽니다. 앞으로 우리나라의 미래는 이 신재생 에너지 시장에서 어떻게 대응하느냐에 달려 있다고 해도 과언이 아닙니다.

문제는
RE100이다

만일 앞으로 선진국들이 신재생 에너지로의 전환을 가속화하게 되면 우리에게도 큰 문제가 될 수 있습니다. 가장 심각한 문제는 유럽연합이 추진하는 EU 택소노미^{EU Taxonomy}(유럽연합 지속 가능 분류 체계)와 글로벌 기업들이 자발적으로 100% 신재생 에너지를 사용하겠다고 선언한 RE100^{Renewable Electricity 100%}입니다.

EU 택소노미에서 정한 녹색 분류 체계에 포함되지 않으면 금융, 투자, 세제 측면에서 큰 불이익을 받을 수 있습니다. 2022년 7월 유럽의회가 원전을 친환경 에너지에 포함하기로 결정했지만, 2045년까지의 한시적 허용인 데다 방사성 폐기물을 안전하게 처리할 세부 계획을 세우지 못하면 친환경 에너지로 인정받을 수가 없기 때문에 우리나라에는 불리합니다.

우리나라의 경우 경주에 저준위 방사성 폐기물 처리장을 만들기까지도 엄청난 진통을 겪었는데, 고준위 방사성 폐기물 처리장을 만드는 것은 아예 엄두도 내기 어려운 상황입니다. 이 때문에 유럽연합 기준으로는 한국은 여전히 친환경 에너지와는 거리가 먼데, 만일 앞으로도 고준위 방사성 폐기물을 처리할 계획을 세우지 못한다면 심각한 문제가 될 수 있습니다.

더 큰 문제는 RE100인데, 비록 글로벌 기업들의 자발적 규약이지만 미국과 유럽 기업들의 참여가 늘어나면서 큰 위협이 될 수 있습니다. 글로벌 기업들은 친환경 에너지로 생산한 경우에만 납품을 받겠다고 고집하고 있는데, RE100의 분류 기준으로는 아예 원전 자체가 친환경 에너지에서 제외되어 있기 때문에 EU 택소노미보다 더 큰 문제가 될 수 있습니다.

우리나라의 경우 신재생 에너지로 전력을 생산하는 비중은 2021년 기준으로 고작 7.5%로, 사우디와 함께 G20 국가 중 최하위 권에 속합니다. 만일 EU 택소노미나 RE100이 강화되면 우리나라에서 제조한 제품은 자칫 해외 수출에 큰 제약이 생길 수 있다는 얘기입니다. 우리 정부가 하루빨리 대책을 세우지 못하면 심각한 산업 공동화 현상이 일어날 수 있습니다.

실제로 우리 기업들이 신재생 에너지 생산 비중이 높은 지역을 찾아 생산설비를 해외로 대거 이전하려는 움직임이 점점 더 커지고 있습니다. 최근 우리나라의 주요 반도체 기업이나 배터리 기업들이 생산설비를 대거 미국으로 이전하고 있는 배경에는 미국의 보호무역주의뿐만 아니라 이 같은 에너지 전환 문제도 중요한 원인이 되고 있습니다.

우리나라의 경우 2021년 원전으로 전력을 생산하는 비중이 27%를 차지해 원전 비중이 세계에서 13번째로 높은 나라였습니다. 만일 원전에 대한 의존도를 지금보다도 더 높이려고 한다면, 고준위 방폐장 설치 문제와 RE100에 대한 대응 문제를 함께 검토해야 합니다. 또 이와 함께 농축우라늄에 대한 러시아나 친러 국가 의존도를 낮출 방법도 모색해야 합니다.

앞으로 에너지 대전환의 시대가 찾아오고 있는 만큼, 어떤 에너지든 과도한 의존은 정말 위험합니다. 주요 무기의 에너지 체계를 석탄에서 석유로 바꾸어 제2차 세계대전 승리의 토대를 닦았던 윈스턴 처칠^{Winston Churchill} 경이 석탄을 고집했던 관료들 앞에서 강조했던 말이 에너지 체계의 "다양성, 다양성, 다양성!"이었음을 다시 한번 되새길 필요가 있습니다.

6. 사람이 자원,
노동 자원 이슈가 부상하다

1347년 10월, 값비싼 향료와 비단을 싣고 흑해에서 출발한 12척의 제노바 상선은 이탈리아 반도 남서쪽에 있는 시칠리아의 메시나항구에 도착했습니다. 그런데 이 선박에는 사타구니나 겨드랑이에 계란 크기의 혹이 나 있는 시신 여러 구가 실려 있었고, 살아남은 선원들마저 피고름을 흘리며 극도의 고통 속에 죽어가고 있었습니다. 그리고 배가 입항한 지 며칠이 지나자, 메시나 시민들이 선원들과 같은 괴질에 걸려 하나둘씩 죽어가기 시작했습니다. 이 역병이 바로 수백년 동안 유럽을 죽음의 공포에 몰아넣었던 흑사병Black Death이었습니다.

이 사건을 계기로 유럽에서 급속도로 퍼진 흑사병은 1348년에는 프랑스, 스페인, 영국에, 1350년경에는 북유럽에까지 번졌고, 그 뒤

18세기까지 계속 재발하면서 400년 가까이 유럽인들을 괴롭혔습니다. 특히 흑사병이 가장 극심했던 14세기에는 사망자가 최대 2억 명에 이르면서 유럽의 인구는 3분의 1 이상 줄어들었습니다.

이처럼 극적인 인구구조의 변화는 유럽의 경제구조까지 바꾸어 놓았습니다. 흑사병이 돌기 전까지 중세 유럽은 농노 체제로 유지되고 있었습니다. 농노들은 영주에게 각종 세금을 납부해야 하는 것은 물론, 1주일 중 2~3일은 영주의 직영지에서 일을 해야 했습니다. 당시 유럽에서 농노는 매우 풍부한 자원이었고, 영주들은 이 농노들을 이용해 쉽게 부를 쌓을 수 있었습니다.

그런데 흑사병이 돌고 난 뒤에는 농노들의 위상이 완전히 달라졌습니다. 흑사병 이후에도 토지는 그대로였지만 농노의 숫자가 크게 줄어드는 바람에, 토지를 경작할 농노가 가장 희소하고 중요한 자원이 된 것입니다. 결국 영주들은 소중한 농노의 도주를 방지하고 더 많은 농노를 확보하기 위해 더 좋은 조건을 내걸기 시작했습니다.

흑사병 이후에 희소해진 노동력의 가치를 깨달은 영주는 살아남았지만, 시대의 변화를 깨닫지 못하고 기존의 방식대로 농노를 대하던 영주는 몰락의 길을 걷기 시작했습니다. 이처럼 자원의 가치가 완전히 뒤바뀌는 거대한 사건 이후에는 상황의 변화를 정확히 파악하고 이에 기민하게 대응해야 살아남을 수 있습니다.

리쇼어링 시대의
노동력 부족 문제

최근 주요 선진국에서는 고착화된 저출산과 탈세계화, 리쇼어링으로 노동시장이 근본적으로 변화하고 있었는데, 여기에 코로나19가 새로운 변화를 앞당기면서 인간 자본Human Capital의 가치에 다시금 주목하고 있습니다. 이 때문에 경제성장을 위한 핵심 자원으로서 사람의 가치는 그 어느 때보다도 높아진 상황입니다.

사실 지난 30여 년간 지속된 세계화 시대에 주요 선진국은 물론 우리나라에서 가장 홀대받았던 대표적인 자원을 꼽으라면 바로 사람이었다고 할 수 있습니다. 세계화가 시작되면서 선진국 자본은 인건비가 비싼 자국을 떠나 이머징 국가, 특히 중국으로 대부분의 생산 설비를 옮긴 탓에, 산업 공동화 현상이 시작된 선진국의 근로자들은 심각한 임금 하락을 겪어야 했습니다.

〈그림 4-4〉는 관리직이 아닌 미국 근로자들의 시간당 실질임금을 나타낸 그래프입니다.[9] 스태그플레이션이 시작된 1970년대 중반부터 실질임금이 지속적으로 하락한 것을 확인할 수 있습니다. 그 뒤 1980년대 중반 이후 미국 경제는 본격적인 회복세로 접어들었지만, 그 뒤에 시작된 세계화와 함께 미국 근로자들의 시간당 평균 임금은 더욱 추락했습니다.

미국에서 유독 실질임금 하락이 두드러졌던 또 다른 이유는 바로

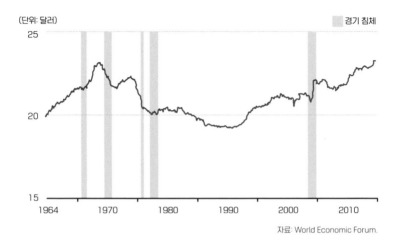

〈그림 4-4〉 미국 비관리직 노동자들의 시간당 실질임금 변화

(단위: 달러)

경기 침체

자료: World Economic Forum.

이민자들 때문입니다. 미국 전체 인구 대비 이민자 비중은 1970년 4.8%에 불과했습니다. 그런데 미국의 이민법이 개정되고 세계화로 노동시장이 개방되면서 이민자들이 미국으로 대거 몰려들었습니다. 그 결과 2018년에는 이민자 비중이 13.7%로 급증했습니다.

이렇게 몰려든 이민자들은 저임금 서비스업이나 단순 노무직에 그치지 않고 제조업까지 진출했기 때문에, 미국인들의 시간당 임금은 직종에 관계없이 모두 큰 폭의 하락세를 보였습니다. 세계화로 산업 공동화가 심화된 상황에서 이민자까지 몰려들자 미국의 전통적인 중산층은 저임금을 받는 이민자들에게 밀려 빠르게 붕괴되어 갔습니다.

그러나 2000년대 들어서면서 다시 시간당 실질임금이 반등하기 시작했습니다. 가장 큰 변화는 미국 전체 인구에서 생산연령인구 (15~64세 인구)가 차지하는 비중이 2007년 67%로 정점을 찍고 하락하기 시작한 겁니다. 결국 일할 사람이 부족해지자 노동이 다시 제값을 받기 시작했다고 볼 수 있습니다.

그러다가 2008년 글로벌 금융 위기를 기점으로 오바마 대통령이 해외로 나갔던 기업을 자국 영토 안으로 불러들이는 리쇼어링 정책을 쓰기 시작했습니다. 이로 인해 산업 공동화 현상이 차츰 완화되면서 미국에서 시간당 실질임금은 더욱 가파르게 오르기 시작했습니다.

게다가 트럼프 대통령 당선 이후에는 이민자에 대한 규제가 강화되면서 급증하던 이민자 수가 꺾이기 시작했습니다. 특히 2019~2020년까지 2년 동안에는 코로나 사태까지 겹치면서 미국의 이민자 수가 감소하는 현상까지 일어났습니다. 그 뒤 바이든 대통령이 취임하면서 이민자 수가 회복되긴 했지만, 예전만큼 빠른 증가세를 보이지 않고 있습니다.

이 같은 미국 노동시장의 변화에 대해 세계 최대 자산운용사인 블랙록의 래리 핑크Larry Fink 회장은 2022년 6월 《블룸버그》와의 인터뷰에서 따끔한 경고를 했습니다. 트럼프 대통령의 새로운 이민정책으로 2017년 이후 5년 동안 미국으로 들어오는 이민자 수가 과거 트렌드에 비해 200만 명이 줄어들었는데, 이는 노동력 부족과 인건비 상승으로 이어질 것이라는 경고였습니다.

이런 얘기를 들으면 당장 의문을 제기하는 분들이 계실 겁니다. 인공지능과 로보틱스로 모든 것이 자동화되고 기존의 노동을 대체하는 21세기에 노동력 부족이라는 게 말이 되는가? 결국 선진국에서는 생산설비가 완전히 자동화될 텐데, 래리 핑크 회장이 괜히 겁주는 거 아닌가? 이런 생각이 들 수 있을 겁니다. 그렇다면 래리 핑크 회장은 왜 저런 말을 한 걸까요?

노동 공급 부족이
인플레이션을 끌어올린다

미국과 같은 선진국은 이미 전체 고용시장의 85%가 서비스업입니다. 이제 제조업 분야에서의 고용은 아주 미미한데, 인공지능과 로보틱스가 제조업 분야에서는 활발하게 노동을 대체하고 있습니다. 하지만 서비스업에서는 아직 본격적인 대체가 이루어지지 않고 있습니다. 이로 인해 서비스업 고용 증가가 전체적인 노동 수요를 끌어올리고 있는 겁니다.

이 같은 노동력 부족은 앞으로 인플레이션 압력을 높일 가능성이 큽니다. 연준이 금리를 끌어올리고 양적 긴축을 단행하면 당장은 물가 상승이 둔화된 것처럼 보이겠지만, 노동력 부족이라는 근본적인 문제가 해결되지 않는다면 인플레이션 문제가 끈질기게 되살아날 위험이 있습니다.

미국보다 훨씬 출산율이 낮은 유럽 국가들은 노동력 부족 현상이 심각한데, 여기에 고령화 속도가 가속화되면서 주요 선진국들이 모두 공통적으로 노동력 부족 현상을 겪게 될 가능성이 큽니다. 이 때문에 마치 흑사병이 휩쓸고 지나간 뒤의 유럽처럼 앞으로는 사람, 즉 노동력이 가장 소중한 자원이 될 가능성이 큽니다.

이런 상황은 사실 동아시아 국가들에도 불리할 수밖에 없습니다. 그동안 동아시아는 값싸고 풍부한 노동력이 중요한 성장 동력이었지만, 이제 미국이나 유럽의 주요 선진국들보다 더 빠른 속도로 인구가 감소하기 시작하면서 '사람'이라는 미래 자원을 확보하는 데 비상이 걸린 상황입니다.

특히 전 세계에서 출산율이 가장 낮은 우리나라는 조만간 전 세계에서 가장 빠른 속도로 생산연령인구 비중이 줄어들 수밖에 없습니다. 앞으로 인재가 가장 중요한 자원이 되는 새로운 패러다임이 시작된 이상 우리나라는 노동 자원 부족이라는 심각한 위기에 처할 가능성이 큽니다.

7. 원자재 투자,
어떻게 할 것인가

지금처럼 에너지 패러다임이 재편되는 시기에는 에너지와 원자재 가격이 모두 출렁거릴 수밖에 없습니다. 여기에 세계적인 인플레이션까지 겹치면서 에너지·원자재 투자에 대한 관심이 크게 높아진 것이 사실입니다.

그러나 원자재 투자라는 게 정말 쉬운 일이 아닌데, 가장 큰 문제는 원자재 가격의 변동성입니다. 원자재 시장에는 참여자들의 수가 증시보다 훨씬 적기 때문에, 소수의 큰손에 의해 크게 휘둘리는 경향이 있기 때문입니다.

그 대표적인 사례가 1980년 3월 27일 '실버 목요일^{Silver Thursday}'로 불리는 은값 대폭락 사태입니다. 1980년 1월 은값은 1트로이온스에 50달러에 육박해 역사적 고점을 기록했습니다. 3월에는 20달러대로 주저앉더니, 이날 단 하루 만에 반토막이 나면서 10달러로 떨어졌습니다.

이 같은 은값 폭락 사태의 원인은 텍사스 유전 개발로 한때 세계 최고 재벌의 반열에 올랐던 H. L. 헌트H.L.Hunt의 두 아들 넬슨 벙커 헌트Nelson Bunker Hunt와 윌리엄 허버트 헌트William Herbert Hunt 형제, 단둘이 벌인 희대의 은 투기 사건 때문입니다.

1970년대 인플레이션이 가속화되면서 돈 가치가 추락하자 은 값이 1970년 1트로이온스에 1.7달러에서 1979년 10달러로 올랐습니다. 이를 경험한 헌트 형제는 사우디 왕가의 돈까지 끌어들여 1979년에만 무려 100억 달러(약 11조 원)어치의 은을 사들였습니다. 당시 헌트 형제가 사들인 물량은 실물과 선물을 합쳐 전체 시장의 3분의 2 규모였습니다. 그 결과 1979년 초 10달러였던 은값은 1980년 1월 50달러를 돌파했습니다.

그러나 헌트 형제는 중요한 점을 하나 간과했는데, 은은 단순히 귀금속이나 투자 수단이기만 한 것이 아니라 중요한 산업 소재이기도 하다는 점입니다. 은값이 치솟아 오르자 은을 주요 소재로 사용하던 필름 회사나 전기·전자 업체들이 은값 폭등에 따른 원가 상승으로 어려움을 겪었습니다.

이 때문에 인플레이션으로 골머리를 앓던 미국 정부와 금융 당국이 은 시장에 노골적으로 개입하기 시작했습니다. 뉴욕상품거래소COMEX가 미국 정부를 대신해 가장 먼저 칼을 들었는데, 1980년 1월

7일 은 선물 계약 한도를 300만 온스로 제한했습니다. 그런데도 헌트 형제가 온갖 우회적인 방법으로 규제를 회피해 은값을 끌어올리려 하자, 이번에는 시카고상품거래소가 나서 아예 은 선물 상품 발행을 중단시키는 극약 처방을 내렸습니다.

여기에 마지막 비수를 꽂은 것은 바로 연준이었는데, 당시 연준 의장이었던 폴 볼커는 은행들에게 금이나 은 투기 목적의 자금 대출을 중단하라고 요구했습니다. 거래소와 연준의 파상 공세에 밀린 은값은 속절없이 추락하기 시작했고, 결국 3월 27일 은값이 하루아침에 반토막이 나면서 10달러로 주저앉는 실버 목요일이 찾아왔습니다.

넬슨 벙커 헌트는 엄청난 돈을 잃었고, 그 뒤에도 수많은 소송에 시달렸습니다. 그 결과 1988년에는 5억 달러의 빚을 갚지 못해 파산 보호 신청을 했죠. 그때까지 개인 파산 규모로는 사상 최대였습니다. 결국 세계 최고 수준의 부자에서 빈털터리로 전락한 넬슨 벙커 헌트는 2014년 노인 보호 시설에서 쓸쓸한 죽음을 맞이했습니다.

이처럼 원자재 가격은 각국 정부나 금융 당국의 정책에 따라 요동치는 경우가 많습니다. 게다가 원자재를 생산하는 나라와 사용하는 나라 사이의 파워게임이나 외교 전략에 따라 아예 가격대 자체가 순식간에 바뀌기도 합니다. 이제 미국과 중·러의 패권 전쟁이 자원의 무기화까지 불러온 상황에서는 더욱 변동성이 커질 수밖에 없습니다.

에너지나 원자재에 투자할 때 또 다른 문제는 실물에 투자하기가 매우 어렵다는 점입니다. 예를 들어 원유나 천연가스의 경우 현물을 보유하게 되면 막대한 운송 비용이나 보관 비용이 들어갈 수밖에 없습니다. 그래서 원유나 천연가스 같은 주요 원자재 펀드나 ETF는 현물이 아닌 선물에 투자하는 경우가 많습니다.

만일 원자재 펀드를 운용하는 금융회사가 선물을 만기일까지 보유하게 되면 원유나 천연가스를 현물로 인수해야 합니다. 현물을 인수하려면 금융회사가 운송수단이나 저장 탱크까지 확보해야 하는데, 이는 실물 투자를 직접 하지 않는 금융회사의 특성상 불가능에 가까운 일입니다.

그래서 원유 투자 상품이나 펀드를 운용하는 금융회사는 만기 전에 이번 달 선물을 팔고 차기 선물을 삽니다. 예를 들어 3월에 만기가 오는 3월물을 보유하고 있다가 만기가 다가오면 적절한 시점에 3월물을 팔고 자신들이 정해놓은 규칙에 따라 6월물이나 9월물을 사는 식으로 계속 롤오버Rollover를 해서 펀드를 유지하는 겁니다.

문제는 같은 선물이라도 몇 월물이냐에 따라 가격이 천차만별이기 때문에, 롤오버 과정에서 손해를 보거나 이득을 보는 경우가 생깁니다. 만일 만기가 오래 남은 선물 상품이 조금 더 비싸게 거래되는 경향이 있다면 롤오버를 할 때마다 손실이 누적되어 끝없이 펀드가 쪼그라들 우려가 있습니다.

극단적인 사례는 2020년 4월 원유 선물 시장인데, 당시 원유가

남아도는 상황에서 사우디가 증산을 하는 바람에 저장 탱크가 턱없이 부족해졌습니다. 4월 20일에는 저장 탱크를 미처 구하지 못해 5월물 서부텍사스유West Texas Intermediate: WTI 선물 가격이 1배럴에 마이너스 37달러까지 떨어지는 사상 초유의 사태가 일어났습니다.

문제는 같은 날 6월물 WTI 원유 선물 가격은 무려 20달러에 거래됐다는 점인데, 같은 WTI 원유인데도 거래 시점에 따라 가격 차이가 무려 57달러나 났습니다. 이때가 만일 롤오버를 하는 날이었다면 앉은 자리에서 57달러의 손해를 봐야 한다는 얘깁니다. 이처럼 원자재 투자에는 우리가 미처 생각하지 못한 수많은 변수가 있기 때문에 뜻하지 않은 손실을 볼 수 있습니다.

따라서 개인 투자자의 원자재 투자에는 한계가 있을 수밖에 없는데, 이 때문에 원자재 투자 비중은 일정 비율을 넘어서지 않는 것이 안전합니다. 헤지펀드의 제왕으로 불리는 레이 달리오는 자신의 사계절 포트폴리오에서 원자재와 금 투자 비중을 각각 7.5%로 설정했다는 점을 참고할 필요가 있습니다.

원자재에 투자하는 또 다른 방법은 바로 원자재를 생산하는 기업에 투자하는 겁니다. 세계적인 투자자인 워런 버핏Warren Buffett의 경우 금 투자를 하지는 않지만, 2020년 세계 2위 금광 업체인 배릭골드에 투자한 것이 대표적인 사례입니다. 다만 지금은 워런 버핏이 투자한 시점보다 이미 주가가 많이 올라 있기 때문에 주의할 필요가 있습니다.

앞으로 에너지 패러다임이 송두리째 바뀔 가능성이 크기 때문에, 새로운 부의 기회를 찾으려면 앞으로 각광 받을 나라를 미리 찾아내는 것도 중요합니다. 특히 남들이 미처 관심을 두지 않고 있을 때 다가올 변화를 먼저 파악하고 정확히 이해한다면 얼마든지 새로운 부의 기회를 찾을 수 있을 겁니다.

그런 측면에서 앞으로 주목해야 할 대표적인 나라가 바로 카자흐스탄입니다. 카자흐스탄은 세계에서 아홉 번째로 면적이 큰 나라로, 우리 대한민국 면적의 27배나 됩니다. 워낙 넓은 땅에 각종 지하자원이 풍부하게 매장되어 있는데, 석유 매장량이 세계 12위, 석탄이 7위인 것은 물론, 우라늄이 세계 2위, 크롬이 2위를 차지하고 있습니다. 게다가 망간, 납, 티타늄, 리튬, 바나듐의 매장량도 풍부해 원소주기율표에 있는 모든 자원을 보유한 나라라고 할 수 있습니다.

카자흐스탄은 기존의 에너지원인 화석 에너지뿐만 아니라, 앞으로 신재생 에너지 개발에 필수적인 희소금속의 매장량도 풍부한 편입니다. 특히 신재생 에너지로 가기 전에 징검다리가 될 수 있는 우라늄 매장량은 정말 엄청난 수준이기 때문에, 카자흐스탄 정부가 어떻게 하느냐에 따라서 그야말로 에너지 전환의 전 과정에서 모든 단계에 영향을 미치는 가장 중요한 나라 중에 하나가 될 수 있습니다.

이 같은 에너지·원자재 강국의 중요성을 깨닫고 이미 미국과 중국, 러시아가 카자흐스탄 자원 개발에 각축전을 벌이고 있습니다. 2014년부터 미국의 석유 업체인 셰브런과 액손모빌이 카자흐스탄 최대 유전인 탱기즈 유전에 투자를 시작했고, 러시아 기업은 원자력 발전과 핵무기 운용에 필요한 우라늄을 카자흐스탄에서 개발하고 있습니다. 게다가 러시아는 카자흐스탄 주요 유전의 지분을 매입하고 러시아와 카자흐스탄을 잇는 송유관과 가스관까지 설치했습니다.

다만 카자흐스탄이 여전히 정치적·군사적으로 러시아의 영향권에 있다는 점은 카자흐스탄의 한계입니다. 2022년 1월 카자흐스탄에서 물가 폭등으로 대규모 시위가 일어나 정정 불안 사태로 이어지자, 당시 러시아가 군대를 보내 강경 진압했을 정도로 러시아의 입김이 센 편입니다. 그러나 카자흐스탄 국민들은 러시아의 간섭에서 벗어나고 싶어 하는 데다 러시아·우크라이나 전쟁의 결과에 따라서 카자흐스탄의 운명이 바뀔 가능성도 배제할 수 없습니다.

이제 카자흐스탄은 마지막 남은 미개발 자원 부국이라고 할 수 있는데, 이 때문에 전 세계가 카자흐스탄의 자원에 관심을 집중하고 있습니다. 안타깝게도 우리나라는 아직 카자흐스탄 자원 개발에 본격적으로 참여하고 있지 않지만, 향후 자원 개발 측면에서는 반드시 눈여겨봐야 할 가장 중요한 나라라고 할 수 있습니다. 자원이 부족한 우리에게 엄청난 부의 기회가 잠재된 땅에 지금이라도 관심을 가져야 할 것입니다.

불안한 시기,
우리 앞에 놓인 변화를 직시하라

2022년 9월 취임한 엘리자베스 트러스^{Elizabeth Truss} 영국 총리는 취임한 지 얼마 되지 않아 450억 파운드(약 73조 원) 규모의 부자 감세안을 야심 차게 내놓았습니다. 사실 이 정도 감세는 영국 보수당이 종종 추진했던 정책이었기 때문에, 그렇게 큰 영향을 미칠 것이라고는 아무도 예상하지 못했습니다. 하지만 이 정책은 발표와 동시에 영국 경제를 큰 혼란에 빠뜨렸습니다. 정책이 발표되자마자, 심각한 재정 적자에 시달리던 영국 정부가 더 많은 국채를 발행할 것이라는 공포가 시장을 지배했기 때문입니다. 그 결과 영국의 국채 가격이 폭락한 것은 물론, 파운드화 투매까지 일어나면서 파운드화 가치가 역사적 저점 수준으로 추락했습니다.

결국 트러스 총리는 감세정책을 내놓은 지 열흘 만에 정책을 일부

철회했고, 영국 국채시장과 파운드화 환율이 안정을 되찾았습니다. 하지만 취임 직후 내놓은 핵심 정책이 흔들리면서 트러스는 44일 만에 전격 사임하며 영국 역사상 최단기 총리라는 불명예를 얻게 됐습니다. 과거의 감세정책과 달리 왜 2022년에는 이렇게 큰 혼란을 가져왔던 것일까요?

가장 큰 차이점은 이미 세계 질서를 송두리째 바꿀 만큼 거대한 충격, 즉 자이언트 임팩트가 시작됐다는 점입니다. 앞에서 살펴본 것처럼, 미·중 패권 전쟁이 격화되고 탈세계화 속에서 40년 만에 인플레이션이 부활한 탓에 세계경제가 송두리째 흔들리고 있습니다. 이 같은 거대한 변화 앞에서 시대의 변화를 자각하지 못한 정책은 제아무리 영국이라도 한순간에 위기에 빠뜨릴 수 있다는 것을 전 세계가 목격한 셈입니다.

이는 우리나라도 예외가 아닙니다. 지금처럼 자이언트 임팩트 상황이 시작된 이후에도 우리 정부가 과거의 경험과 관성대로 '열심히' 하겠다는 태도로만 대응한다면, 비록 우리 경제가 선진국에 진입했을지라도 영국처럼 언제든 위험한 상황에 처할 수 있습니다.

이 책에서는 향후 세계경제에 거대한 패러다임 전환을 견인할 네 가지 축을 인플레이션, 금리, 전쟁, 에너지로 꼽고 각각의 내용을 살펴봤습니다. 특히 우리나라는 과거 세계화 패러다임에 너무 과할 정도로 안주해 왔기 때문에, 이 같은 변화에 매우 취약하다는 점을 유념해야 합니다.

우선 한국 경제는 앞으로 끈질기게 되살아날지도 모를 인플레이션이라는 복병과 싸워야 합니다. 중간재에 대한 의존도가 높고 브랜드 충성도가 낮은 우리나라 주력 산업의 특성상 인플레이션 상황에 불리할 수밖에 없습니다. 이 때문에 당장은 인플레이션이 잦아들더라도 언제 되살아날지 모를 인플레이션에 대비해 브랜드 가치를 높이고 대체 불가능한 기술을 개발하기 위한 노력을 끊임없이 해나가야 합니다.

또한 인플레이션이 언제든 되살아날 수 있는 상황에서는 거시 경제와 금융정책이 너무나도 중요해집니다. 경기가 악화됐다고 예전처럼 마구잡이로 돈을 풀면 인플레이션이 찾아오고 반대로 과도한 긴축을 하면 경기 침체에 빠질 수 있기 때문에, 앞으로는 인플레이션과 경기 침체 사이에서 미묘한 균형점을 찾아가는 노력이 무엇보다 중요합니다. 이를 위해서는 재정정책과 금융정책이 조화롭게 운영되어야 할 것입니다.

거대한 자금시장의 변화에도 철저하게 대비해 나가야 합니다. 지금처럼 돈값인 금리가 출렁이는 시대에 과거의 초저금리 시대만 생각하고 허투루 돈을 썼다가는 엄청난 위험에 봉착할 가능성이 큽니다. 돈값이 비싸질수록 가계나 기업뿐만 아니라 정부가 돈을 쓸 때 한 푼 한 푼 적소에 쓰려는 자금 운용의 효율성이 그 어느 때보다 중요해질 수밖에 없습니다. 부채의 위험성에 대해서는 제가 수차례 강조한 바 있습니다.

더불어 지금처럼 금융시장이 급변할 때는 언제 찾아올지 모르는 신용경색과 달러 품귀에도 대비해 둘 필요가 있습니다. 그러려면 원화뿐만 아니라 달러 등 주요 통화로 구성된 포트폴리오를 만들어 충분한 유동성을 확보해 둘 필요가 있습니다. 지금처럼 시장의 패러다임이 송두리째 변하고 있는 상황에서는 과도하다 싶게 준비하는 것도 나쁘지 않다고 봅니다.

가장 큰 위협은 패권 전쟁이 실제 전쟁으로까지 이어지는 시대로 접어들었다는 점입니다. 일단 패권 전쟁이 시작된 이상 어느 한쪽이 완전히 승리할 때까지 더욱 격화될 수밖에 없다는 '투키디데스의 함정'에 대해서도 언급했습니다. 이럴 때일수록 군사적 안보뿐만 아니라 경제의 체력을 키우는 경제 안보를 동시에 지켜나가야 합니다.

또한 전쟁의 역사를 살펴보면, 강대국들 간의 패권 전쟁에서는 강대국들이 직접 맞붙기 전에 다른 나라를 앞세워 대리전을 벌인 경우가 많습니다. 이때 양대 진영의 칼끝이 됐던 나라들은 전쟁의 소용돌이 한복판에서 비참한 상황에 처했던 적이 한두 번이 아닙니다. 우리의 경우도 그랬습니다. 이 때문에 패권 전쟁의 상황에서는 그 어느 때보다도 현명한 외교 전략이 필수적입니다.

마지막으로 우리나라에 주어진 가장 큰 도전은 에너지 전환이라고 할 수 있겠습니다. 지금과 같은 에너지 전환기에, 시대에 뒤떨어진 과거의 에너지원에 집착하다가는 심각한 위험에 빠질 수 있다는 점을 명심해야 합니다. 특히 원전이나 태양광 에너지를 정쟁政爭의 대상으로 삼지 말고, 세계적으로 어떤 에너지가 차세대 에너지가 될지 현명하게 판단하고 대응해 나가야 합니다. 하나의 에너지원에만 의존하는 것은 위험한 선택이 될 겁니다. 과거 20세기 전반기에 석탄에서 석유로 에너지 대전환을 이끌어 제2차 세계대전 승리의 초석을 다졌던 윈스턴 처칠 전 영국 총리가 그 무엇보다도 '에너지 다양성'을 강조했다는 점을 기억할 필요가 있습니다.

앞으로 세계경제는 패러다임 자체가 달라지는 거대한 변화의 물결을 맞게 될 가능성이 그 어느 시기보다 높아졌습니다. 만일 앞으로 몰려올 변화에 대한 불안감에 사로잡혀 소극적·방어적 태도로 일관한다면, 이런 변화의 시기에 영원히 도태될 위험이 있습니다. 반대로 이를 기회로 삼고 변화를 직시하여 역전과 도약의 계기로 삼는다면, 그 어느 때보다도 소중한 기회를 잡을 수 있을 겁니다.

이때 필요한 능력이 경제 생태계 변화에 적응하기 위해 끊임없이 노력하고 변화의 흐름을 선도하면서 과감하게 새로운 시도를 하고 빠르게 수정해 나가는 적응 능력일 겁니다. 독자 여러분이 시대의 변화를 현명하게 읽고 기회를 모색하는 데 이 책이 조금이라도 도움이 되기를 바랍니다.

주

1부 인플레이션

1. Jeffery DeMaso, "Chart of the Week : Bulls Outrun Bears", *Adviser investments*, May 23, 2022.

2. https://fred.stlouisfed.org/series/CSUSHPINSA

3. 신경제는 정보기술(IT) 주도의 고성장 저물가 경제를 뜻합니다. 신경제론자들은 1990년 대 미국 경제가 고성장을 하면서도 저물가를 유지한 데에는 IT 부문의 기술혁신에 따른 노동생산성 증대가 핵심적인 역할을 했다고 봅니다. 이에 따라 높은 성장률이 지속되어 도 인플레이션이 나타나지 않는다는 장기성장론, 미국 경제에 전통적 경기순환이 소멸했 다는 경기변동론 등의 주장도 제기됐습니다. 그러나 비판론자들은 신경제의 발전은 미국 노동통계국의 인플레이션 측정 방식 변경에 따른 수치상의 왜곡에 기인한다고 주장했습 니다.

4. Robert J. Gordon, "Is U.S. Economic Growth Over? Faltering Innovation Confronts the Six Headwinds", *NBER Working Papers* 18315 (National Bureau of Economic Research, Inc., 2012).

5. Lakner, C. and B. Milanovic (2015), "Global income distribution : from the fall of the Berlin Wall to the Great Recession", *World Bank Economic Review* 30(2): 203-232.

6. https://unctad.org/system/files/official-document/wir2021_overview_en.pdf

7. https://www.conference-board.org/press/global-economic-outlook-2022

8. https://www.americanactionforum.org/research/the-total-cost-of-tariffs/

9. https://www.cato.org/blog/touting-buy-american-protectionism-inflation-antidote-economic-quackery

10. Jeanna Smialek and Ana Swanson, "The Era of Cheap and Plenty May Be Ending", *The New York Times* (Published May 3, 2022); https://www.nytimes.com/2022/05/03/business/economy/pandemic-supply-chains-inflation.html

11. C. Goodhart and M. Pradhan, *The great demographic reversal: Ageing societies,*

waning inequality, and an inflation revival (Springer Nature, 2020).

12. Mikael Juselius and Elöd Takáts, "Can demography affect inflation and monetary policy?", *BIS Working Papers*, No 485(February 2015).

13. https://economictranscript.wordpress.com/2017/06/22/ageing-population-of-japan/

14. 심혜정, 유서경, "한국 서비스 수출의 국제적 위상과 경제 기여 효과", 《한국무역협회 트레이드 포커스》 37호, 2020년 9월.

15. 심현정, 〈은퇴와 은퇴기 시간 경과에 따른 가계의 소비지출 변화 연구〉 (서울대학교, 2017년 2월); https://s-space.snu.ac.kr/handle/10371/120362

16. Huijie, Gu, "Outward foreign direct investment and employment in Japan's manufacturing industry", *Journal of Economic Structures*, volume 7, Article number: 27 (2018).

17. Emma Boyde, "Bank of Japan ETF ownership creeps back up to 63%", *Finanial Times* (Aug 17th, 2022).

18. 호구 제도는 중국의 인구 등록 제도입니다. 도시 지역의 취업·교육·보건 등의 공공 서비스를 그 지역 호구 주민에게만 제공하며 해당 지역 호구가 없는 사람은 서비스 대상에서 제외하는 제도를 말합니다.

19. https://www.statista.com/statistics/270162/urbanization-in-china/

20. https://data.worldbank.org/indicator/SP.POP.1564.TO.ZS?locations=CN

21. 한채수·김범준, 〈인구구조 변화가 중국 경제에 미치는 영향〉, 《한국은행 국제경제리뷰》, 제2022-6호 (2022년 4월 8일).

22. investing.com

23. https://fred.stlouisfed.org/series/CPIAUCSL

24. 박종훈, 《부의 시그널》(베가북스, 2021), 61쪽.

25. https://kr.investing.com/indices/us-spx-500-chart

2부 금리

1. Elena Holodny, "The 5,000-year history of interest rates shows just how historically low US rates are right now", *Insider* (Jun 17, 2016.); https://www.businessinsider.com/chart-5000-years-of-interest-rates-history-2016-6

2. Sidney Homer and Richard Sylla, *A History of Interest Rates*, 4th edition (Wiley,

2005).

3. https://fred.stlouisfed.org/series/DGS10

4. Council of Economic Advisers, "Long-Term Interest Rates: A Survey" (Executive Office of the President of the United States, July 2015).

5. 장기정체론은 1930년대 말에 케인스학파의 대표적 학자인 한센(Alvin Harvey Hansen)이 제창한 이론으로, 자본주의가 고도로 발달하면 경제성장률은 점차 감소하는 현상이 나타난다는 것입니다.

6. Council of Economic Advisers, "Long-Term Interest Rates: A Survey" (Executive Office of the President of the United States, July 2015).

7. 국내 저축 증가가 어떻게 경상수지 흑자로 쌓이는지에 대해서는 여러 가지 방식의 설명이 존재합니다. GDP 방정식으로 재정수지와 경상수지의 관계를 설명하면 이렇습니다. GDP(Y)는 소비(C)와 투자(I), 정부지출(G), 순수출(NX)의 합으로, 이 식을 Y-C-G=I+NX로 고쳐 쓸 수 있습니다. 여기서 좌변은 GDP에서 소비와 정부지출을 뺀 것으로, 국민저축(S)입니다. 결국 S(Y-C-G)=I+NX가 됩니다.

8. IMF, "Perspectives on Global Real Interest Rates", *World Economic Outlook* (Apr 2014), pp.81~112.

9. IMF, "China's High Savings: Drivers, Prospects, and Policies", *IMF Country Report* No.17(248) (Washington D.C., 2017).

10. James Surowiecki, "The Frugal Republic", *The New Yorker* (Nov 2, 2009).

11. https://data.worldbank.org/indicator/NY.GDS.TOTL.ZS?end=2020&locations=CN&start=1960&view=chart; 가계 저축률 데이터는 다음을 참고합니다. https://tradingeconomics.com/china/personal-savings

12. https://data.worldbank.org/indicator/BN.CAB.XOKA.GD.ZS?end=2021&locations=CN&start=1999

13. World Bank & the People's Republic of China Development Research Center of the State Council, "China 2030: Building a Modern, Harmonious, and Creative Society", *World Bank Publications* - Books, The World Bank Group, number 12925 (December, 2013).

14. World Bank, "Rebalancing Act - From Recovery to High-Quality Growth", *World Bank* (December, 2021).

15. The Conference Board Total Economy Database (May 2016).

16. 빅테크란 대형 정보기술(IT) 기업을 뜻하는데, 미국에서는 보통 빅테크로 아마존, 애플, 구글, 메타, 마이크로소프트 등을 꼽습니다.

17. https://fred.stlouisfed.org/series/DFF

18. 일본과 OECD 회원국 기대 수명 그래프. https://data.worldbank.org/indicator/SP.DYN.LE00.IN?locations=OE-JP

19. 권오익·김명현, "인구 고령화가 실질금리에 미치는 영향", 《BOK경제연구》 2020-1호 (2020년 1월 31일).

20. https://fred.stlouisfed.org/series/DFEDTAR

21. 걸프전은 이라크의 쿠웨이트 침탈이 계기가 되어 미국·영국·프랑스 등 34개 다국적군이 이라크를 상대로 단행한 전쟁으로, 1991년 1월 17일 발발하여 2월 28일에 끝났습니다.

22. https://english.hani.co.kr/arti/english_edition/e_business/1046058.html

23. IMF Fiscal monitor, "Debt: Use It Wisely" (Oct 2016).

24. 이상호·이장호·강현민, "민간 부채 현황 및 국제 비교 보도 자료" (한국경제연구원, 2021년 6월 10일).

25. https://www.imf.org/en/Publications/WEO/Issues/2021/10/12/world-economic-outlook-october-2021

26. https://fred.stlouisfed.org/series/IRLTLT01USM156N

27. https://www.multpl.com/shiller-pe.

28. Josef Bajzik, Tomas Havranek and Dominika Kolcunova, "When Does Monetary Policy Sway House Prices? A Meta-Analysis" (Centre for Economic Policy Research, May 2021).

29. John C. Williams, "Measuring Monetary Policy's Effect on House Prices" (Federal Reserve Bank of San Francisco, August 31, 2015).

3부 전쟁

1. 국회예산정책처 경제분석국, "우크라이나 사태와 우리 경제에의 영향 분석", 《나보포커스》 제42호 (2022년 3월 15일).

2. 미국의 셰일오일과 셰일가스 생산은 기술혁신에 따른 시추 비용 감소와 효율성 증대로 지속적으로 증가했습니다. 이로 인해 미국에서 원유·천연가스 등 화석연료의 생산이 역대 최대 수준에 이르러 세계 에너지 질서에 막대한 영향을 끼쳤는데, 이를 셰일 혁명이라고 합니다.

3. 반도체 패키징이란 반도체를 충격이나 습기로부터 보호하기 위해 플라스틱과 같은 소재로 보호막을 두르고 외부 단자와 칩을 연결하는 것을 말합니다.

4. 반도체는 정보 저장을 위해 사용되는 메모리 반도체와 정보 처리를 위해 사용되는 비메

모리 반도체(시스템 반도체)로 구분됩니다. 세계 반도체 시장에서 비중은 메모리 반도체가 30%, 비메모리 반도체가 70% 정도를 차지합니다. 메모리 반도체에는 정보를 기록하고 읽고 수정할 수 있는 램(RAM: Random Access Memory)과 기록된 정보를 읽기만 하고 수정할 수 없는 롬(ROM: Read Only Memory)이 있습니다. 그리고 램에선 S 램과 D 램이, 롬에선 플래시메모리(Flash memory), 그중에서도 낸드플래시(NAND flash)가 중요하게 다뤄집니다. D 램 시장에선 삼성전자, SK하이닉스, 마이크론이 높은 점유율을 차지하고, 낸드플래시 시장에선 삼성전자, 웨스턴 디지털 코퍼레이션(WDC), SK하이닉스 등이 높은 점유율을 차지합니다. 비메모리 반도체는 분업화된 산업구조를 가지고 있는데, 설계를 담당하는 회사인 팹리스(Fabless)와 생산을 담당하는 회사인 파운드리(Foundry)로 나뉩니다. 팹리스 회사로는 미국의 인텔·퀄컴 등이 있고, 파운드리 회사로는 대만의 TSMC, 한국의 삼성전자 등이 있습니다.

5. Jenny Leonard, Ian King, and Debby Wu, "China's Chipmaking Power Grows Despite US Effort to Counter It", *Bloomberg* (June 13, 2022).

6. Debby Wu and Jenny Leonard, "China's Top Chipmaker Achieves Breakthrough Despite US Curbs", *Bloomberg* (July 21, 2022).

7. Jenny Leonard, Ian King, and Debby Wu, "China's Chipmaking Power Grows Despite US Effort to Counter It", *Bloomberg* (June 13, 2022).

8. K. Rogoff and Y. Yang, "Has China's Housing Production Peaked?", *China and the World Economy* 21 (1) (2021), pp. 1~31.

9. PER는 주가를 EPS로 나눈 것입니다. 즉, 주가가 1주당 수익의 몇 배가 되는지를 나타낸 것입니다. 따라서 PER가 높다는 것은 EPS에 비해 주식 가격이 높다는 것을 의미합니다.

10. 박종훈, 《부의 지각변동》(21세기북스, 2019).

11. Niall Ferguson, *The Ascent of Money: A Financial History of The World* (Penguin Books, 2009).

4부 에너지

1. Walter Scott Dunn, *The Soviet economy and the Red Army, 1930-1945* (Greenwood Publishing Group, 2005).

2. Paul E. Mawn, "Oil and War", *Defense. Info* (24 Oct, 2018).

3. 권홍우, 〈히틀러 몰락의 숨은 이유〉, 《서울경제》(2016년 5월 12일).

4. Collin Eaton, "Oil Frackers Brace for End of the U.S. Shale Boom", *The Wall*

Street Journal (Feb. 3, 2022).

5. GCC+3 정상회의는 걸프협력회의(Gulf Cooperation Council : GCC)에 이집트, 이라
크, 요르단을 포함한 정상회의입니다. GCC는 1981년에 설립된 걸프만 아랍 국가의 국제
경제협력체로, 조세와 금융정책을 공유합니다. 회원국으로는 바레인, 쿠웨이트, 오만, 카
타르, 아랍에미리트, 사우디아라비아가 있습니다.

6. 소동희·김태은, 〈친환경 자동차 지원 사업 분석〉(국회예산정책처, 2022년 7월).

7. "K-trio's Market Shares from 34.9 to 25.8%p in Global EV Battery Usage From
Jan to June in 2022", *SNE Research*, August 3, 2022. : https://www.sneresearch.
com/en/insight/release_view/39/page/0

8. 2차전지(Secondary Battery)는 충전해서 반영구적으로 사용하는 전지로, 노트북·스마
트폰 등 휴대용 전자 기기뿐만 아니라 전기차의 핵심 소재로 사용됩니다. 2차전지는 충전
물질에 따라 니켈전지, 이온전지, 리튬이온전지, 폴리머전지, 리튬폴리머전지 등으로 나
뉘는데, 가장 널리 활용되는 것이 리튬이온전지입니다. 2차전지는 양극재, 음극재, 전해
질, 분리막 등으로 구성되는데, 리튬이온전지는 리튬이온을 전해질로 사용합니다. 그리
고 리튬이온전지는 양극재를 어떤 물질로 구성하느냐에 따라 삼원계 배터리, LFP 배터리
등으로 구분됩니다. 삼원계 배터리에는 대표적으로 NCM, NCA 등이 있습니다. NCM은
니켈, 코발트, 망간을 일정 비율로 구성하며 주로 전기차 양극재로 쓰입니다. NCA는 니
켈, 코발트, 알루미늄을 일정 비율로 구성하며 주로 원통형 배터리 같은 소형 전지에 쓰입
니다. LFP 배터리는 리튬, 인, 산, 철을 사용합니다. 삼원계 배터리와 LFP 배터리를 비교
하면, 에너지 밀도(주행거리), 제조원가, 폭발 위험 면에서 모두 삼원계 배터리가 LFP 배
터리보다 높은데, 각각 장단점이 있어 단순 비교하기는 어렵습니다.

9. https://www.weforum.org/agenda/2019/04/50-years-of-us-wages-in-one-chart

자이언트 임팩트

초판 1쇄 발행 2022년 10월 24일
초판 5쇄 발행 2022년 12월 5일

지은이 박종훈

발행인 이재진 **단행본사업본부장** 신동해
책임편집 김예원 **교정** 서영의
디자인 김은정 **본문 일러스트** 이상경
마케터 최혜진 이은미 **홍보** 반여진 **제작** 정석훈

브랜드 웅진지식하우스 **주소** 경기도 파주시 회동길 20
문의전화 031-956-7361(편집) 02-3670-1024(마케팅)
홈페이지 www.wjbooks.co.kr
페이스북 www.facebook.com/wjbook
포스트 post.naver.com/wj_booking

발행처 ㈜웅진씽크빅
출판신고 1980년 3월 29일 제406-2007-000046호

ⓒ 박종훈, 2022
ISBN 978-89-01-26610-7 (03320)